工学结合新思维高职高专财经类“十三五”规划教材

商务沟通技巧

（第三版）

张秋筠　主　编
宇卫昕　徐　丹　副主编

对外经济贸易大学出版社
中国·北京

图书在版编目（CIP）数据

商务沟通技巧／张秋筠主编．—3 版．—北京：
对外经济贸易大学出版社，2018．9(2020．12 重印)
工学结合新思维高职高专财经类“十三五”规划教材
ISBN 978-7-5663-1949-4

Ⅰ．①商… Ⅱ．①张… Ⅲ．①商业管理-公共关系学
-高等职业教育-教材 Ⅳ．①F715

中国版本图书馆 CIP 数据核字（2018）第 170886 号

商务沟通技巧（第三版）

张秋筠 **主编**

责任编辑：高 卓

对外经济贸易大学出版社
北京市朝阳区惠新东街 10 号 邮政编码：100029
邮购电话：010-64492338 发行部电话：010-64492342
网址：http://www.uibep.com E-mail：uibep@126.com

北京时代华都印刷有限公司印装 新华书店经销
成品尺寸：185mm×260mm 17．5 印张 404 千字
2018 年 9 月北京第 3 版 2020 年12月第 2 次印刷

ISBN 978-7-5663-1949-4
印数：3 001-4 000 册 定价：38．00 元

出版说明

本套教材是对外经济贸易大学出版社贯彻教育部教高〔2006〕16号《关于全面提高高等职业教育教学质量的若干意见》精神，于2010年联合天津商务职业学院、天津职业大学、河北工业职业技术学院、北京工业职业技术学院、天津国土资源和房屋职业学院、天津海运职业学院等十余所国家、省（直辖市）级示范性高等职业院校，聘请了大批既具有丰富高等职业教育教学经验，又拥有企业第一线实践经历，且主持或参加过多项应用技术研究的教师担任主编，以确保本套教材的编写质量符合高等职业教育的特色要求。

本套教材的编者一方面积极与行业企业合作开发课程，根据技术领域和职业岗位（群）的任职要求，参照相关的职业资格标准，改革课程体系和教学内容，建立突出职业能力培养的课程标准，规范课程教学的基本要求，不断提高课程教学质量；另一方面，坚持以提高学生专业实际操作能力和就业能力为宗旨建设教材，采取情境模块、案例启发、任务驱动、项目引领、精讲解、重实训的模式，让学生在理论够用的基础上，在专业技能培养环节，特别是"教学做一体化"方面有所突破，"确保优质教材进课堂"。本套教材包括国际经贸、财会金融、工商管理、物流管理、电子商务、旅游与酒店管理等专业。

本套教材自2010年问世以来，承蒙广大教师同仁的支持与厚爱，在财经类高等职业教育领域发挥了较为实用的功能，在较短的时间内即获得相关专业师生的较高评价。本次修订是对第一版教材进行的系统性更新。其间，吸收了众多兄弟院校对该套教材在使用过程中提出的宝贵意见，反映了编者在教学与实践方面取得的新进展，在教材的科学性、规范性、时代性和实用性等方面均有较大幅度提升。

本套教材的修订工作主要集中在以下几个方面：

第一，体系日臻完善。第一版教材的编者着力于以能力培养和技术应用为本位，突出应用性和适用性，既要满足专业教育，又能适应就业导向的"双证书"（毕业证和技术等级证）人才培养目标需要，实现了对传统教材体系的新突破。这种突破的前瞻性和科学性经受了几年来全国各地教学与实践的检验。本次修订在保持基本框架稳定性和教材本身严肃性与连续性的同时，也对必要的模块进一步削枝强干，以使教材体系更趋严谨完善。

第二，内容剔陈出新。近年来，伴随经济全球化的日益加速，财经领域的理论与实践发展迅疾，新情况、新问题、新方式层出不穷。修订版以我国经济发展、深化改革大格局的新视角、新趋势、新模式作为引领，及时更新原教材中的统计数据和应用案例，并在理论与实践两个方面补充了大量新鲜内容，使本教材的时代感和实践性更为凸显。

第三，体例突出主线。修订版教材在结构上进一步明确了“学习情境导入—技能点介绍与分析—技能训练—自我验收”的主线。在明确“学习与训练目标”的前提下，“导学案例”“技能点”等剖析有助于学生对核心知识与技能的把握；“技能检测”“复习与思考”等有利于学生主动对重点内容消化理解；“资料卡”“小看板”“案例分析”等注重启发学生的开拓性思维，能够让学有潜力者对相关内容加以深度探究；“阅读平台”则方便学生搜集与使用信息的能力培养。通过这样的编排，既能使新版教材的体例生动活泼，引发学生的求知兴趣，又能较为全面地锻炼学生的学习和实战能力。

第四，永葆职教特色。本次修订进一步遵循《国家中长期教育改革和发展规划纲要（2010—2020年）》关于职业教育的要求：以服务为宗旨，以就业为导向，以利于推进教育教学改革，实行工学结合、校企合作、顶岗实习的人才培养模式；以利于提高职业教育教学质量，满足经济社会对高素质劳动者和技能型人才的需要。

教材的建设与完善永无止境。本套教材的修订同样需要在教学实践中与时俱进并接受检验。我们期待着财经类高等职业教育界同仁和广大青年学生、读者一如既往地关心支持本套教材的建设和发展。

愿新版教材对新时期我国高等职业教育的创新发展和高职人才培养质量的稳步提升有所助益！

对外经济贸易大学出版社

2018年元月

前 言

《商务沟通技巧（第三版）》是在第二版的基础上，按照高职高专课程体系不断深化改革的要求修订而成的，同时吸纳了多所高职院校商务沟通技巧课程师生几年来使用该教材后所提出的宝贵意见。

《商务沟通技巧（第三版）》的编写体例仍然依照“学习情境—导学案例—学习训练目标—技能点—技能训练”的框架结构，选取某些特定商务活动所必需的工作环境和工作任务设计学习情境。在把“商务沟通基础知识”简明扼要地“导入”之后，安排了会议沟通、书面沟通、客户服务沟通、演讲沟通、求职面试沟通、跨文化沟通六个学习情境以及 22 个技能点。每个技能点后面都设置了可操作性强的技能训练，让学生在学习了基本知识、基本技能的基础上参加各种类型的沟通游戏或技能测试，思考与分析讨论相关情境的沟通案例，以期检验自己的沟通意识和沟通能力是否得到提升。

《商务沟通技巧（第三版）》与第二版相比，具有以下两个特点。

一是体系进一步清晰严谨。本教材的第二版着力于以能力培养和实战应用为本位，既要满足专业教育，又能适应就业导向的人才培养目标需要，实现了对传统教材体系的新突破。这种突破的前瞻性和科学性经受了几年来兄弟院校教学与实践的检验。本次修订在保持基本框架稳定性和教材本身严肃性与连续性的同时，也对必要的情境进一步削枝强干，删减整合，以使教材体系更趋清晰严谨。

二是“教学做一体化”特征进一步彰显。教材内容更加贴近高职教育的培养目标，更加讲求实用性和可训练性。在对理论性较强的内容进行精简的基础上，让“导学案例”“学习训练目标”“技能点”“技能训练”的内容启发和引导学生对所学知识产生兴趣、学有目的、深入思考并动手操作。同时，“资料卡”“小看板”“小案例”的知识补充亦使教材内容的形式愈发生动活泼。本教材既可以作为高职院校商务沟通相关课程的主修之用，也可以作为企业员工岗位培训的读本。

本教材由天津商务职业学院张秋筠老师担任主编，宇卫昕、徐丹老师担任副主编。天津商务职业学院的刘宾涛和魏映双老师、天津科技大学的柳娜老师、天津国土资源和房屋职业学院的刘咖伊老师以及肖庆海、赵斌、方君怡参加了本教材的修订。天津商务职业学院魏秀敏教授为本教材内容的修订提出了诸多建议和修改意见，为彰显本教材的特色精心把关，在此向她深表谢意。

在本教材的建设及修订过程中，我们参阅了大量国内外教材和文献资料，并引用了其中部分资料，在此谨向各位原作者表示真诚的感谢。

教材的建设与完善永无止境。本教材的修订同样需要在商务实际业务和教学实践中与时俱进并接受检验。鉴于编写者的水平有限，疏漏之处在所难免，敬请各位专家、高职教育同仁与广大读者批评指正。

编 者

2018 年 6 月

目　录

知识导入——商务沟通基础知识　1

学习情境一　会议沟通　35

技能点一　会议前期准备　36
技能点二　会议中的沟通　52
技能点三　会议（团队）沟通中的角色定位　63

学习情境二　书面沟通　73

技能点一　商务报告的写作　73
技能点二　商务信函　83
技能点三　调查问卷的设计　95
技能点四　其他商务文书的写作　105

学习情境三　客户服务沟通　113

导学知识　客户服务沟通的概念理解　114
技能点一　客户接待与拜访　116
技能点二　呼叫中心（电话）沟通　123
技能点三　客户投诉沟通技巧　127
技能点四　应对不同行为特点客户的沟通技巧　133

学习情境四　演讲沟通　149

导学知识　演讲沟通的概念理解　150
技能点一　准备高质量的演讲稿　153
技能点二　演讲前的预讲工作　163
技能点三　演讲过程中的语言和非语言沟通　171
技能点四　会场的准备及设备使用技巧　179

学习情境五　求职面试沟通　187

技能点一　认识自我——求职从自我开始　187
技能点二　如何写好个人简历和求职信　199
技能点三　求职面试　211

学习情境六　跨文化沟通　225

技能点一　了解另一种文化，发展文化修养能力　225
技能点二　了解跨文化中的西方文化　235
技能点三　了解跨文化中的东方文化　245
技能点四　掌握跨文化沟通的技巧　255

参考文献　270

知识导入——商务沟通基础知识

导学案例

星期一通常是公司最繁忙的日子，当李经理走进办公室的时候，秘书早将一沓文件放到了他的办公桌上。每天都要花费大量的时间处理很多这样的文件，李经理很是头痛。

李经理开始埋头处理文件时，电话铃响了，是技术总监打来的，他告诉李经理他准备辞职。最近在公司内部一直流传着小道消息——公司竞争对手在挖技术总监，现在这件事情被证实了，李经理心中一阵恼火。技术总监了解公司最新开发产品所有的第一手材料，而这些材料是竞争对手梦寐以求的，技术总监此时投奔对手旗下，对公司是很不利的事情。既恼怒又担心的李经理在电话中没想好如何跟技术总监谈这件事，而技术总监又很快挂断了电话。

放下电话，李经理一时想不出什么好办法，他着急地在屋子里踱步。此时，秘书推门进来，说员工们对此次裁员计划有很多不满，特别是前两天裁掉老刘这件事。老刘在公司已工作多年并临近退休，这样裁员让员工觉得公司无情，大家也没有安全感，需要李经理给一个解释，此时被裁员工的代表也聚集在会议室里等待李经理的说法。

裁员本身已经影响了公司的士气，再想到马上要面对盛怒的离职员工代表，李经理不由得有一丝担忧，这可不是一般的谈话，如果处理不好，带来的后果可能是不堪设想的。可是眼下技术总监的辞职又分散了他的注意力，他甚至猜想竞争对手是否已经掌握了新产品的技术，接下来他该怎么办？需要与竞争对手的人力资源部经理联系吗？还是直接汇报上司？还是找技术总监本人谈话呢？

然而目前最紧急的问题是，他该如何说服并面对离职员工代表。由于焦急，他竟然找不到合适的说辞来向大家解释公司目前的处境。与员工代表会谈的时间就要到了，可李经理还在自己的办公室里焦急地走来走去。

学习训练目标

- 了解沟通的内涵并熟悉沟通的过程。
- 学会克服自身倾听障碍并采取有效的倾听策略。
- 全面掌握进行有效倾听的技巧。

一、商务沟通概述

对于在商务环境中工作的员工来说，最重要的基本技能也许就是沟通能力了。实际上今天大多数学生并不需要专家来提醒沟通技能对成功是多么的重要。因为在几乎所有的招聘广告中，沟通能力都是企业在招聘任何岗位时所需要的一项基本能力。在了解如何进行有效的商务沟通之前，首先要了解什么是沟通以及什么是商务环境下的沟通。

（一）沟通的含义和目标

1. 沟通的含义

沟通是一个经常被使用的词。对于什么是沟通，可以说是众说纷纭。统计结果表明，沟通的定义竟有一百多种。

在英文中，“沟通”（communication）这个词来自拉丁语词根“common”。“communication”这个词既可以译作“沟通”，也可译作“交流、交际、交往、通信、交通、传达、传播”等。“common”这个词的含义是“共有、共同”的意思。

综合分析“沟通”的一百多种定义，大致有两种观点比较普遍。

一种是说服派的观点，即强调信息的单向传播和送达。例如，管理学家西蒙认为，沟通可视作一种程序，借此程序，组织中的每一成员将其所决定的意见或前提传送给其他有关成员。

另一种是共享派的观点，即认为沟通是信息发送者与信息接收者共享信息的过程，强调信息传递的双向性。例如，有的学者认为，沟通是指人与人之间的交流，是指两个或更多个体之间、个体与群体之间，借着符号、语言或文字等，传递或交换某些信息、意念及观念的过程。

综合以上分析，给出定义：沟通是为了实现预先设定的目标，由信息发送者选择一定的工具，采取一定的方式，通过一定的程序与渠道，将经过编码的信息传递给信息接收者，再由信息接收者将接收到的信息进行翻译和解释，并反馈到信息发送者那里的过程。

商务沟通就是指商务组织为了顺利地经营并取得经营的成功，为求得长期的生存发展，营造良好的经营环境，通过组织大量的商务活动，凭借一定的渠道，如媒体，将有关商务经营的各种信息发送给商务组织内外既定对象（接收者），并寻求反馈以求得商务组织内外的相互理解、支持与合作的过程。

2. 沟通的目标

按照共享派来理解沟通的含义，沟通目标可分为四个层次，如图 1 所示。

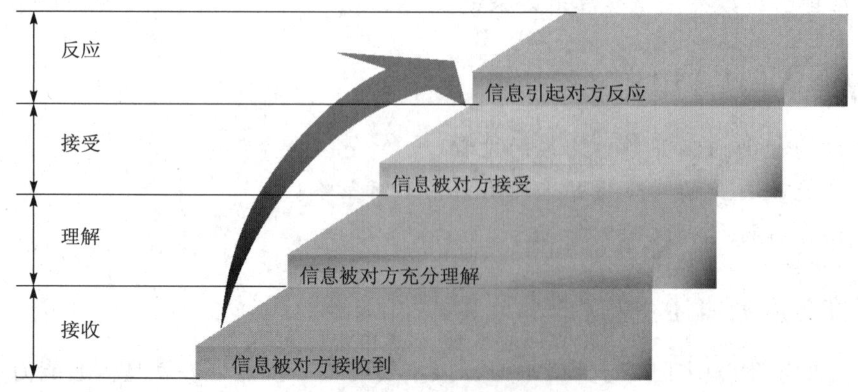

图 1　沟通目标示意图

（1）沟通实现了信息被对方接收。沟通首先是信息的传递。如果信息和想法没有被传递到，则意味着沟通没有发生。也就是说，说话者没有听众或写作者没有读者，都不能构成沟通。

（2）信息不仅被传递到，还要被充分理解。要使沟通成功，信息不仅需要被传递，还需要被理解。如果一个不懂英文的人阅读英文原版小说，那么他所从事的活动就无法称为沟通。沟通是意义上的传递和理解。有效的沟通，应该是信息经过传递后，接收者感知到的信息应与发送者发出的信息完全一致。

值得注意的是，一个观念或一项信息并不能像有形物品一样由发送者传送给接收者。在沟通过程中，所有传递于沟通者之间的，只是一些符号，而不是信息本身。语言、身体动作、表情等都是一种符号。传送者首先要把传递的信息“翻译”成符号，而接收者则进行逆向的“翻译过程”。由于每个人“信息—符号储存系统”各不相同，对同一符号（如身体语言）常存在着不同的理解。例如，在我国，人们把大拇指伸出来时，表示赞赏对方；而在意大利等国家则表示数字“1”。如果人们在交往中忽视了不同成员之间“信息—符号储存系统”的差异，自认为自己的词汇、动作等符号能被对方还原成自己欲表达的信息，则会导致不少的沟通问题。

（3）所传递的信息被对方接受。这是沟通目标的更高层次。信息被对方接受只是我们追求的目标，而不能成为判断沟通是否高效的标准。因为，很多时候由于其他原因的存在，对方可以非常明白我们的意思但却不同意我们的看法。所以沟通是否有效，还会受到双方根本利益是否一致、价值观是否相同等其他关键因素的影响。

例如，在谈判过程中，如果双方存在着根本利益的冲突，即使沟通过程中不存在任何噪声干扰，且谈判双方技巧十分娴熟，往往也不能达成一致协议，但沟通双方每个人都已充分理解了对方的观点和意见。

（4）引起对方反应。沟通的目的不是行为本身，而在于结果。如果对方在理解、接收我们所传递信息的基础上能够改变行为或态度，那么沟通可以产生预期的结果，这样沟通的整体目标可以得到最完美的实现。

例如，通过绩效评估面谈，主管指出了某位员工工作中的问题，这位员工在接受这些批评以后，在工作态度和工作质量方面都进行了相应的改进，提高了工作效率，那么此时主管和员工的沟通则实现了最高目标。当然，对方是否会产生反应是与他的性格、价值观以及个人态度和能力等因素息息相关的。

以上四个目标能够在沟通活动中全部实现是比较困难的，因为这不仅仅与沟通技能相关，还取决于其他一些主客观因素的影响。如果我们未能实现以上四个目标中的任何一个，都意味着沟通的失败。

（二）沟通的类型

依据不同的划分标准，可以把沟通分成不同的类型。根据信息载体的不同沟通可分为语言沟通和非语言沟通两种类型，如图 2 所示。

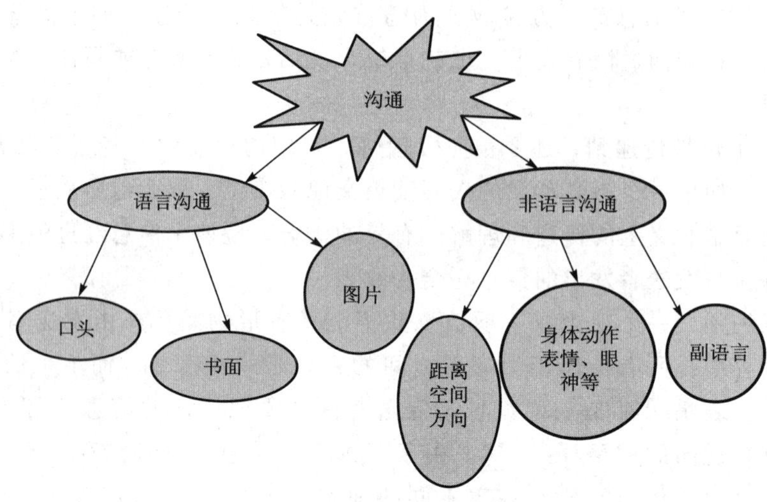

图 2　沟通的类型

1. 语言沟通

语言是人类特有的一种非常好的、有效的沟通方式。语言的沟通包括口头语言、书面语言、图片或图形，如表 1 所示。

（1）口头语言包括面对面的谈话、开会、演讲等。

（2）书面语言包括信函、文件、广告和传真，甚至现在用得很多的电子邮件等。

（3）图片包括一些幻灯片和电影等。

在沟通过程中，对于信息的传递、思想的传递和情感的传递而言，语言沟通更有利于传递的是信息。

表 1　　语言沟通的方式

口　头	书　面	图　片
一对一（面对面）交谈 小组讨论会 讲话、演讲 电影、电视/录像 电话（一对一/联网） 无线电 录像会议	书信 文件 出版物 传真 广告 报表 电子邮件	幻灯片 电影 电视/录像 投影 照片、图表、曲线图、画片等 数据

2. 非语言沟通

非语言沟通是指通过某些媒介而不是讲话或文字来传递信息。美国心理学家梅拉比安曾提出一个公式：信息的全部表达 = 言辞（7%）+语调（38%）+身体语言（55%）如图 3 所示。这就是说，如果把语调和表情都作为非言语交往的符号，则人际交往中信息沟通就只有 7% 是由言辞进行的。其类型如表 2 所示。

当然，在一般交往中，我们的非语言行为很少独立担当起沟通信息的功能，它往往起着配合、辅助和加强语言的作用，所以又可称为“伴随语言”。然而，一旦口头语言与非语言行为结合起来后，语言就只起方向性和规定性作用了，而非语言行为才准确地反映出话语的真正思想和感情，担当起绝大部分信息的传播职能。

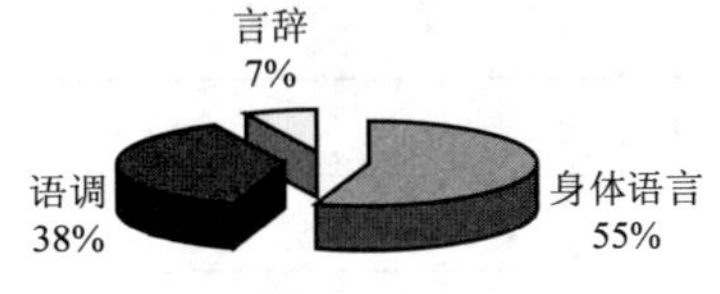

图 3 非语言沟通

表 2 非语言沟通类型

基本类型	说明、解释和举例
身体动作	手指、面部表情、眼色、触觉接触等
形体特征	体形、体格、姿态、身体或呼吸的气味、身高、体重、头发颜色和肤色
副语言	音质、音量、语速、音调、叹词（如“啊”“嗯”或“哈”）、笑、叹息等
空间	人们使用和感知空间的方法，包括座位的安排、谈话的距离以及人们界定出个人空间的“领地”倾向
环境	建筑和房间设计、家具和其他物件的摆放、内部装饰、清洁、光线和噪声
时间	早到或迟到、让别人久等、对时代感受的文化差异以及时间和地位的关系

非语言沟通的内涵十分丰富，包括副语言沟通、身体语言沟通和物体操纵信息沟通等多种形式，如图 4 所示。

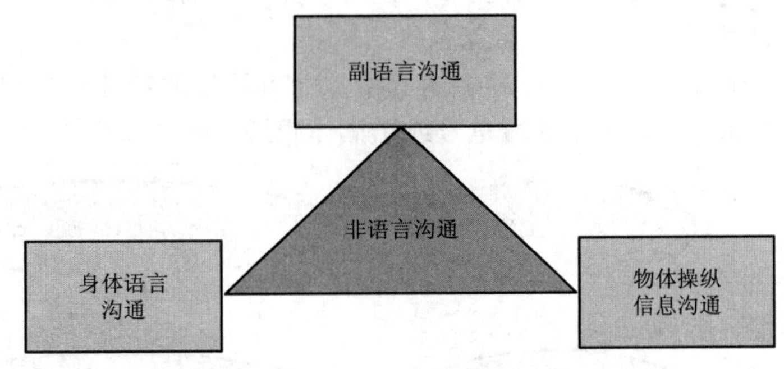

图 4 非语言沟通的形式

（1）副语言沟通。副语言沟通是通过说话时的重音、声调变化或者句中停顿等来实现的，如表 3 所示。心理学家将这些信号称为副语言。

表 3 不同语音、语调、语气、语速表达的信息内涵

内 容	反 映 意 义
音调	高——强调、情绪激动、兴奋
	低——怀疑、回避、敏感话题

续表

内 容	反 映 意 义
声音	大——强调、激动
	小——失望、不安、软弱、心虚、无力等
节奏	快——紧张、激动
	慢——沮丧、冷漠
语气	委婉——亲切、平稳
	僵硬——冷淡

最新的心理学研究成果显示，副语言在沟通中起着十分重要的作用。一句话的含义往往不仅决定于其字面的意义，而且决定于它的弦外之音。语音的变化，尤其是语调的变化，可以使同样一句话具有完全不同的含义。

例如，一句简单的口头语“真棒”，当音调较低、语气肯定时，表示由衷的赞赏；而当音调升高、尾音上扬时，则变成了刻薄的讥讽。

副语言分为口语中的副语言和书面语中的副语言，如图 5 所示。

① 口语中的副语言。它是通过非语言的声音，如重音、声调的变化或者哭、笑、停顿来实现。

一般来说，人在高兴、激动时，语调往往清朗、欢畅，如滔滔海浪；而悲伤、抑郁时则黯淡、低沉，如幽咽泉流；平静时畅缓、柔和，如清清小溪；愤怒时则重浊、快速，如出膛的炮弹。恰当的语调、音调和语速可以完整正确地传递人与人之间的信息和情感，加深沟通的程度。

② 书面语中的副语言。它是通过字体变换、标点符号的特殊运用以及印刷艺术的运用来实现的。例如，某几个字加着重号或用黑体强调。

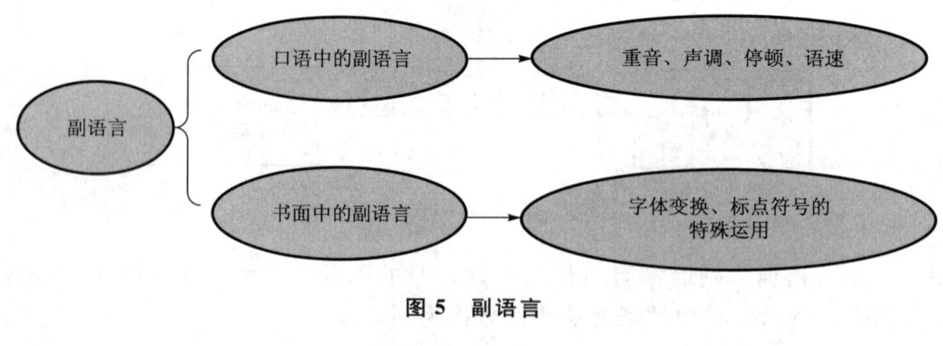

图 5 副语言

资 料 卡

非语言符号

非语言沟通的通信渠道是非语言符号。常用的非语言符号有三类：动态无声的、静态无声的和有声的。

动态无声的非语言符号主要是指点头、姿势、微笑、皱眉、抚摸、拥抱、脚摇摆以及其他触摸行为等无声动作，这一类是人们用来进行非语言沟通中最重要的一类，也被称作身势行为。

静态无声的非语言符号则是指在沟通中个人身体站、坐、蹲或倚的姿势，人与人之间保持的距离，个人的呼吸，身体的气味等，这一类也是非语言沟通的常见形式。

有声的非语言符号亦称为类语言，是指有声的但非言语性的各种动作，如沟通者用笑声、叹气、呻吟或其他声音变调的方法向对方传输某种意义。有时候非语言符号是一种比语言符号更具有效果的沟通工具。

（2）身体语言沟通。身体语言沟通用目光、表情、势态、衣着打扮和空间距离等形式来传递或表达沟通的信息。

① 神态举动表达。教师上课，当看到学生们无精打采的眼神及百无聊赖的表情时，其意尽在不言中，学生已经通过无声的方式明确地表达了他们的厌倦之情。

在你很忙碌时，有位同事来和你讨论一个问题，当你们把问题解决之后，他却并不离开，而是把话题转向社会时事。在你的心里，很希望立即终止这个讨论，继续工作，可是在表面上，你却很礼貌、专注地听着，这时，你把椅子往前挪了一下，坐直了身子并且整理你桌上的文件。不管这举动是潜意识的抑或故意的，它们都表现出你的厌烦并暗示这位同事"是离开的时候了"，除非这位同事反应迟钝或太专注于自己的话题，否则谈话就会因非语言沟通而就此结束。

② 空间位置表达。人与人之间的空间位置关系也会直接影响相互之间的沟通过程。这一点不仅体现在大量的生活事实中，严格的社会心理学实验也证明了这一点。

国外有关研究证明：学生参与课堂讨论的积极性直接受学生座位的影响，以教师讲台为中心，座位越居中心位置，学生参与课堂讨论的积极性也越大。沟通中空间位置的不同，还直接导致沟通者具有不同的沟通影响力，有些位置对沟通的影响力较大，有些位置影响力较小，如图6所示。例如，同一种发言，站到讲台上讲，与在台下自由发言所产生的作用是不同的，高高的讲台本身具有某种权威性。

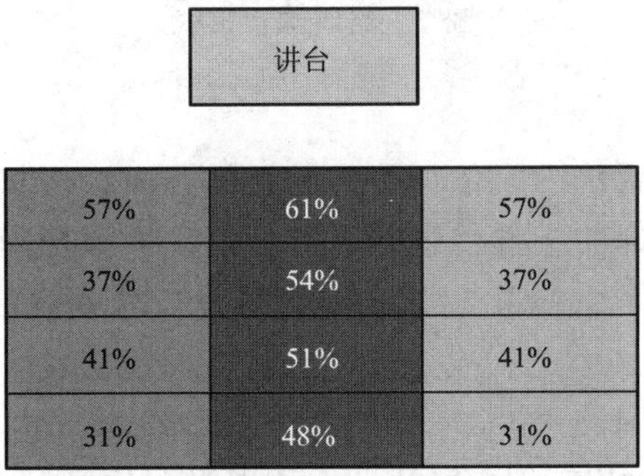

讲台

57%	61%	57%
37%	54%	37%
41%	51%	41%
31%	48%	31%

图6　空间位置对学生课堂的影响

③ 服饰形象表达。沟通者的服饰作为身体语言的一部分往往也扮演着信息发送源的角色。

例如，美国前总统克林顿就十分注意在不同场合穿着不同的服装。在外交场合，克林顿穿笔挺的深色西服，系深色领带；在会见选民时，他穿浅色的休闲服，以增加其亲和力。

（3）物体操纵信息沟通。物体的操纵是人们通过物体运用和环境布置等手段进行的非语言沟通。世界各大宗教纷纷凭借其独具匠心的建筑风格和宗教仪式，来向世人昭示自己的教义；在中国古代，如果主人在会客时端起茶杯却并不去喝茶，便是在暗示送客。

在当今企业中，也会经常看到这样的场景：一位车间主任在和工长讲话的时候，心不在焉地拾起一小块碎砖。他刚一离开，工长就命令全体员工加班半小时，打扫车间卫生。虽然车间主任并未提到任何一个关于清洁卫生的字，可他拾起碎砖的动作给工长传达了他对卫生情况不甚满意的信息。

（三）商务组织沟通类型

根据沟通所涉及的范围不同，沟通分为自我沟通、人际沟通和组织沟通。

组织沟通是指组织内部进行的信息交流、传递和理解的活动。在一个组织内部，既存在着人与人之间的人际沟通，也存在着部门与部门之间的沟通。这些沟通是通过不同形式的信息沟通渠道来进行的。一种是正式沟通渠道；另一种是非正式沟通渠道，如图7所示。

不同的沟通渠道又与不同的沟通网络相结合。

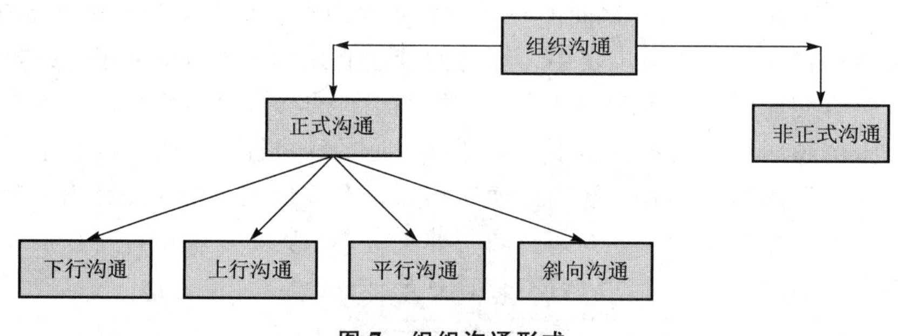

图7　组织沟通形式

1. 正式沟通

正式沟通是指在组织系统内，依据正规的组织程序，按权力等级链进行的沟通。如组织之间的公函来往、内部的文件传达、召开会议、上下级间的定期情报交换等。其优点是沟通效果好、严肃可靠、约束力强、易于保密、沟通信息量大，并且具有权威性。缺点是沟通速度一般较慢。

正式沟通渠道有如下四种类型。

（1）下行沟通。下行沟通又称下沟通，是指组织中地位较高的成员主动向地位较低的成员进行的沟通。一般是上级将工作指示、工作信息、工作程序、工作方法、工作评价、工作目的、规章制度等传递给下级。下行沟通可分为口头沟通方式和书面沟通方式。

① 口头沟通方式包括指示、谈话、会议、广播、电话等。

② 书面沟通方式包括各种备忘录、信函、公司手册、公司政策声明、工作程序以及年度报告等。

下行沟通中，信息自上而下逐级传递中会出现沟通损失，如表4所示。

表4　信息自上而下逐级传递中的沟通损失

层　级	信息接收百分比
董事会 ↓	100
副总经理 ↓	63
高级主管 ↓	56
工厂主管 ↓	40
领班 ↓	30
员工	20

（2）上行沟通。上行沟通又称上沟通，是指组织中地位较低者主动向地位较高者的沟通，其沟通的信息常是向上级“诉苦”、报告工作情况、汇报某个成员的问题、向上级提出要求等。

方式主要有正式报告、汇报会、建议箱、申诉、接待日、员工士气问卷、离职谈话、信访制等。

上行沟通中，自下而上的沟通过程中信息会出现失真，如表5所示。

表5　自下而上的沟通中的信息失真

管理者	接收到的信息
董事长 ↑	管理和工资结构是非常出色的，福利和工作条件是好的，而且会更好
副董事长 ↑	我们非常喜欢这种工资结构，希望新的福利计划和工作条件将会改善，我们非常喜欢这里的管理工作
总经理 ↑	工资是好的，福利和工作条件还可以，明年还会进一步改善
主管 ↑	工资是好的，福利和工作条件勉强可以接受，我们认为应该更好一些
员工	我们认为工作条件不好，工作任务不明确，保险计划很糟糕，然而我们确实喜欢竞争性工资结构，也认为公司有能力解决这些问题

（3）平行沟通。平行沟通是组织中身份和地位相仿者之间的沟通，即企业机构中处于同一层级上的群体或个人之间的信息沟通。平行沟通通常具有业务协调性质，它能够加强各部门之间的了解，协调工作，互通信息，加强成员间的友谊，增强团体的凝

聚力。

（4）斜向沟通。斜向沟通又称越级沟通、交叉沟通，是指组织内不同层级部门间或个人间的沟通，是指发生在组织内部既不属于同一隶属序列、又不属于同一等级层次之间的信息沟通，它时常发生在职能部门和直线部门之间。例如，营销经理与质管科长之间的往来；又如，当人事部门的主管直接与比他高的生产部门经理联系时，他所采取的就是斜向沟通，这样做有时也是为了加快信息的交流，谋求相互之间必要的通报、合作和支持。

小案例

非正式沟通

斯塔福德航空公司是美国北部一家发展迅速的航空公司。然而，最近在其总部出现了一系列的传闻：公司总经理波利想卖出自己的股票，但又想保自己总经理的职务，这是公开的“秘密”了。他为公司制定了两个战略方案：一个是把航空公司的附属单位卖掉；另一个是利用现有的基础重新振兴发展。他自己曾对这两个方案的利弊进行了认真的分析，并委托副总经理本·查明提出参考意见。本·查明曾为此起草了一份备忘录，随后叫秘书比利打印。比利打印完后即到职工咖啡厅去了，在喝咖啡时比利碰到了另一副总经理肯尼特，并把这一秘密告诉了他。比利对肯尼特悄悄地说:“我得到了一个极为轰动的最新消息，他们正在准备成立另外一家航空公司。他们虽不会裁减职工，但是，我们应该联合起来，有所准备啊。”这话又被办公室的通讯员听到了，他立即把这消息告诉他的上司巴巴拉。巴巴拉又为此事写了一个备忘录给负责人事的副总经理马丁，马丁也加入了他们的联合阵线，并认为公司应保证兑现其不裁减职工的诺言。

第二天，比利正在打印两份备忘录，备忘录又被路过办公室探听消息的摩罗看见了。摩罗随即跑到办公室说:“我真不敢相信公司会做出这样的事来。我们要被卖给联合航空公司了，而且要大量裁减职工呢!”

这消息传来传去，三天后又传回到总经理波利的耳朵里。波利也接到了许多极不友好、甚至敌意的电话和信件。人们纷纷指责他企图违背诺言而大批解雇工人，当然也有人表示为与别的公司联合而感到高兴。而波利则被弄得迷惑不解。

总经理波利怎样才能使问题得到澄清?

2. 非正式沟通

非正式沟通指的是通过正式沟通渠道以外的信息交流和传达方式。非正式沟通是非正式组织的副产品，它一方面满足了员工的需求，另一方面也弥补了正式沟通系统的不足。

非正式沟通的优点：沟通方便，内容广泛，方式灵活，沟通速度快，可用以传播一些不便正式沟通的信息，而且由于在这种沟通中比较容易把真实的思想、情绪、动机表露出来，因而能提供一些正式沟通中难以获得的信息。管理者要善于利用这种沟通方式。

非正式沟通的缺点：沟通比较难以控制，传递的信息往往不确切，易于失真、曲解，容易传播流言蜚语而混淆视听。所以应对这种沟通方式予以重视，注意防止和克服其消极的一面。

(1) 特征：

① 它的形式具有多变性和动态性。

② 信息传播速度快且易迅速扩散，信息往往是不完整的。

③ 通常易受到人们的重视。

④ 它可以发生于任何地方、任何时间，其内容也不受限定。

对于非正式沟通这些特点，管理者应该予以充分和全面的考虑，以防止起消极作用的“小道消息”肆意流传。要通过利用非正式沟通为组织的目标服务。

(2) 作用：

① 满足员工的心理需求。

② 替代正式沟通渠道的某些功能。

③ 传递不愿以正式沟通方式传递的消息。

④ 将上级的正式命令变成基层人员较易了解的语言，容易被员工接受。

⑤ 可以防止某些管理者滥用正式沟通，有效防止正式沟通中的信息“过滤”现象。

技能训练

一、案例分析

亨达公司所有部门都卷入了一场内讧，大家互相指责对方。产品开发部的人对营销部的人大为不满，认为其没有提供新产品的详细计划书，他们对销售人员也不满，认为其没有向他们反馈顾客对新产品的意见；生产部的人认为销售人员只关心自己的销售额，不惜以牺牲公司的利益的做法来推销产品，同时他们也信不过市场营销部的人，认为其缺乏准确预测市场趋势的能力；营销部则认为，生产部的人思想保守、不愿冒险，他们对生产部的不合作和无休止的诽谤非常愤怒，他们也看不惯产品开发部的人，认为其动作迟缓，对他们的要求根本没有反应；而销售部的人则认为生产部的人没有工作能力，有时在电话上与其大吵大闹，指责其对顾客提出的售后服务的要求置之不理。

- 亨达公司面临什么危机？
- 产生这场内讧的原因是什么？
- 怎样帮助亨达公司走出这场困境？

二、课堂训练

请把下面这句话表达出六种语意，以体现副语言（语音、语调、语速、节奏）的变化对语意产生的影响。

下雨天留客天留人不留

下雨天，留客天，留人不留？
下雨天，留客，天留，人不留！
下雨天，留客天，留人？不留！
下雨天，留客天，留人不？留！
下雨，天留客，天留，人不留。
下雨，天留客，天留人？不留。

二、沟通过程

沟通都有特定的流程，即沟通的路径特征，是信息从主体到客体的过程。沟通是信息和意图由一个人或一个团体到另一个人或另一个团体的传递。在这样的沟通过程中，意图的传递才是沟通的中心目标。只有接收者在正确理解了发送者的意图时，才可以认为这一沟通是成功的。

沟通过程就是发送者将信息通过选定的渠道传递给接收者的过程。如图 8 所示，沟通过程包括信息发出者、编码和译码过程、信息传播渠道、信息接收者等要素，此外，在这个过程中还有可能存在一些干扰或者妨碍沟通的因素。

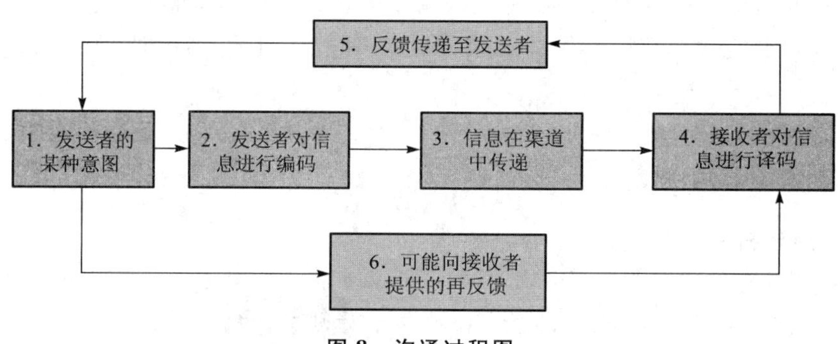

图 8　沟通过程图

（一）沟通意图

人们进行沟通的时候都带着特定的目标，希望发出的信息被理解，然后得到自己想要的反馈，或者是使对方的行为、思想得到预期的改变。

这种意图可能表现得很明显，也可能是内隐的。比如，小王上班经常迟到，那么人事经理找他谈话，这种沟通的意图就非常明显，经理希望通过与小王谈话能使得小王在行为上发生某种他所希望的改变，即上班不再迟到。再比如，在一列长途列车上，互不相识的旅客互相谈话，虽然这种谈话看起来似乎没有什么特定目的，但是这种沟通通常仍是在消除旅途寂寞，或者消除紧张感等并不明显的目的指引下进行的。不管是有意识还是无意识的，沟通者都是在沟通意图的驱动下来进行沟通活动的。

（二）信息发出者和接收者

1. 信息发出者

信息的发出者也可以称为信息传递者。信息传递者是制造信息来源的人，是沟通的启动者。传递者在沟通中居于主动地位，他首先要确定沟通的目标，明确要传送的内容，考虑采用什么形式进行传送，然后把所要传送的思想、情报、情感等内容通过转换变成对方所能理解的信息传送出去，经过一定的渠道让对方接收，因而传递者是首要的沟通者。信息的发出者可以是个人，也可以是组织。

2. 信息接收者

信息的接收者可以简称为“收者”，接收者的主要任务是接收发信者的思想和情感，并及时地把自己的思想和情感反馈给对方，当接收者将自己的反应或问题反馈到传递者那里的时候，二者的位置互换，所以沟通中信息传递者和接收者的划分也是相对的，在大多数情况下，发信者与接收者在同一时间既发送又接收。

（三）编码与译码

信息编码就是指传递者将其所要传播的内容和思想，以语言、文字或其他符号的形式进行传递和接收。译码则恰恰与之相反，是接收者在接收信息后，将符号化的信息还原成为思想，并理解其意义（见图9）。

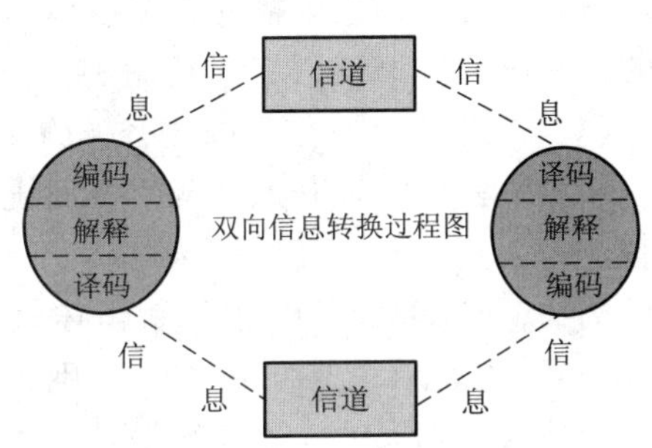

图9　信息的编码和译码

完美的沟通应该是信息发出者编码后的信息和信息接收者译码后的信息完全“对称”。对称的前提条件是双方拥有类似的经验。如果双方对信息符号及信息内容缺乏共同经验，也就是缺乏共同语言，编码和译码过程就不可避免地会出现误差，如图10所示。

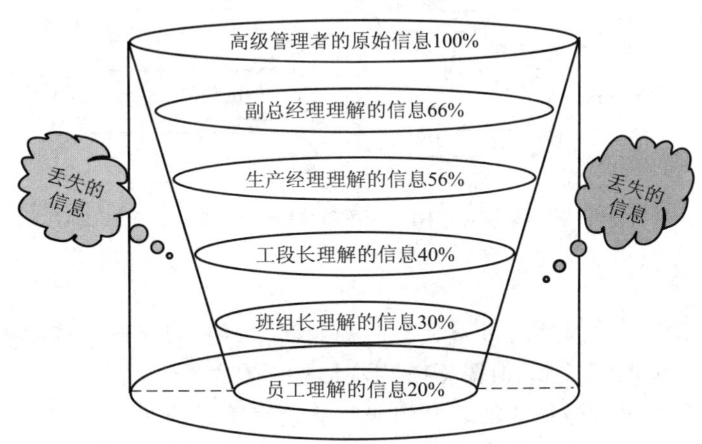

图10　信息理解漏斗图

（四）传递的信息

信息是沟通双方沟通的内容。在前面列举的经理与小王的例子里面，经理发送的是不希望小王迟到的行为再次出现的信息；小王发出的信息可能是为自己的行为辩解或者做出某种经理所希望的承诺。沟通的内容很多，包括意见、情感、态度、思想和价值观等，但不管沟通的内容是什么，只有将它们转换成符号，人们才可以顺利地进行沟通。

1. 符号的要素

符号是一个社会全体成员共同约定用来表示某种意义的记号、标记。符号包括形式和意义两个方面的要素。任何一个符号都要有一定的外在形式，这样才能让人知道它的存在，同时还要让人知道它的意义，它才有存在的价值。

例如，十字路口的红绿灯就是一种符号，其外在形式是一种色彩，意义是红灯表示停止、绿灯表示通行。

所有的沟通信息都可以用两种符号来表示：语言符号和非语言符号。

2. 语言符号

语言符号是信息传播的主要载体，这里所说的语言符号包括语言与文字两类，即所谓的口头语言和书面语言（见图 11）。

（1）口头语言符号是以语音作为物质形式表示意义的符号。

口头语言由语音和意义两个方面统一构成，语音是语言的存在形式，意义是语言的内容。

例如，我们说“电视”，不必真抬出一台电视来比画，用大家共知的记号“diànshì”来表示，英语用“TV”别人就明白了，如果你非要把“电视”说成“视电”或别的什么，别人就无法理解了。

（2）书面语言符号是以字形作为物质形式来表示意义的符号。

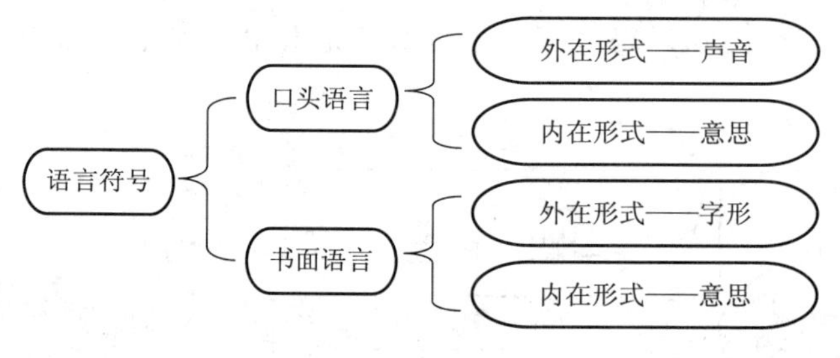

图 11　语言符号

3. 非语言符号

虽然语言是人类最重要的符号系统，但是非语言符号同样在日常传播活动中扮演着不可或缺的角色。美国学者 L. 伯德惠斯特尔估计，在两个人传播的场合中，有 65% 的社会含义是通过非语言符号传递的。专门研究非语言符号的艾伯顿·梅热比也提出了一个公式，说明非语言符号的重要作用。

沟通双方互相理解 = 语调（38%）+ 表情（55%）+ 语言（7%）

公式中的“语调”和“表情”均为非语言符号，这个公式表明了人际传播中非语言符号所能传递的信息远远大于语言。

非语言符号可以分为基本的两大类：视觉性非语言符号和听觉性非语言符号（见图 12）。

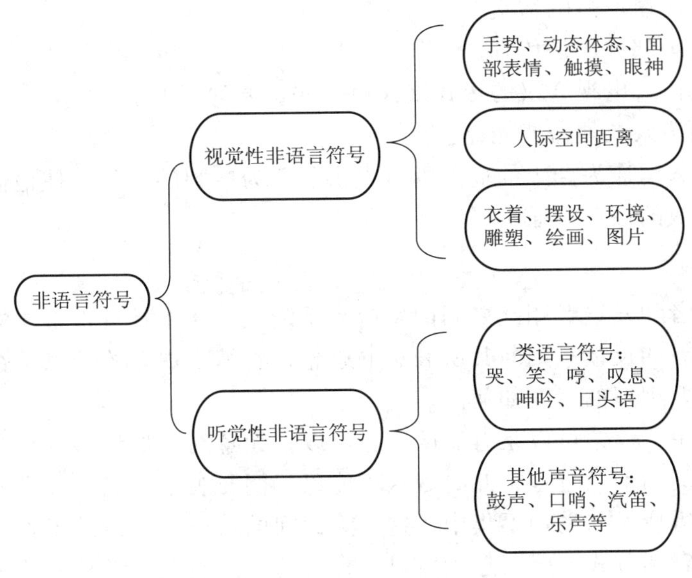

图 12 非语言符号

小看板

不同的时间与空间习俗带来的麻烦

北美洲人与拉丁美洲人在交谈时有不同的空间要求。在北美洲，如果谈话内容是业务联系，那么，双方之间的合适距离大约是 2 英尺，也就是 0.6 米左右。这种距离在鸡尾酒会那样的社交场合会缩短，但任何时候，如果谈话双方的距离小于 8~10 英寸（约 0.2 米），就会使北美洲人感觉不舒服。而对拉丁美洲人来说，2 英尺距离显得太冷淡、太不友好了。于是，他们会主动接近谈话对象，甚至无视北美洲人的习惯“禁区”。拉丁美洲人如果把身子探过桌子与北美洲人交谈就会引起北美洲人的紧张。

另外，北美洲人与拉丁美洲人对交谈时间的要求也不同。拉丁美洲人不习惯太严格的准时约会，如果因为某种原因让对方久等了，他们一般不认为有认真解释的必要，只是略表一下歉意就心安理得了；而北美洲人则把迟到看作是不尊重对方的表现。

（五）渠道或媒介

沟通渠道是信息经过的路线，即发送者发出的信息到达接收者那里需要经过的路线。在面对面的沟通中，人们一般主要是通过声音和视觉来感知和进行反馈的。在日常生活中我们采取已经非常熟悉的电视机、收音机、录像机、报纸、杂志、报刊、电影等渠道来获得信息。同时，信息还可以通过这样一些渠道进行传播，如在沟通中表现出来的诸如微笑、皱眉、摇头等非语言的信息渠道。

商务沟通具有多渠道的特征。在日常的沟通中，商务人员可以采用多种方式相互联系。

（1）与对方面谈或是电话交谈。

（2）发送电子邮件或是传真。

（3）采用电话或电视会议的形式来探讨一些重要的问题。

（4）把活动记录在硬盘或光盘上。

多渠道的商务沟通为今天的商务人员提供了更为广阔的空间，使他们能够选择合适的方式来进行有效的商务沟通。

（六）反馈

反馈是接收者和发送者相互之间的反应。反馈在沟通中具有很重要的意义，信息的发送者根据接收者的反馈来判断其所表达的思想、感情、观念等信息是否按照他所希望的方式被理解以及理解的程度如何。

在沟通过程中，反馈可以是有意的，也可以是无意的，如演讲者在登台演讲时就存在一个与观众之间的沟通过程，此时观众可能以喝倒彩表示他们对演讲者的不满，也可能在听演讲时显得疲惫与精神不集中，这种无意间的神情与表情的流露，同样可以反馈出他们对演讲内容和方式不感兴趣。所以，在沟通中反馈是非常重要的一环，反馈让所有发送者得知对方是否接收与理解他所发出的信息，并了解对方的感觉。

（七）沟通中的干扰——噪声

沟通中的干扰常来自沟通的噪声（见图 13）。噪声是阻止理解和准确解释信息的障碍。噪声发生在发送者和接收者之间，可分成三种形式：外部噪声、内部噪声和语义噪声。

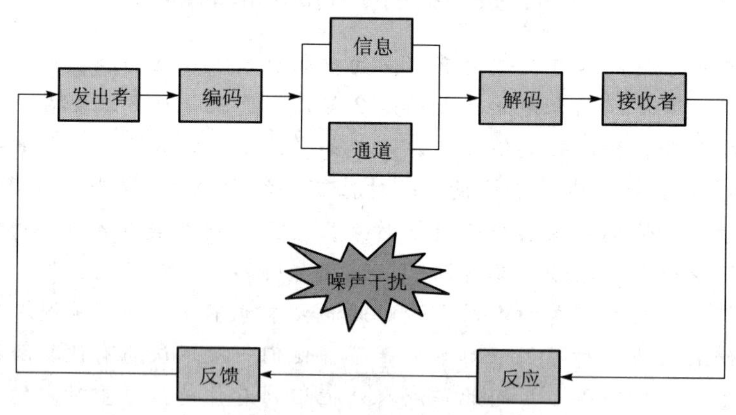

图 13 沟通中的噪声干扰

1. 外部噪声

外部噪声来自沟通的环境，它阻碍沟通者很好地接收和反馈信息。比如你与朋友在打电话，可是外界的声音干扰很大，使得你根本无法听清对方在讲什么。外部的噪声有多种形式，可能是炎热的环境，也可能是遥远的距离。它们会分散你的注意力，使得你无法集中精力与对方沟通。

2. 内部噪声

内部噪声通常出现在沟通者的大脑中。一方面，沟通者的大脑可能被另外一件正在思索的事情占据，思维还沉浸在以前的思考中，没有分出足够的注意力来关注现时的沟通，因而阻碍了沟通；另一方面，沟通者被已经形成的思维所束缚，具有了先天的信念或成见，并一直作用于沟通过程中，比如某一个具有大男子主义思想的人，倾向于认为妇女的能力是低于男子的，妇女是不能担当领导职位的，当他面对一个女上司的时候，他可能具有较高的抵触情绪，很多情况下不能很好地与上司沟通。

3. 语义噪声

语义噪声是由人们对词语情感上的反应而引起的。在不同的民族文化中，对于特定的词语有着不同的含义。例如，跨国公司内部之所以经常出现冲突，很大一部分原因是文化的差异所带来的对同一词语的不同理解。语义噪声像外部噪声和内部噪声一样，能干扰部分或全部的信息。

（八）环境与背景

沟通发生情景对沟通产生很大的影响，不同的沟通需要不同的沟通环境。正式的演讲，如就职演说，应该安排在很正式的场合；通常的人际沟通，如非正式会谈，就要在宽松、非正式的场合下进行，如在茶馆、咖啡馆等。沟通的环境不同，人们进行沟通的方式、方法的选择也就有很大的差异。

一般说来，影响沟通过程的背景因素主要有以下几种（见图 14）。

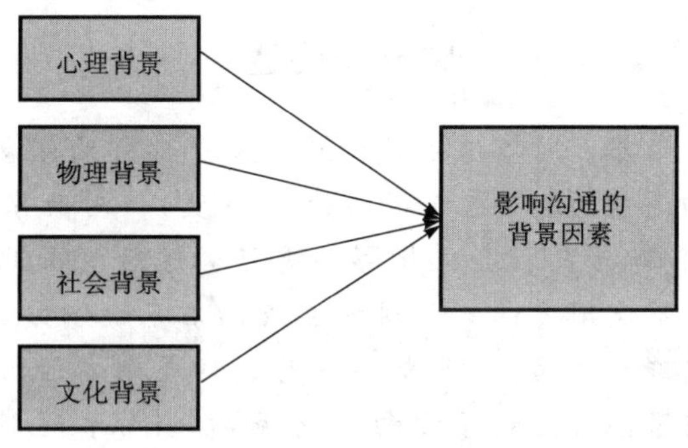

图 14　影响沟通的背景因素

1. 心理背景

心理背景是指沟通双方的情绪和态度。沟通者的不同心理状态直接影响到沟通的效果。当沟通者的心情和情绪处于兴奋、激动的状态时，沟通起来比较容易，人们也倾向与人交流更多的信息，接收信息的效率比较高，更容易反馈。但若沟通者处于悲伤、焦虑的状态时，通常没有太多的沟通欲望，其思绪也不能得到好的整理，发出的信息通常没有连贯性。

沟通双方的态度也直接影响到沟通的效果。如果沟通双方相互敌视或者关系淡漠，沟通过程常会因偏见而出现误差，双方都很难正确理解对方发送的信息，同时也会因敌对或紧张的关系干扰正常的解码、反馈过程。

2. 物理背景

物理背景是指沟通发生的场所。特定的物理背景往往决定了特定的沟通气氛。面对上万名的观众发表新年贺词和对办公室几个部下交代近期计划的会议，两者的氛围和沟通过程是大相径庭的。

3. 社会背景

社会背景指的是沟通双方的社会角色关系。对不同的社会角色关系，有着不同的沟通模式。上级可以拍拍你的肩头，告诉你要以单位为家，但你绝不能拍拍他的肩头告诫他要公而忘私。对于每一种社会角色关系，无论是上下级关系还是朋友关系，人们都有一种特定沟通方式的预期，相关沟通只有在方式上符合这种预期，才能得到沟通双方的接纳，沟通才可顺利进行。

4. 文化背景

文化背景是指沟通者长期的文化积淀，也是沟通者较为稳定的价值取向、思维模式和心理结构的总和。文化已转变为我们精神的核心部分而成为我们思考、行动的内在依据。虽然，通常人们体会不到文化对沟通的影响，实际上，文化影响着每一个人的沟通过程，影响着沟通的每一个环节。当不同文化发生碰撞、交融时，人们往往能发现这种影响，也特别能感受到不同文化带来的碰撞。

小案例

完整的沟通

有一南方人来北京开会，因路途不熟向你问路。你作为信息发出者必须听懂或会讲普通话或南方话（沟通能力）。愿意帮助他（态度），对北京的地理比较熟悉（知识水平），并对自己和问路者的社会文化影响进行考虑后（如北京人指点方向是用东南西北，可是南方人多不使用方向，而用向左或向右来说明方向），你将会址的方向和到达该处的方法（路线、渠道），用标准的普通话或南方话清楚地告诉他，并可用手势指点，使对方听到了，也看到了方向（途径）。当你叙述时，他可能点头，或重复你说的内容（反馈），若他表示“谢谢你，我想我能找到那地方了”，则表明他已接收了你的信息，沟通初步成功，只有在他找到会址后，才能说明沟通完全成功。

三、沟通中的有效倾听

小案例

一个在飞机上遭遇惊险却大难不死的美国人回家反而自杀了，原因何在？

那是一个圣诞节，一个美国男人为了和家人团聚，兴冲冲从异地乘飞机往家赶，一路上幻想着团聚的喜悦情景。恰恰老天变脸，这架飞机在空中遭遇猛烈的暴风雨，飞机脱离航线，上下左右颠簸，随时随地有坠毁的可能，空姐脸色煞白，惊恐万状地吩咐乘客写好遗嘱放进一个特制的口袋，飞机上所有人也都在祈祷。万分危急的时刻，飞行员冷静驾驶，终于平安着陆，于是大家都松了口气。

这个美国男人回到家后异常兴奋，不停地向妻子描述在飞机上遇到的险情，并且满屋子转着、叫着、喊着……然而，他的妻子正和孩子兴致勃勃分享着节日的愉悦，对他经历的惊险没有丝毫兴趣。男人叫喊了一阵，却发现没有人听他倾诉，他死里逃生的巨大喜悦与被冷落的心情形成强烈的反差，在他妻子去准备蛋糕的时候，这个美国男人却爬到阁楼上，用上吊这种古老的方式结束了从险情中“捡回”的宝贵生命。

当你在倾诉时，却发现无人在倾听，这种痛苦，无疑是很大的打击。一个善于倾听的人在他人眼中是一个很健谈的人。懂得倾听，不仅是关爱、理解，更是使双方关系融洽的润滑剂，每个人在烦恼和喜悦后都有一份渴望，那就是对人倾诉，他希望倾听者能给予理解与赞同，然而那位美国男人的妻子没有做到，所以导致了悲剧的产生。

可以这样说，用心倾听是这个世上最美的关爱。

（一）倾听——有效沟通的武器

心理学研究表明，人在内心深处都有一种渴望得到别人尊重的愿望。倾听是一项技巧，是一种修养，甚至是一门艺术。学会倾听应该成为每个渴望事业有成的人的一种责任，一种追求，一种职业自觉。

1. 倾听的层次（见图 15）

我们从学校学习读、写、说——但我们从未学习如何倾听。倾听也许是所有沟通技巧中最容易被忽视的部分，我们在与人交往的过程中，应该多听少讲，也许这就是上天为何赐予我们两只耳朵、一张嘴巴的缘故吧！倾听是常常被人们遗忘的技巧。

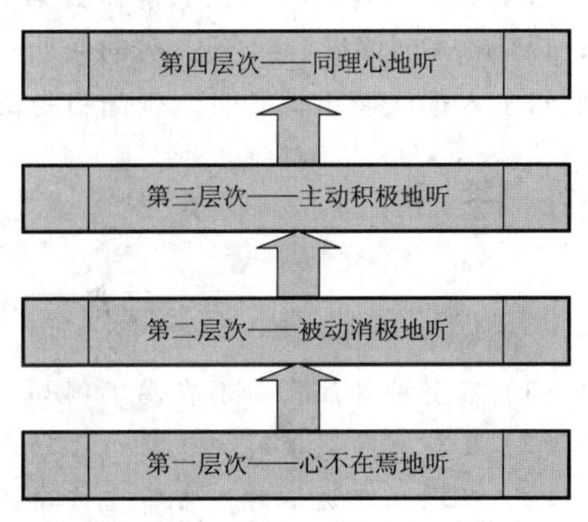

图 15 倾听的层次

教育家卡耐基说：“做个听众往往比做一个演讲者更重要。专心听他人讲话，是我们给予他人的最大尊重、呵护和赞美。”每个人都认为自己的声音是最重要的、最动听的，并且每个人都有迫不及待地表达自己的愿望。在这种情况下，友善的倾听者自然成为最受欢迎的人。

实际上，有效的倾听是可以通过学习而获得的技巧，认识自己的倾听行为将有助于你成为一名高效率的倾听者。

按照影响倾听效率的行为特征，倾听可以分为四种层次。一个人从第一层次倾听者转变为第四层次倾听者的过程，就是其倾听能力、交流效率不断提高的过程。下面是对倾听四个层次的描述。

第一层次——心不在焉地听。

倾听者心不在焉，几乎没有注意说话人所说的话，心里考虑着其他毫无关联的事情，或内心只是一味地想着辩驳。这种倾听者感兴趣的不是听，而是说，他们正迫不及待地想要说话。这种层次上的倾听，往往导致人际关系的破裂，是一种极其危险的倾听方式。

第二层次——被动消极地听。

倾听者被动消极地听讲话者所说的字词和内容，常常错过了讲话者通过表情、眼神等体态语言所表达的意思。这种层次上的倾听常常导致误解、错误的举动，失去真正交流的机会。另外，倾听者经常通过点头示意来表示正在倾听，讲话者会误以为所说的话被完全听懂了。

第三层次——主动积极地听。

倾听者主动积极地听对方所说的话，能够专心地注意对方，聆听对方的话语内容。这种层次的倾听常常能够激发对方的注意，但是很难引起对方的共鸣。

第四层次——同理心地听。

同理心积极主动地倾听，这不是一般的“听”，而是用心去“听”，这是一个优秀倾听者的典型特征。这种倾听者在讲话者的信息中寻找感兴趣的部分，他们认为这是获取有用信息的契机。这种倾听者不急于做出判断，而是对对方的情感感同身受。他们能够设身处地看待事物，总结已经传递的信息，质疑或是权衡所听到的话，有意识地注意非语言线索，询问而不是辩解、质疑讲话者。他们的宗旨是带着理解和尊重积极主动地倾听。这种感情注入的倾听方式在形成良好人际关系方面起着极其重要的作用。

事实上，大概 60% 的人只能做到第一层次的倾听；20% 的人能够做到第二层次的倾听；15% 的人能够做到第三层次的倾听；仅有至多 5% 的人能够做到第四层次的倾听。我们每个人都应该重视倾听，提高自身的倾听技巧，学会做一个优秀的倾听者。

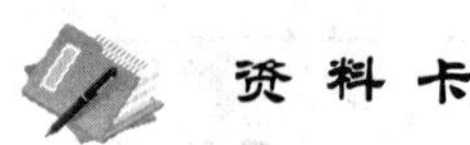

资料卡

经常会出现的倾听问题

(1) 不全神贯注，心不在焉。例如，每次有漂亮的女士走过，眼睛总紧盯着她看。

(2) 在与别人交谈时会想象自己的表现，因此常错过对方的谈话内容。

(3) 当别人在说话时，常常允许自己想别的事情。

(4) 试着去简化一些听到的细节。

(5) 专注在谈话内容的某一细节上，而不是在对方所要表达的整体意义上。

(6) 允许自己对话题或是对对方主题的看法去影响对讯息的评估。

(7) 听自己所期望听到的东西，而不是对方实际谈话的内容。

(8) 只被动地听对方讲述内容，而不积极响应。

(9) 只听对方讲，但不了解对方的感受。

(10) 因个人的小偏见而分心。例如，有人可能习惯说脏话，或做出一些听者不喜欢的举动，或许听者容易被某种腔调激怒。

(11) 在未了解事情的全貌前，即已对内容做出了判断。

(12) 只注意表面的意义，而不去了解隐藏的意义。

看了上面的现象，你可以看一看自己是否是一个有效的倾听者了。

2. 倾听的作用

（1）倾听对他人是一种鼓励。

倾听能激发对方的谈话欲。谈话者感到自己的话有价值，他们会乐意说出更多有用的信息，当别人感觉你在以友好的方式听他讲话时，他们会全部或者部分解除戒备心理，并反过来更有效地听你的讲话，更好地理解你的意思。有效的倾听也常常能使对方成为认真的倾听者。

（2）倾听可以改善关系。

认真倾听通常能改善人们之间的关系。人们大都一样，喜欢发表自己的意见。如果你愿意给别人一个机会，他们立即会觉得你和蔼可亲，值得信赖，这样，倾听就容易使你获得友谊和信任。仔细听他人讲话，也会给自己一个线索，了解他人是如何想的，他们认为什么重要，他们为什么说现在正在说的话。

（3）倾听可以使你获得重要信息。

通过倾听你可以了解对方要传达的信息，感受对方的感情，并据此推断对方的性格、目的和诚恳程度。倾听可以使你适时和恰当的提出问题，澄清不明之处，或是启发对方提供更完整的资料。一个可以随时倾听别人认真讲话的人，可在闲谈之中成为信息的富翁，这可以是对古语“听君一席话，胜读十年书”的一种新解。

（4）倾听可以锻炼自身能力和掩盖自身弱点。

通过仔细倾听，可减少对方的防卫意识，形成增加认同、产生同伴乃至知音感觉的沟通过程，倾听者可以训练以己推人，提高思考力、想象力、客观分析能力。俗话说“沉默是金”“言多语失”。沉默可以帮助我们掩盖若干弱点。例如，如果你对别人所谈问题一无所知，或未曾考虑或考虑不成熟，倾听就可以掩盖你的无知，掩盖你准备不充分，你就获得了一个喘息的机会。

小案例

主持人和小孩子

美国知名主持人林克莱特一天访问一名小朋友，问他说：“你长大后想要当什么呀？”小朋友天真地回答：“我要当飞机的驾驶员！”林克莱特接着问：“如果有一天，你的飞机飞到太平洋上空时所有引擎都熄火了，你会怎么办？”小朋友想了想说：“我会先告诉坐在飞机上的人绑好安全带，然后我挂上我的降落伞跳出去。”当在现场的观众笑得东倒西歪时，林克莱特继续注视这孩子，想看他是不是自作聪明的家伙。没想到，接着孩子的两行热泪夺眶而出，这才使得林克莱特发觉这孩子的悲悯之情远非笔墨所能形容。于是林克莱特问他说：“为什么要这么做？”小孩的答案透露出一个孩子真挚的想法：“我要去拿燃料，我还要回来！”。

看到这里我从心底油然产生了对主持人林克莱特的敬佩之情，佩服他与众不同之处，他能够让孩子把话说完，并且在现场的观众笑得东倒西歪时仍保持着倾听者应具备的一份亲切、一份平和与一份耐心。

（二）倾听中的障碍

沟通的障碍来自环境、信息发出者和信息接收者三个方面。作为沟通的一个重要环节，倾听障碍则主要存在于环境、倾听者两个方面。

大家熟知的列队传话游戏生动具体地表明，倾听障碍是客观存在的。这个游戏是让十个人排成一列，由第一个人领来纸条，记住上面的话并保留纸条。而后，第一个人将记住的话低声耳语给第二个人，第二个人将听到的话低声耳语给第三人，如此重复，直到第十人，再让第十个人将听到的话写在纸上。最后比较这两张字条，会发现有很大的差别，甚至天壤之别。

1. 环境障碍

环境对倾听的影响是显而易见、理所当然的。例如，我们可以体会到，在会议室里上司向下属征询意见，大家会十分认真地发言；但若换到餐桌上，下属可能会随心所欲地谈想法，甚至不成熟的想法。反之亦然，在咖啡厅里上司随口问问你西装的样式，你会轻松地聊几句，但若老板特地走到你的办公桌前发问，你多半会惊恐地想这套西装是否有违公司仪容规范。这是由于不同场合人们的心理压力、氛围和情绪都大有不同。

环境之所以影响倾听，是因为环境能产生两个方面的作用：一方面，干扰信息的传递过程，使信息信号产生消减或歪曲；另一方面，影响倾听者的心境。环境不仅从客观上，也从主观上影响倾听。

正因为如此，人们十分注重挑选谈话环境。为了具体分析环境对倾听的影响，人们将环境因素进一步划分为三大项。

（1）环境的封闭性。环境的封闭性是指谈话场所的空间大小、有无遮挡设施、光照强度（暗光给人更强的封闭性）、有无噪声等干扰因素。封闭性决定着信息在传递过程中的损失概率及人们的注意力。

（2）环境的氛围。环境的氛围是环境的主观性特征，它影响人的心理接受定势，也就是人的心态是开放的还是排斥的、是否容易接收信息、对接收的信息如何看待和处置等倾向。环境是温馨和谐还是火药味浓，是轻松还是紧张，是生机勃勃的野外还是死气沉沉的房间内，会直接改变人的情绪，从而作用于心理接受定势。

（3）对应关系。说话者与倾听者在人数上存在着不同的对应关系，可分为一对一、一对多和多对一三种。人数对应关系的差异导致不同的心理角色定位、心理压力和注意力集中度。

① 一对一。听下属汇报时不容易走神，因为一对一的对应关系使自己感到角色重要，心理压力较大，注意力自然集中。

② 一对多。在教室听课是一对多的关系，听者认为自己不重要，压力小，易开小差。

③ 多对一。如果倾听者只一位，发言者为数众多，比如面对原被告的法官和面对多家新闻记者的发言人都会全神贯注、丝毫不敢懈怠。

为了给环境选择有所参照，表 6 中列出了常见的六种倾听环境类型和倾听者障碍的主要来源。

表 6 倾听环境类型特征及倾听者障碍源

环境类型	封闭性	氛 围	对应关系①	主要障碍源
办公室	封闭	严肃、认真	一对一、一对多	不平等造成的心理负担，紧张，他人或电话打扰
会议室	一般	严肃、认真	一对多	对在场其他人的顾忌，时间限制
现场	开放	可松可紧、较认真	一对多	外界干扰，事前准备不足
谈判	封闭	紧张、投入	多对多	对抗心理，说服对方的愿望太强烈
讨论会②	封闭	轻松、友好、积极投入	多对多、一对多	缺乏从大量散乱信息中发现闪光点的洞察力
非正式场合③	开放	轻松、舒适散漫	一对一、一对多	外界干扰，易走题

注：① 指管理人员作为倾听者，与发言者的人数对应关系；
② 指深度会谈、头脑风暴会议或专家小组会谈等讨论会形式；
③ 指在餐厅、咖啡厅、家中等。

2. 倾听者障碍

倾听者在整个交流过程中具有举足轻重的作用。倾听者理解信息的能力和态度都直接影响倾听的效果。所以，在尽量创造适宜沟通的环境条件之后，倾听者要以最好的态度和精神状态面对发言者。来自倾听者本身的障碍主要可归纳为以下两类。

（1）倾听者的理解能力。交谈时要注意与对方进行有效的沟通，听讲人的知识水平、文化素质、职业特征及生活阅历，往往与他本身的理解能力和接受能力紧密联系在一起，具有不同理解能力的倾听者必然会得到不同的倾听效果。正因为如此，倾听者的理解能力会构成倾听中的障碍，"对牛弹琴" 便是如此。

（2）倾听者的态度。除了倾听者的理解能力之外，倾听者的态度也会构成倾听中的障碍，如图 16 所示。

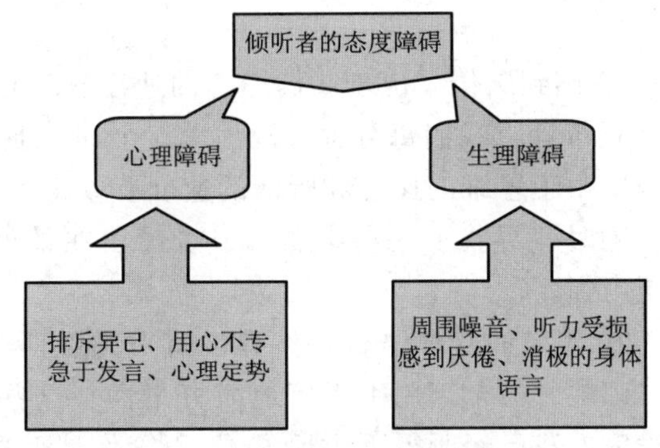

图 16 倾听者的态度障碍

① 排斥异议。有些人喜欢听和自己意见一致的人讲话，偏心于和自己观点相同的人。这种拒绝倾听不同意见的人，不仅拒绝了许多通过交流获得信息的机会，而且在倾听的过程中注意力不可能集中在讲逆耳之言的人身上，也就不可能和任何人都交谈得愉快。

② 用心不专。三心二意、心不在焉是这种情况的典型表现。虽然倾听者身在现场，

而且表面上似乎在用心地听讲，但倾听者本人要么另有所思，要么心不在焉，所以倾听的信息并未完全或部分进入倾听者的头脑中。这种倾听的效果肯定不好，所谓“身在曹营心在汉”即是如此。

③ 急于发言。人们都有喜欢自己发言的倾向。发言在商场上尤其被视为主动的行为，而倾听则是被动的。人们都倾向于把他人的讲话视为打乱自己思维的烦人的东西。在这种思维习惯下，人们容易在他人还未说完的时候，就迫不及待地打断对方，或者心里早已不耐烦了，往往不可能把对方的意思听懂、听全。

④ 心理定势。人类的活动是由积累的经验和以前作用于我们大脑的环境所决定的，我们从经历中早已建立了牢固的条件联系和基本的联想。在每个人的思想中都有意无意地含有一定程度的偏见。由于人都有根深蒂固的心理定势和成见，因此很难以冷静、客观的态度接收说话者的信息，这也会大大影响倾听的效果。

小案例

心理定势效应

一位公安局局长在路边同一位老人谈话，这时跑过来一个小孩，急促地对公安局局长说：“你爸爸和我爸爸吵起来了！”老人问：“这孩子是你什么人？”公安局局长说：“是我儿子。”请你回答：这两个吵架的人和公安局局长是什么关系？

这一问题，在100名被试中只有两人答对！后来对一个三口之家问这个问题，父母没答对，孩子却很快答了出来：“局长是个女的，吵架的一个是局长的丈夫，即孩子的爸爸；另一个是局长的爸爸，即孩子的外公。”

为什么那么多成年人对如此简单问题的解答反而不如孩子呢？这就是定势效应。按照成人的经验，公安局局长应该是男的，从男局长这个心理定势去推想，自然找不到答案；而小孩子没有这方面的经验，也就没有心理定势的限制，因而一下子就找到了正确答案。

⑤ 感到厌倦。由于我们思考的速度比说话的速度快许多，前者至少是后者的3~5倍（据统计，我们每分钟可说出125个词，但可以理解400~600个词）。我们在倾听的过程中由于思维的速度和听话的速度有差距，就很容易在听话时感到厌倦。思维往往会在空闲时“寻找”一些事做，或者停留在某处，拒绝进一步的思维。这是一种不良的倾听习惯。

⑥ 消极的身体语言。你有没有习惯在听人说话时东张西望，双手交叉抱在胸前，跷二郎腿，甚至于用手不停地敲打桌面？这些动作都会被视为发出这样的信息：“你有完没完？我已经听得不耐烦了。”不管你是否真的不愿听下去，这些消极的身体语言都会大大妨碍你们沟通的质量。

为了解自己是否存在倾听障碍或存在的主要障碍有哪些，可使用表7进行一次自我测试。重温一下你回答“是”的项，那就是你倾听的主要障碍。

表 7　　倾听障碍测试

	是	否
懒惰		
你是否回避听一些复杂困难的主题？	（　）	（　）
你是否不愿听一些费时的内容？	（　）	（　）
封闭思维		
你拒绝维持一种轻松、赞许的谈话气氛吗？	（　）	（　）
你拒绝与他人观点发生关联或从中受益吗？	（　）	（　）
固执己见		
你是否在表面上或者内心里与发言者发生争执？	（　）	（　）
当发言的观点与你有分歧时，你是否表现得情绪化？	（　）	（　）
缺乏诚意		
你在听讲时是否避免眼神接触？	（　）	（　）
你是否更多地关注说话人的内容而不是他的感情？	（　）	（　）
厌烦情绪		
你是否对说话主题毫无兴趣？	（　）	（　）
你是否总对说话者不耐烦？	（　）	（　）
在听讲时你是否做着“白日梦”，或者想着别的事情？	（　）	（　）
用心不专		
你是否关注说话人的腔调或习惯动作，而不是信息本身？	（　）	（　）
你是否被机器、电话、别人的谈话等噪声分心？	（　）	（　）
思维狭窄		
你是否专注于某些细节或事实？	（　）	（　）
你是否拼命想理出个大纲来？	（　）	（　）

小看板

人的生理规律也是形成倾听者障碍的原因。依据统计数据，一般认为存在这样的关于记忆的统计规律：一般人在 10 分钟的倾听中只能记住 50% 的信息，而 2 个月后，则只能保留 25% 的信息量了。在紧急情况下获取的信息，在 3 天之后则只能保留 10%。

依据大量观察，一般认为存在这样的关于注意的规律：人的注意力关于时间的函数关系呈一条自然曲线，开始高，在过程中下降，在结束阶段又会上升。

当然，这些规律的精确表述还应进一步讨论。但作为倾听者应该利用这些规律，提起自己的注意，采取适时适当的行动，坚持不懈地锻炼，消除自己的倾听障碍，提高倾听效果。

3. 克服倾听者障碍

来自倾听者的障碍最主要是由于粗心大意和误解而带来的沟通失误，从这两个方面来看，我们有以下一些建议。

仔细分析倾听者障碍，可以发现，障碍的形成分别出现在发现和吸收信息及解码和理解信息两个过程中。在前一过程中主要是不够专心或粗心大意的障碍，在后一过程中主要是误解的障碍。

（1）为避免粗心大意导致的沟通失误，可以从以下几点下功夫。

① 尽早列出要解决的问题。例如，此项目何时到期？有什么资源可供调遣？从对方的角度看，该项目最重要的是哪方面？在谈话过程中，应该注意听取对这些问题的回答。

② 在会谈接近尾声时，与对方核实一下你的理解是否正确，尤其是关于下一步怎么做的表述。

③ 对话结束后，记下关键要点，尤其是与最后期限或工作评价有关的内容。

（2）要克服误解障碍，可从以下几点着手。

① 不要自作主张地将认为不重要的信息忽略，最好与信息发出者核对一下，看看指令有无道理。

② 消除成见，克服思维定势的影响，客观地理解信息。

③ 考虑对方的背景和经历，想想他为什么要这么说？有没有什么特定的含义？

④ 简要复述一下对方所讲的内容，让对方有机会更正你理解错误之处。

小案例

1997 年，两架波音 747 飞机在特拉维夫机场地面相撞，两名飞行员其实都接收到了调度指示。KLM 的飞行员接到的指令是:“滑行至跑道末端，掉转机头，然后等待起飞准许命令。”但飞行员并没把指令中“等待”一事当作必须执行的部分。

另一架飞机 Pan Am 的飞行员被令转到第三交叉口暂避，但他将“第三交叉口”理解为“第三畅通交叉口”，因而没将第一个被阻塞的交叉口计算在内，就在他停在主跑道上的时候，KLM 飞机以 186 英里的速度与之相撞。

飞机爆炸，576 人遇难。这起不幸的事故就是由于飞行员对信息的误解而发生的。

（三）有效倾听的技巧

1. 有效倾听的原则

（1）专心原则。专心要求你以积极的态度，真诚坦率地倾听。好的倾听者希望了解到一些东西，他们愿意尽力去听，这样才会更了解说话内容、更懂得欣赏对方、回答也更能切中要点。比如，大学生们认真地听课以取得高分，雇员认真地听上司的指示以获得提升，公司代表认真听取顾客的意见以保住生意。

（2）移情原则。移情要求你应去理解说话者的意图而不是你自己想理解的意思。好的倾听者知道自己内在的情感、观念和偏见可能会阻碍新思想。在与不同文化背景的人进行沟通时，好的倾听者会努力超越自己狭隘的文化观念。

（3）客观原则。在倾听时，应该客观倾听内容而不盲目加以价值评判，而且不要以自我为中心。自我是妨碍自己成为有效倾听者的最大障碍，因为你会不自觉地被自己的想法缠住，而漏掉别人透露的语言信息和非语言信息。在良好的沟通要素中，语言占7%，语调占38%，而55%则完全是非语言的信息。我们都有这种体会，当听到自己不同意的观点时，会在心中反驳他人所言，显然这种做法会带来主观偏见和遗漏余下的信息。

（4）完整原则。完整原则要求倾听者对信息发送者传递的信息有一个完整的了解：既获得传递的内容，又获得发送者的价值观和情感信息；既理解发送者的言中之义，又发掘出发送者的言外之意；既注意其语言信息，也关注其非语言信息。

总而言之，在倾听时应注意以下要点（见图17）。

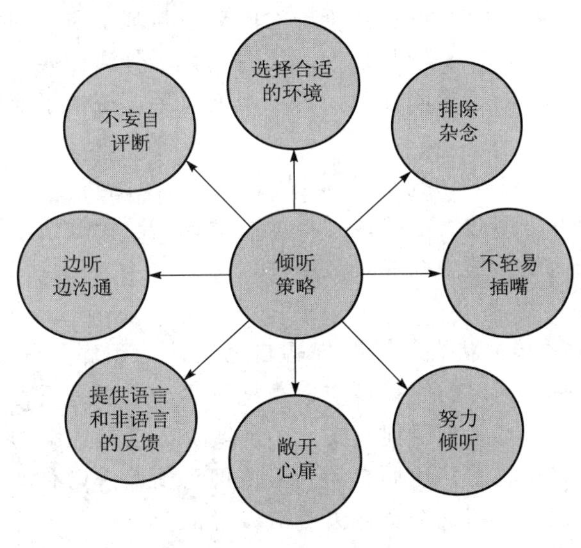

图17　倾听的策略

① 选择合适环境。如果可能的话，选择安静一点的环境，以便进行有效的倾听。

② 排除杂念。在倾听的时候，全神贯注于对方的信息之上，不要让自己在交谈停顿的时候胡思乱想。如果你表现得留意、专心和放松，对方会感到被重视和更安全。

③ 不轻易插嘴。即使对方在重复说着相同的事情，奉劝你还是要耐心等候，这样会比插嘴收获更多。

④ 努力倾听。积极主动参与，获取尽可能多的信息，同时也要懂得倾听弦外之音。

⑤ 敞开心胸。在沟通的过程中，很有可能不完全同意对方的观点，但是至少要敞开心胸接纳对方的话语；尽量把自己的情绪和对方传递信息的实情区别清楚。

⑥ 提供语言和非语言的反馈。以一种赞许的口吻说“是的”“我明白了”“好”和“哦”等来回应说话者，通过说“说来听听”“我们讨论讨论”“我想听听你的想法”或者“我对你所说的很感兴趣”等，来鼓励说话者谈论更多内容，并有礼貌地问一些问题。身体要前倾以保持敏锐的反应。

⑦ 边听边沟通。眼睛注视着对方，把手边的事暂时放在一边，表示关心对方所说

的话，而且给对方信心，让他把话说完；同时，组织其要点，用自己的话简述说话者的内容以确认你完全理解了对方所说的话。

⑧ 不妄自评断。说话者的形体语言、面部表情是否符合他所传递的信息？不论你心里是否有疑惑，开口问问，如果不好意思问，则说出你的想法。

遵循这些原则将帮助你成为一名成功的倾听者。养成每天运用这些原则的习惯，将它内化为你的倾听能力，你会对由此带来的结果感到惊讶的。

2. 积极倾听的技巧

关于提高倾听技巧，这里提出五个方面的建议。

（1）搞清前提。我们所谈及的"倾听"，是在相互交谈中的倾听。双方是在交流思想和观点，联系情感，而不是辩论。基于辩论的对话与基于联系的对话在很多基本点上有本质区别。例如，在辩论中，倾听是为了反驳、为了分清正误、为了压倒对手；在交流中，倾听是为了理解、为了求同存异、为了帮助对手。搞错了前提就难以进行正确的倾听。

（2）建立信任。信任是双方交流的前提。真诚的谈话可以唤起对方的兴趣，激发对方的积极性及主动性。因此，在交谈过程中有意地甚至无意地撒谎，都有可能使对方觉得你是在欺骗他，而使交谈中断或效果不佳。

（3）积极投入。

① 进入集中精力的精神状态。随时提醒自己交谈的到底是什么问题。听话时应保持与谈话者的眼神接触，但对时间长短应适当把握，如果没有语言上的呼应，只是长时间盯着对方，那会使双方都感到局促不安。另外要努力维持大脑的警觉，保持身体警觉则有助于使大脑处于兴奋状态。比如有的人习惯把头稍偏一点有助于集中精神。全神贯注意味着不仅用耳朵，而且用整个身体去听对方说话。

② 采取开放式姿势。人的身体姿势会暗示出他对谈话的态度。自然开放性的姿态，代表着接受、容纳、兴趣与信任。既然开放式姿态可以传达出接纳、信任与尊重的信息，而"倾听"的本意是"向前倾着听"，也就是说，向前倾的姿势是集中注意力、愿意听倾诉的表现。交叉双臂或跷起二郎腿也许是很舒服的姿势，但往往让人感觉这是种封闭性的姿势，容易让人误以为不耐烦、抗拒或高傲。

③ 采取开放的兴趣观与心态。记住——听者要善于听出可能与自己、自己的工作、自己的兴趣有关的信息。要提出下面这样的问题：我可以利用他们说的哪些话？我如何利用这些信息提供更好的服务、提高士气、提高效率、了解有关自己或他人的事？

④ 采取开放的态度。开放式态度还意味着控制自身偏见和情绪，克服心理定势，在开始谈话前培养自己对对方的感受和意见的兴趣，做好准备积极适应对方的思路，去理解对方的话，并给予及时的回应。

（4）多加理解。

① 全面倾听，建立理解的基础。"全面"包括三个方面的内容：听取讲话的内容；听取语调和重音；注意语速的变化。三者结合，才能完整领会说话者的意愿和情绪。

② 悟出言外之意，分析背景，避免误解。听出"言外之意"也十分重要。要透过对方话语的表象，发掘他真实的动机。一般来说对方隐瞒真情是出于以下"背景"

因素。

- 持有不同观点又不便直说。
- 有不满情绪又不愿表达。
- 因个性或面子不愿直说。
- 由于特定环境而不能直说。

③“倾听”对方身体语言，加深理解。身体语言往往更加诚实可信，学会“倾听”身体语言是探测对方心灵的有力手段。倾听时注意识别对方的表情。

- 僵硬型表情。脸上肌肉麻木，面无表情，往往充满憎恶与敌意，人们试图以此种表情来掩盖自己的真实情绪。
- 厌烦型表情。其主要包括叹气、伸懒腰、打呵欠，还有东张西望、看时间、表情无奈等。
- 焦虑型表情。比如手指不断敲打桌面、双手互捏、小腿抖动、坐立难安等。若厌烦型表情没有得到理解，烦躁的情绪积累下去，很可能发展为焦虑。
- 兴奋型表情。表现为瞳孔放大、面颊泛红、搓手、轻松地跳跃等。
- 欺骗型表情。当对方喋喋不休地诉说、语义却不连贯时，尤其该人平时又是一个沉默寡言的人，那么此时其多半是想隐瞒些什么。另外，下意识地摸下巴、摆弄衣角或将手藏在背后，都是说谎的征兆。
- 高傲型表情。眼睛眯起，头向后仰，俯视对方，或者双手抱胸、斜视、手叉腰，歪着头等，都表示自负、盛气凌人，对对方的话不屑一顾。

（5）加强记忆。既然平常人们对刚听过的信息记忆率只有50%，提高记忆的效率的确是件势在必行的事。这里提供了一些简单的技巧。

① 重复听到的信息。将对方的话用自己的语言重新表达，既加深了记忆，又给予对方纠正错误的机会。

② 认清说话的模式。若你能总结出对方说话的惯用模式，或者记住其中的典型事例，对其谈话内容重新整理组合，可以帮助记忆。

③ 记笔记。快速地在纸上记录一些关键词或自我设计的代表特定含义的符号，在事后再浏览一遍，印象会深刻许多。

资料卡

积极倾听的五种技巧

一是解释。倾听者要用自己的词汇解释讲话者所讲的内容，从而检查自己的理解。例如：

讲者：我觉得很压抑，因为我自愿加班加点，尽了最大努力，按时完成了项目，但是好像人人都不赞同我。

听者：看上去你很失望，你没有得到足够的支持。

讲者：是的，正是这样，并且……

二是反射感觉。向对方表达你对他感受的认同。当有人表达某种情感或感觉显得很情绪化时，传递你的认同之意。例如：

讲者：我真是厌烦极了。这项预算非常不精确，他们希望我严格管理。我花费了大量时间熟悉它们，发现错误，却耽误了我的工作。

听者：是的，真是够烦的。

讲者：你别开玩笑，关键是还有许多事要做。我需要有人去做，我的大脑需要休息。

听者：听起来你确实厌烦极了。

讲者：我建议……我宁愿……

再如：

讲者：这项增加销售的计划没有任何实质性的建议。

听者：听起来你很不顺利。

讲者：是的，这个问题一直在谈论却没有行动。我们不该有个基本原则吗？我认为早就应定下基本原则了。

三是反馈意思。把讲话者所说的内容、事实简要概括。例如：

讲者：你不在时发生了许多事情。李撞了车，需要几天才能治好；王患了流感；张扭伤了脚踝。此外，我们必须有一份临时计划，不知谁故意把我们的主要文件弄丢了。你回来了我真高兴。

听者：听起来你做了大量的工作，而且一直忙到现在，对吗？

讲者：我要说的是，如果由我自己来做，我会把一切管理得井井有条，并且我已经在做了。

四是综合处理。把讲话者的几种想法综合成一种想法。例如：

讲者：第一件事主要是政策改变，没有人能够预言；第二件事是我们最好的一个技术员辞职了；第三件事是这个项目的最后期限到了，我建议检查一下，看看我们应该做些什么？

听者：你的意思是有一系列的障碍使得我们这个项目的完成更加困难了。

讲者：你别开玩笑，我认为最关键的是政策的变化，如果政策不变，我们会有机会。

听者：好像你觉得一切都失去了。

讲者：不是所有失去，而是我们肯定还会有机会。

五是大胆地设想。从讲话者的角度大胆地设想。例如：

讲者：我真不知道该如何选择，每项活动都有赞成和反对两种意见，而且反应都相当强烈。

听者：如果我处在你的位置上，我想我宁愿慢些做出决定，以免得罪某一方。

讲者：是的……我想我需要更多的信息，或许应该再收集一些意见，或向有这方面经验的人请教。

再如：

管理者：我需要这些报告是为了能够按时完成任务。

雇员：我们恐怕不能满足您，任何人都是我的老板。

管理者：我想这一定难为你了。

雇员：这仅仅是……

技能训练

一、倾听练习

1. 我国法律是否规定成年男子不得娶其亡妻的姐妹为妻。

2. 如果你晚上 8:00 上床睡觉，设定闹钟在 9:00 将你闹醒，你能睡几个小时？

3. 平均一个男子一生可以有几次生日？平均一个女子一生可以有几次生日？

4. 根据国际法规定，如果一架飞机在两个国家的边境地区坠落失事，那些不明身份的遇难者应当被安葬在他们准备坐飞机去的国家还是出发的国家？

5. 在我国，每年 10 月 1 日都庆祝国庆节，在英国是否也有这样的节日？

6. 一位考古学家说他发现了一枚标有公元前 48 年（48 B.C.）的钱币，这可能吗？

思考： 1. 答对了多少？答错了多少？

2. 为什么你的成绩不太理想？

二、案例分析

财务部陈经理结算了一下上个月部门的接待费，发现还有 1 000 多元没有用完。按照惯例他会用这笔钱请手下员工吃一顿，于是他走到休息室，准备叫员工小马通知其他人晚上吃饭。

快到休息室时，陈经理听到里面有人在交谈，他从门缝看过去，原来是小马和销售部员工小李两人在里面。

小李对小马说："你们部陈经理对你们很关心嘛，我看见他经常用招待费请你们吃饭。"

"得了吧"，小马不屑地说道，"他就这么点本事来笼络人心，遇到我们真正需要他关心、帮助的事情，他没一件办成的。你拿上次公司办培训班的事情来说吧，谁都知道如果能上这个培训班，工作能力会得到很大提高，升职的机会也会大大增加，我们部几个人都很想去，但陈经理却一点都没有察觉到，也没有积极为我们争取，结果让别的部门抢了先。我真的怀疑他有没有真心关心过我们。"

"别不高兴了"，小李说，"走，吃饭去吧"。

陈经理只好满腹委屈地躲进自己的办公室。

思考问题：

(1) 在上述事情中沟通上到底哪个环节出了问题？谁的问题？为什么？

(2) 假如你是陈经理，你会怎么做？

三、技能测试

步骤：

步骤 1：请阅读下列测试题，并将你选择的分数填写在左侧横线上（预估）。你的回答应该反映你现在的态度和行为，而不是有意根据你所希望的结果去评价自我沟通技能的现状，要真实。采用这种方式是为了帮助你了解自己在自我沟通理念和技能方面处于何种水平。通过自我评价，可以识别自身不足，进而根据自身特点调整学习方向。

步骤 2：完成本部分的学习后，尽可能把所学的知识和技能与实际结合起来，并认真分析本部分的案例或技能应用作业，然后重新回答下列测试题，将分值写于右栏（后估）。当你完成这次调查后，检测你的进步，如果你在某一技能领域成绩依然较低，说明在这些方面你还要不断加强理论和实践的结合。

评分标准：

1 分：非常不同意/非常不符合　　2 分：不同意/不符合

3 分：比较不同意/比较不符合　　4 分：比较同意/比较符合

5 分：同意/符合　　6 分：非常同意/非常符合

测试题：

学习前　学习后

______　______　1. 我经常与他人交流以获取关于自己优缺点的信息，以促进自我提高。

______　______　2. 当别人给我提反面意见时，我不会感到生气或沮丧。

______　______　3. 我非常乐意向他人开放自我，与他人共享自己的感受。

______　______　4. 我很清楚自己在收集信息和做决定时的个人风格。

______　______　5. 在与他人建立人际关系时，我很清楚自己的人际需要。

______　______　6. 在处理不明确或不确定的问题时，我有较好的直觉。

______　______　7. 我有一套指导和约束自己行为的个人准则。

______　______　8. 无论遇到好事还是坏事，我总能很好地对这些事负责。

______　______　9. 在没有弄清楚原因之前，我极少会感到生气、沮丧或是焦虑。

______　______　10. 我清楚自己与他人交往时最可能出现的冲突和摩擦原因。

______　______　11. 我至少有一个以上能够与我共享信息、分享情感的亲密朋友。

______　______　12. 只有当我自己认为做某件事有价值时，我才会要求别人这样去做。

______　______　13. 我会在较全面地分析做某件事可能给自己和他人带来的结果后再决定是否去做。

______　______　14. 我坚持一周至少有一个只属于自己的时间和空间去思考问题。

______　______　15. 我定期或不定期地与知心朋友随意就一些问题交流看法。

______　______　16. 在每次沟通时，我总是听主要的看法和事实。

______　______　17. 我总是把注意力集中在主题上，并领悟讲话者所表达的思想。

______　______　18. 在听的同时，我努力深入地思考讲话者所说内容的逻辑和理性。

______ ______ 19. 即使我认为所听到的内容有错误，仍能克制自己继续听下去。

______ ______ 20. 当我在评论、回答或不同意他人观点之前，总是尽量做到用心思考。

自我评价：

将你的得分进行比较：(1) 比较你的得分与最大可能得分（120 分）；(2) 比较你的得分与班里其他同学的得分。在与标准群体比较时，如果你的得分是：

100 分或更高，你位于最高的 1/4 群体中，具有优秀的沟通技能。

92~99 分，你位于第二个 1/4 群体中，有些地方尚需要提高。

85~91 分，你位于第三个 1/4 群体中，有较多地方需要加强训练。

84 分或更少，你位于最低的 1/4 群体中，需要严格地训练你的沟通技能。

选择得分最低的 6 项，作为本部分技能学习提高的重点。

学习情境一　会 议 沟 通

导学案例

企业年会策划方案

时间：20××年1月11日

地点：××公司

参加人数：公司全员

参加部门：公司内所有部门

所需时间总计：3小时

一、活动目的

1. 增强员工的凝聚力，点燃全公司员工新一年销售××××的热情，提高××××的销售佳绩。

2. 对20××年工作进行总结，对获得的佳绩进行分析，制订新一年度工作总体规划，明确新年度工作方向和目标。

3. 表彰优秀员工，通过激励作用，将全体员工的主观能动性充分调动起来。

二、年会主题

扬帆起航·辉煌20××

三、年会安排

1. 年会形式

表彰会，联欢，聚餐

2. 年会主要分工及负责人

(1) 会场总负责：×××

(2) 总体策划：×××

(3) 会场布置：×××

(4) 人员调配：×××

(5) 舞台设计、监督：×××

(6) 会议宣传工作（包括照明、录像、新闻报道等）：×××

(7) 签到工作：×××

四、会场布置

1. 户外主会场

(1) 本公司的标志（LOGO）及年会主题

(2) 彩带、气球与鲜花等点缀会场

(3) 座位环绕排放，围绕主席台

2. 签到处

制作一个指示牌，设置签到处，工作人员到位

五、年会流程

1. 主持人开场
2. 领导致辞
3. 表彰优秀员工
4. 员工文艺汇演、做游戏（穿插进行）
5. 公司员工合影
6. 会餐：老板和总经理向全体员工敬酒，致新年贺词
7. 活动结束

学习训练目标

- 熟练掌握会议前期的沟通和准备工作。
- 重点把握会议准备流程中的各个环节。
- 理解会议进行中的高、低效率，强调会议反馈。
- 掌握会议纪要的规范及形成。
- 重点熟知会议中各种不同角色的定位及职责。

技能点一　会议前期准备

在工作中，最常见的就是开会了，可是在有些情况下开会并不是必需的，因此在开会前应首先判断有无开会必要，如果需要开会的话，则应该做好开会的准备，包括从会议目的的确定到整体会议的结束，每一项环节都是需要认真准备和考虑的。

一、做出“有无开会必要”的判断

（一）无须开会的“五个理由”（见图 1-1）

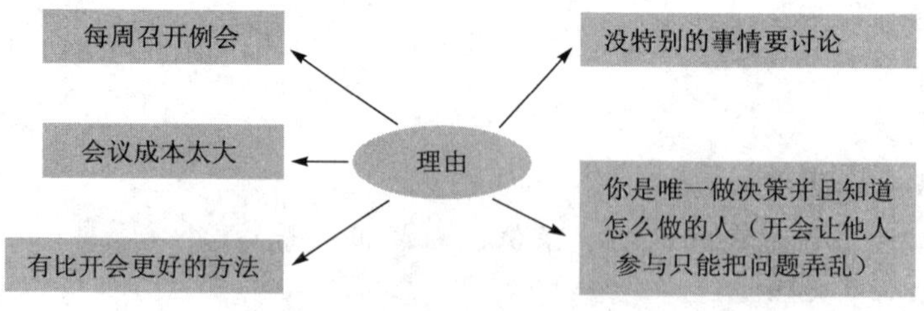

图 1-1　无须开会的“五个理由”

1. 每周召开例会

如果公司的会议在每周都有安排，那就没有必要再安排别的会议，除非特殊需要和特殊情况下必须开的会。

2. 会议成本太大

会议成本是一个绝对不容忽视的问题，不能用高昂的成本来换取某些会议的召开。

3. 有比开会更好的方法

如果还有比开会更好的方法，即能够通过一些看似原始的方法达到与开会同样的目的，就无须举行会议，例如写纸条、打电话或发邮件等。

4. 没特别需要讨论的事

如果没有什么特别的事情，最好还是从节约时间角度考虑，不用开会了。

5. 你是唯一决策并知道怎么做的人

如果你是唯一可以做决策的人，那么一定不要浪费自己和他人的时间而去召开耗时长久的所谓会议。

（二）必须开会的“五个理由”（见图 1-2）

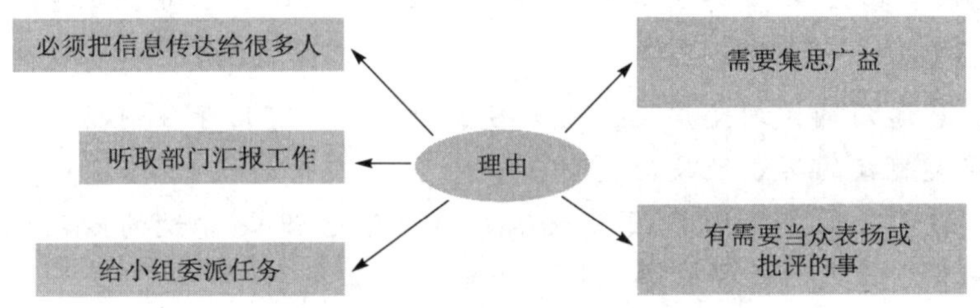

图 1-2 必须开会的“五个理由”

1. 必须把信息传达给很多人

如果一个信息需要同时让很多人知道，那么集中开会传达信息更有效。如果采取其他的电子邮箱形式或口头发送信息，会导致不能同时接收到信息甚至晚收到信息或通知不全的事情发生，可能会误事。

2. 听取部门汇报工作

听取部门汇报工作最好采用会议的形式，不能用每周或每月交一次书面报告的方式取代。定时交书面报告往往会流于形式，往往会使公司上下形成为了交报告而交报告的不良风气，使公司内部缺乏沟通，使问题和建议无法顺畅流通。因此，每月一定要召开正式的会议，听取部门工作汇报，使各种信息在公司内部高效流通。

3. 给小组委派任务

当你给某一个项目小组或者给你的部门分配任务时，一定要举行会议，不能采用邮件或者其他书面形式。因为分派任务意味着要达到团结上下、协作完成任务的目的。只有通过会议把任务公共化、明确化，才能促进协作，从而保证任务的及时完成。

4. 需要集思广益

当自己不能决定某件事件如何进行、需要听取大家的建议时，最好开会，让大家参与进来，以期能得到更多的思路，解决好棘手的问题。

5. 有需要当众表扬或批评的事

表扬和批评是两种很好的激励方式，而当众的表扬和批评更具影响力。采用会议的形式表扬或批评，有利于充分发挥表扬或批评的作用。在大会上当众表扬“明星员工”可以树立标杆，充分发挥榜样的好作用，有效推动竞争；当众批评某些情节严重的错误行为，有利于警醒员工，避免同类事情再度发生。

资料卡

关于“会议”的一些英文说法

Conference，正式用词，一般指大型会议，如政府工作会议、国际学术交流会议、各国之间的协商、会谈等。

Congress，指国会、议会、代表大会等机构，尤指经选举产生的国家立法机构的大会或由这些机构召开的大会，也可指专业人员代表大会。

Assembly，多指一个通常有许多人参加、计划好的、为某一特殊目的而召集的会议。

Meeting，普通用词，词义广泛，指一般性的会议，可用于任何场合。

Rally，指大规模的群众性政治集会。

Council，在国际上多指由各国代表参加的政治会议或常设的政治机构。在国内、地方上，此词多指常设的政务领导机构，如市政委员会等。

Session，一般指议会等召开的正式会议。

Convention，侧重指某一政党或团体为某一特殊目的而召开的会议；也可指学术团体的年会。

Gathering，指两人以上的聚会或集会，强调非正式性。

二、开会前应明确的事项

会议就是把人们组织起来讨论和研究问题的一种形式。在商务交往中，商务会议通常发挥着极其重要的作用。商务会议由于其规模和性质不同，会议的类型也有所不同。

（一）会议目的

1. 开展有效沟通

会议是一种多项交流，可以集思广益。实现有效沟通是会议的一个主要目的。通过会议，管理者可以将有关政策和指示传达给下属或员工；同时，管理者也可以从他们那里及时得到反馈及获得其他方面的有关信息。

2. 资源共享

企业通过把员工组织起来进行培训，以提高他们某个方面或某些方面的技能，使他们更好地适应工作环境。开会能够汇集资源，能够相互帮助、共同进步。

3. 化解矛盾

会议可以帮助澄清误会，处理各种冲突并利用他人的知识和技巧来解决问题。同时，借助会议这种“集合”的、“面对面”的形式，来有效协调上下级以及员工之间的关系。

4. 做出决策

通过会议公司可以向员工通报一些决定及新决策，也就是说向员工传达来自上级或其他部门的相关资讯。会议还可以帮助营造民主的气氛，给管理者提供共同参与和共同讨论的机会，最终做出良好的决策。

5. 激励士气

通过举行会议，形成新的构思，并且论证新构思，使其具有可行性，尤其是在年初或年底的会议通常具有这一目的性。这种会议是为了使公司上下团结一心，朝着一个方向共同努力。

小案例

节约时间，明确开会目的

管理咨询公司 Marakon Associates 的合伙人迈克尔·曼金斯（Michael Mankins）认为，很多大公司并不真正懂得如何安排老总们在一起的时间。他说："他们对待时间的态度，就好像那是免费的资源一样。"

他这番评论是基于经济学人智库（Economist Intelligence Unit）一项对全球 187 个企业的研究，这些企业的总市值至少达 10 亿美元，但这项研究的结果却并未令人欣慰。

- 绝大多受访企业的最高行政人员平均每月花 21 小时相聚在一起，而用在战略上的时间却不足 3 小时。大约 80%的时间被占用，来讨论那些与公司长期价值相关性低于 20%的问题，例如运营、战术、信息分享、漫无边际的讨论等。
- 只有 5%的受访人说，他们公司有严格的程序，使他们把注意力集中在具有高潜在价值的事情上。一般而言，会议议程基本上是为了应付当前的危机而临时凑合起来，有一家公司甚至在高管人员会议上根据谁先提起其最爱谈的话题，来决定议程的优先次序。

结果，研究发现，紧急事务挤走了重要议题。大约有 60%的高管人员说，他们常常在未就重要议题达成共识之前被别的事情转移了精力；而有 22%的人说，通常是还未提及关键的议题就已经没有时间了；只有 12%的人认为，他们的高管会议一直能够针对重要的战略问题做出决策；而 53%的人对这样的效率存有疑问。而且，许多机构表示，他们很难切实执行决策，因为他们并不清楚会议上达成了什么共识。

美国芯片制造商英特尔（Intel）的前总裁和首席执行官安迪·格罗夫（Andy Grove）就曾经给所有新员工上过一堂如何开会的短课，而且所有会议室的墙上都贴着 3 个这样问题：你知道这次会议的目的吗？你有会议的议程吗？你知道自己在会议中的角色吗？

（二）公司会议划分

会议按规模进行划分，可分成如下类型（见表 1-1）。

表 1-1　　按规模划分的会议类型

会议规模	举　例
小型会议	工作周例会、月例会、经理例会、董事会、业务洽谈会
中型会议	客户咨询会、研讨会、座谈会、经验交流会
大型会议	企业职工代表大会、报告会、公司年会、展览会、产品发布会

1. 小型会议

小型会议一般指参加者较少（15~20 人）、规模不大的会议，如工作周例会、月例会、计划会、董事会。

2. 中型会议

中型会议一般指参加者为几十人到上百人不等、规模比较大的会议，如研讨会、座谈会、经验交流会等。

3. 大型会议

大型会议一般是指与会者众多、几百到上千人不等，规模较大的会议，如企业职工代表大会、报告会、新闻发布会、庆祝会、展览会、产品发布会等。

（三）公司常见会议类型

一般来说，公司常见的会议有以下几种类型（见图 1-3）。

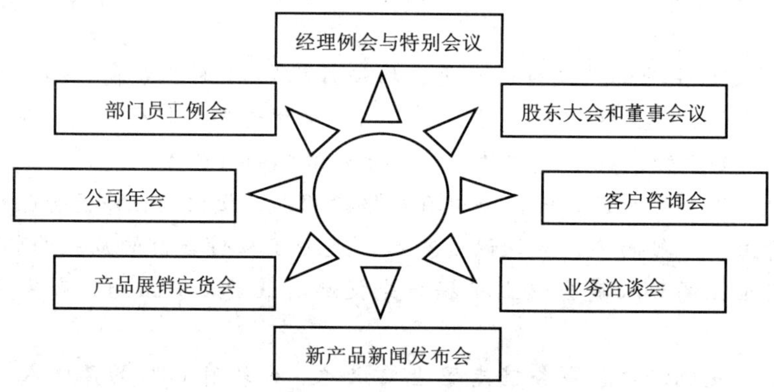

图 1-3　公司常见的会议类型

1. 经理例会与特别会议

经理例会是指由本企业的经理们参加，研究经营管理中重大事项的办公会议。这类会议是例行的，通常每月一次或每周一次，与会者和会议地点都相对固定。

经理特别会议是在企业的外部环境或内部运转机制面临重要问题、急需领导集体研究、立即拿出解决方案时召开的会议。这类会议的主要任务就是研究和解决新问题，做出相应的对策。

2. 部门员工例会

部门员工例会是某一部门定期召开、由本部门全体员工参加的会议，如生产部门例会、销售部门例会等。这类会议一般起到通报情况、交流信息、解决问题、融洽感情的作用。

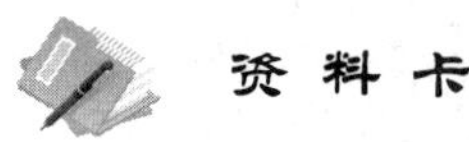

资料卡

例会礼仪

例会是一种制度化的会议，开会时间、地点、人员均固定，以讨论工作、沟通信息为会议内容。例会的一般程序与礼仪：

（1）与会者应准时参加。

例会不发通知和告示，与会者如遇意外不能参加，一定要事先请假，以免其他人无端等候，如果因事取消或推迟会议要通知有关人员。

（2）会议室布置宜紧凑。

通常是圆桌或长桌，与会者可团团围坐，显得集中。

（3）会议时间要简短、议题要明确。

"短小精悍"是例会的基本风格，每一个与会者发言时应一个接着一个，不要冷场，讨论工作时要议题集中，主持人应及时控制不要岔开主题，切忌把例会开成"马拉松"式的长会。

3. 股东大会和董事会议

股东大会是股份制企业定期召开的例行性会议，一般每年召开一次，有股东参加，决定股份公司的最高执行方针。秘书通常会在大会召开前3~4个星期就将会议通知邮寄给参会人员。董事会分例会和特别会议。

4. 公司年会

公司年会用于各部门报告一年来的工作业绩，确定下一年的工作计划。公司年会往往在年终举行，不仅要进行总结表彰，还可能开展一系列的庆祝活动。

5. 客户咨询会

客户咨询会主要是邀请企业的客户代表、合作单位代表参加，听取客户对企业经营管理方面的意见、建议，对客户提出的问题集中给予解答。这类会议的与会者来自四面八方，有本地区的、也有外埠的，有本国的、也有外国的，规模比较大，工作量和难度较大，要求较高。

6. 产品展销订货会

产品展销订货会是企业经营中经常使用的一种营销手段，一般由销售部门负责操办。

7. 业务洽谈会

业务洽谈会是企业的一项重要活动，是企业提高经济效益的关键。企业的领导人常常亲临此类会议。

8. 新产品发布会

企业研制出新产品并准备将其推入市场时，常常采用新产品发布会的形式进行宣传。

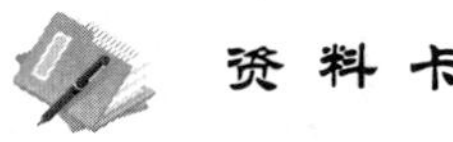

资料卡

圆桌会议

所谓“圆桌会议”，是指一种平等对话的协商会议形式，是一个与会者围圆桌而坐的会议。在国际会议的实践中，主席和各国代表的席位不分上下尊卑，可避免排座方式出现一些代表席位居前、居中，另一些代表居后、居侧的矛盾，更好体现各国平等原则和协商精神。

据说，这种会议形式来源于英国亚瑟王的传说。5世纪，英国国王亚瑟在与他的骑士们共商国是时，大家围坐在一张圆形的桌子周围，骑士和君主之间不排位次，圆桌会议由此得名。至今，在英国的温切斯特堡还保留着一张这样的圆桌。关于亚瑟王和圆桌骑士的传说虽然有着各种各样的版本，但圆桌会议的精神则延续了下来。第一次世界大战之后，这种形式被国际会议广泛采用。到今天已成为平等交流、意见开放的代名词，也是国家之间以及国家内部一种重要的协商和讨论形式。

（四）会议的频率

每种会议都有其合理的发生频率，只有掌握了合理的会议发生频率，才能更高效地利用各种会议解决问题、达到目的。

1. 固定的部门会议

（1）建议频率：至少每月一次。

（2）注意事项：不能多于每周一次，否则容易形成拖沓的不良习惯；将会议时间记录在笔记本上，以防因一时疏忽造成工作上的被动。

2. 全体会议

（1）建议频率：至少每两月一次。

（2）注意事项：利用全体大会通报政策，但不能过频，否则会给公司造成沉重负担。

3. 处理突发事件的会议

（1）建议频率：随时。

（2）注意事项：切忌太频繁，否则会使员工感觉日日有危机，会让公司陷入做事无条理的可怕境地。

4. 一对一会议

（1）建议频率：按需要。

（2）注意事项：可以按需要天天发生，但每次最好不要超过1小时。

三、开会前应做好流程准备

公司会议特别是大中型会议都有一套完整的工作流程，它保证了会议管理的科学性和规范性。图1-4是一般公司会议会前详细的工作流程示意图。

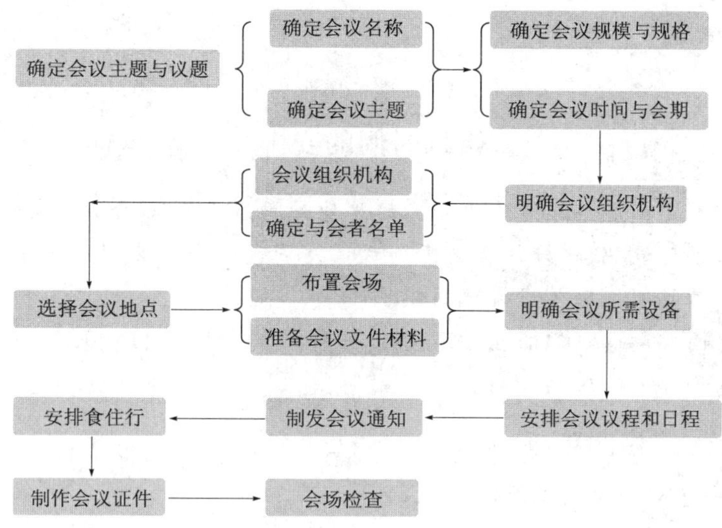

图 1-4 会前工作流程

（一）确定会议主题与议题

会议主题是指会议要研究的问题、达到的目的；议题是对会议主题的细化。会议主题的确定要注意几点：（1）要有切实的依据；（2）必须要结合本单位的实际；（3）要有明确的目的。

（二）确定会议名称

会议名称要拟得妥当，名实相符。会名不宜太长，但也不能胡乱简化。

1. “单位名称+内容+类型”构成：应根据会议的议题或主题来确定

如“金星电子产品有限公司新产品推广会”，其中“金星电子产品有限公司”即单位名称，“新产品推广”即会议内容，“推广会”即会议类型。

2. “单位名称+年度+内容”构成：要注意会议名称必须用正确、规范的文字表达

如“宏业集团 2017 年度职工代表大会”，其中“宏业集团”即单位名称，“2017 年度”即年度，“职工代表大会”即会议内容。

（三）确定会议规模、时间及会期

1. 确定会议规模

依据会议的内容或主题，同时本着精简、实能的原则确定会议的规模。

2. 会议最佳时间

会期的长短应与会议内容紧密联系。选择合适的开会时间，确保与会者可以按时出席，积极参与，才会取得好的效果。因此，选择开会时间应该考虑以下因素。

（1）调查了解与会者方便的时间段，尽量不打乱与会者原来的时间安排。

（2）注意选准会议中心人物的最佳开会时间段，确保其能够集中精力安心开会。

（3）开会时间尽量不要与企业重要的经营活动发生冲突，避免打乱企业正常的运行秩序，影响企业效益。

（4）尽量开短会，可以保证参会者精力旺盛，达到最佳的开会效果。

小看板

会议时间的安排

据心理学家测定，成年人能集中精力的平均时间为45~60分钟，超过45分钟，人就容易精神分散，超过90分钟，普遍感到疲倦，因此，每次会议时间最好不超过1小时。如果需要更长时间，应该安排中间休息。

安排会议时间要考虑人们的生理规律。一般上午9:00—11:00，下午2:30—4:30，这两个时间段人们办事的效率较高。

（四）建立会议组织机构

1. 会议组织结构（见表1-2）

表1-2　会议组织结构

会议组织名称	会议组织职责
秘书组	负责会议的日程和人员安排以及文件、简报、档案等文字性工作
总务组	负责会场、接待、食宿、交通、卫生、文娱和其他后勤工作
保卫组	负责大会的安全保卫工作
文件组	负责会议期间的文件整理和保存
宣传组	负责会议举办前期或后期的宣传工作及相关资料的分发
翻译组	负责会议期间不同语种之间的互译工作

（1）日常工作性会议、小型会议。一般由常设会议行政部门或固定的专职、兼职会议文秘工作人员负责会议工作。

（2）规模较大且又较重要的会议。组织精干有力的工作团队或成立大会秘书处，下设若干工作小组，如秘书组、文件组、业务选举组、简报组、宣传报道组、翻译组、总务组、警卫组、交通组等。明确分工，各负其责，保证会议顺利进行。

（3）一般大型会议。像展览会、产品发布会、企业职工代表大会、年终总结会等，由大会秘书处负责整个会议的组织协调工作。

2. 确定与会人员名单

作为会议的主体，与会者的确定无疑是十分重要的。他们由出席会议和列席会议的有关人员组成。应根据会议的性质、议题、任务来确定与会人员。出于成本要求，应该控制与会者数量，但这种控制不以降低会议的目的和效果为代价。所以，确定与会者应该考虑以下因素。

（1）与会者是不是必要成员。

（2）与会者是否直接参与会后执行。

（3）与会者是否有利于会议目标的实现。

(4) 与会者是否具有达成某项决议的能力。

(5) 与会者是否能全身心地投入。

(6) 与会者是否会对他人造成妨碍，从而影响会议的整体成效。

小看板

特殊提醒

一般来说，会议人数最多不应超过 9 个，最合适的人数是 5~7 人。这一人数既能够防止因人数太少不能集中反映群体思想，又能避免因为人数过多而造成一部分人的消极参与。当然，会议的合适人数应该根据会议的议题、重要性具体决定。

(五) 确定会议地点

会议地点既是指会议召开的地区，又是指会议召开的具体会场。为了使会议取得预期效果，选择会议的最佳会址也需考虑多种因素。

1. 根据会议类型确定

小型的、经常性的会议就安排在单位的会议室。会议室尽可能不要紧靠生产车间、营业部等人声嘈杂的地方，以免受到干扰。

2. 根据交通便利确定

本着提高会议效率、节约会议时间成本的原则，应考虑与会人员是否能很方便地到达会议地点，进而来选择会址。

3. 根据会议规模确定

按照参加会议的人数来确定会场大小，每人平均有 2~3 平方米的活动空间比较适宜。同时应考虑会议时间的长短，时间长的会议，场地不妨大些。

4. 根据安静条件确定

场地不受外界干扰。外界干扰包括室外的各种噪声、打进会场的电话以及来访和参观等。因此在场外应挂起“会议正在进行中，请勿打扰”的牌子，并要求手机处于关闭或静音状态。会场内部也应具有良好的隔音设备，以保证会议能在安静的环境中顺利进行。

5. 根据外部环境确定

这是指要考虑有无停车场所和安全设施问题。对于双方与会人员来讲，到达会址的方式可能会不一样，但是一定要将停车场所提前准备好，预留出停车位，以方便与会人员的停靠。同样，对于会址内外的安全设施也要充分做好准备，以保障会议能够在安全的环境下召开。

6. 根据租金费用确定

场地租借的费用必须合理。如会议地址选在公司以外的某个场所，会产生一定的租借费用，这样就要考虑会议成本、会议效果及会议影响力问题，保证场地租借费用合理支出。

小看板

一些会议选择场所要注意的问题

工作周例会、月例会、计划会、年终的总结会、表彰会、董事会等行政性会议场所的选择应注意以下几点。

- 在会议时间内可自由使用的场所。
- 隔音效果良好，没有其他干扰源。
- 会场舒适宽敞。
- 采光通风良好。
- 最好有窗帘，在放投影资料时能看清楚。
- 安静，空调良好。
- 投影、摄像、录音、插座电源及白板、麦克风设备等要齐全。

（六）确定会议布置及排位

会议总务组负责会务工作，必须对一些会议所涉及的具体细节问题做好充分的准备。

1. 会场布置

会场桌椅要根据需要做好安排，开会所需各种设备应提前进行调试检查，保证会议场地有良好的设备配置，如桌椅家具、通风设备、照明设备、空调设备、音像设备要尽量齐全。同时应该根据会议的需要检查有无需要租用的特殊设备，如演示板、电子白板、音像设备等。

2. 座次安排

举行正式会议时，通常应事先安排与会者的座次，尤其是其中身份重要者的具体座次，这不仅涉及对来宾的重视程度问题，也是出于对不同会议的现场沟通是否便利的考虑。越是重要的会议，其座次排定往往就越受到社会各界的关注。

图 1-5 至图 1-10 是几种不同类型会议的座次安排图。

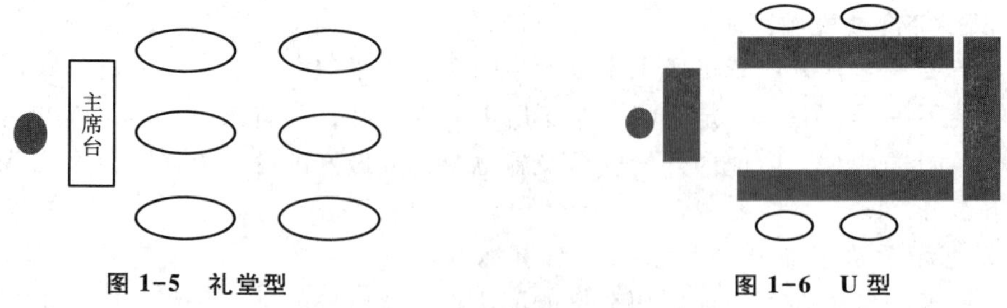

图 1-5　礼堂型　　**图 1-6　U 型**

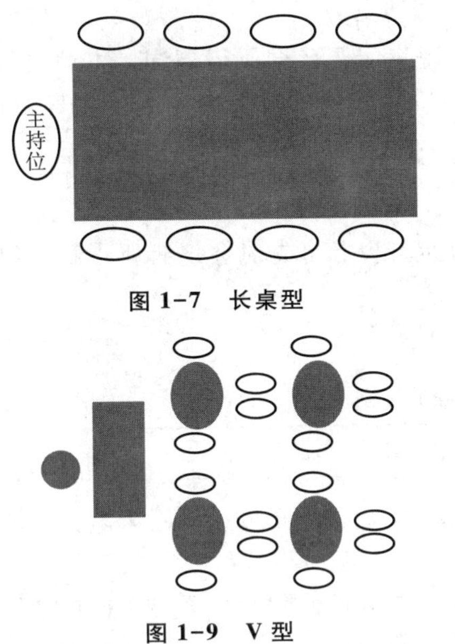

图 1-7 长桌型

图 1-9 V 型

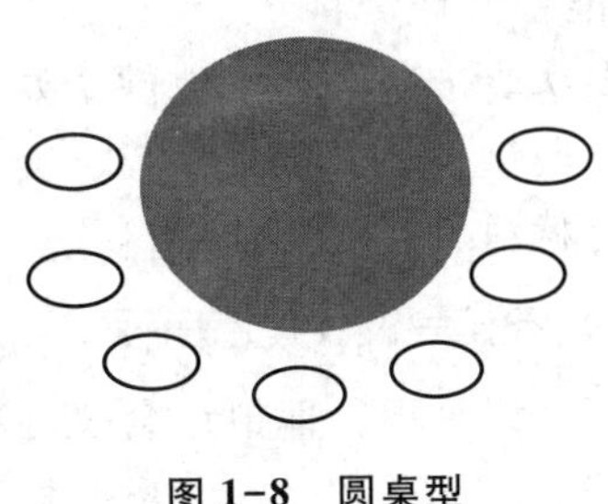

图 1-8 圆桌型

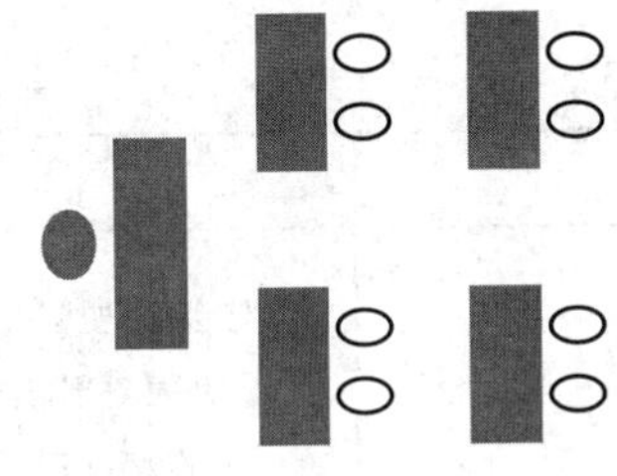

图 1-10 课桌型

（1）礼堂型：设一个主席台，少数人在主席台上，多数人在台下。这种座次安排可容纳较多人，但与会者不能面对面，只能面对主持人，直视前方。

（2）U 型：这是近年来比较流行的会场形式。它兼顾了圆形、方形、长方形的优点，有利于多方沟通，是一种极利于提高会议效率的会场形式。

（3）长桌型：主持人较易控制会议进行，但若桌面布置太长，则主持人难以有效控制全局。

（4）圆桌型：适合于人数较少的会议，便于与会人员相互交流。

（5）V 型：这种会场布置类似于课桌型，由几位与会者所组成的交流小团体，又类似于圆形结构，这样既方便于宣讲，又便于讨论。

（6）课桌型：类似于学校教室，适于宣讲、说明的会议，便于与会者记录。

小看板

会场的布置需要特别注意

如果与会人员超过 10 人，会场最好布置成“U”型，主持人可以站在会场中央，这样有利于协调讨论。

如果是全体会议，会场可以布置成阶梯教室的形式。

5~7 人的会议，会场最好安排成圆桌型，也称半岛型。

3. 采办会议用品

一些会议用品，如纸张、本册、笔具、文件夹、姓名卡、座位签、黑白板、万能笔、粉笔、板擦、签到簿、名册、原子笔以及饮料、免洗杯等需要补充、采购。

4. 准备文件资料

需要认真准备的会议文件主要有议程表和日程表、开幕词、闭幕词、主题报告、大会决议、典型材料、背景介绍、会场座位分区表和主席台及会场座次表、领导讲话稿、其他发言材料、其他会议材料等。

（七）安排会议议程与日程

拟订会议日程，即拟订会议的程序表，是为让与会者事先对会议有所了解，以便提前做好准备。

1. 会议议程与会议日程的区别（见表1-3）

表1-3 会议议程与会议日程的区别

项　目	内　容　区　别
会议议程	• 对会议所要通过的文件、所要解决的问题的概略安排，并冠以序号将其清晰地表达出来 • 为完成议题而做出的顺序计划，即会议所要讨论、解决的问题的大致安排，会议主持人要根据议程主持会议 • 拟订会议议程是秘书人员的任务，通常由秘书拟写议程草稿，交上级批准后，在会前复印分发给所有与会者 • 会议内容的概略安排，它通过会议日程具体地显示出来
会议日程	• 会议在一定时间内的具体安排。一般采用简短文字或表格形式，将会议时间分别固定在每天上午、下午、晚上三个单元里，使人一目了然，如有说明可附于表后 • 需在会前发给与会者 • 根据议程逐日做出的具体安排，它以天为单位，包括会议全程的各项活动，它是与会者安排个人时间的依据 • 会议日程表的制定要明确具体，准确无误

小看板

安排会议时间的技巧

会议时间要尽量短，会议时间超过一小时，脑力消耗过大，易产生疲劳感，与会人员就会盼望会议早点结束，这势必会影响会议做出有效的决定。因此，一般的部署工作、研究日常工作的办公会、情况碰头会，应尽可能在1小时左右的时间内开完。对于议题多或讨论重大问题的会议，确需较长时间，可划分为几段开，使一次会议变成若干次小会，每段各有中心，一段进行完了，安排适当的休息时间，使与会人员精力得到恢复、紧张的思维得到调节后再进入下一段。

2. 安排会议议程和日程需注意的问题

（1）要把握会议目的，即了解会议召开的原因。先安排关键人物的时间，要保证重要人物能够出席会议。根据多数人意见安排日程，保证尽可能多的人员都有时间参加会议。

（2）例会原则上要定时召开，且时间不宜过长。时间应控制在一个半小时左右，避免出现会议给人们带来的疲劳感。

（3）如遇几个议题，应按其重要程度排列。最重要的会议排列在最前面，而且要尽量保证在最佳时间开会。一般来讲，上午8:00—11:30，下午3:00—5:30是人们精力最旺盛、思维能力及记忆力最佳的时机。所以，安排会议议程和日程要注意尽量将全体会议安排在上午，分组讨论可安排在下午，晚上则安排一些文娱活动。

小看板

会议时间的确定

- 每周一次的工作例会通常放在周五的下午，一周即将结束，下一周就要开始，利于承上启下。
- 一年一度的职工代表会议宜于年初召开，既利于总结上一年的工作、生产成果，又利于讨论、部署新一年的工作、生产计划并通过各种预算等。
- 日本的有些企业召开各部门干部汇报会常定在下班前半小时，而不是安排在刚上班时。

小案例

会议议程示例

某监理公司2016年工作会会议议程安排

会议主持：郭××

1. 介绍会议来宾

2. 大会议程

（1）由公司总经理胡××做《某监理公司2016年工作总结及2017年工作目标》报告。

（2）由公司副总经理李××宣读表彰决定。

（3）请集团公司江董、李总、监理协会陈会长、公司胡总给受表彰的全国先进、市先进、公司获奖工程项目、先进项目监理部和先进员工颁奖。

（4）获奖员工李×同志发言。

（5）监理协会陈会长发言。

（6）集团公司李总发言。

（7）集团公司江董发言。

（8）会议结束。

会议日程示例

表 1-4　　某股份有限责任公司股东大会日程安排

日期	时间	内容安排	地点	主持	参加人	备注
12 月 9 日 上午 9:00— 11:30	9:00	报　到	花园酒店大会议厅	李总		
	9:30	会议开始，张董致开幕词	花园酒店大会议厅	张董	全体股民	
	9:40	李总做年度经营报告	花园酒店大会议厅	张董	全体股民	
	11:00	年度决算表说明	花园酒店大会议厅	总会计师	全体股民	
	11:30	大会结束				

（八）制发会议通知

按常规，举行正式会议均应提前向与会者下发会议通知。它是指由会议的主办单位发给所有与会单位或全体与会者的书面文件，同时还包括向有关单位或嘉宾发的邀请函件。会议通知的方式有书面、口头、电话、邮件等。

资料卡

会议通知

会议通知按形式分，有口头通知和书面通知；按通知的行为方式分，有面对面通知、电话通知、电脑通知、电报通知、墙报通知、报纸通知、广播通知、电视通知等。

书面通知按传递方式分，有内部传递通知、邮寄传递通知和报纸、广播、电视通知；按作用又可分为预告通知和正式通知。会议邀请函、请柬也是会议通知的书面形式。

会议通知的拟发由秘书处负责，会议书面通知或邀请函的内容如图 1-11 所示。

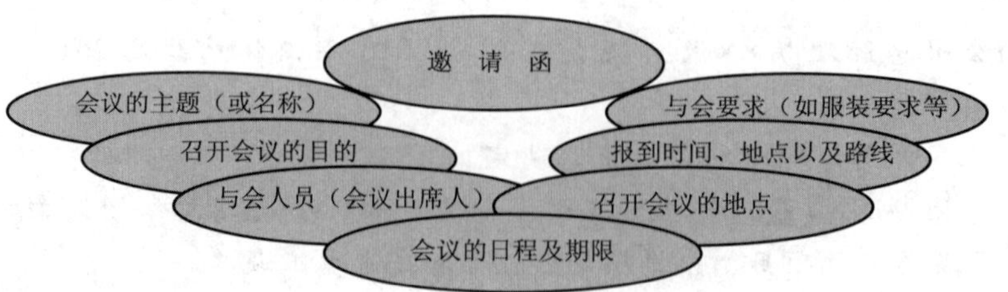

图 1-11　会议书面通知或邀请函的内容

下发会议通知应设法保证其及时送达，不得耽搁延误。与会人员接到通知后，应向大会报名，告知将参加会议，以便大会发证、排座、安排食宿。重要的、大型的会议通知要编文号，一般的会议通知不编文号。

技能训练 **小案例**

通　知

各相关单位：

为研究和探讨当前×××问题和热点问题，提升水平，丰富手段，提高效益，经研究，×××协会决定于20××年××月××日至××日在××××召开一年一度的×××协会年会。现将有关事项通知如下：

一、会议对象：×××协会的会员。

二、会议时间：××月××日报到，××月××日结束，会期7天。

三、报到时间、地点：××××××（××路××号，电话：×××××××）。

四、参会要求：报名参会者请于××月××日前将相关学术论文一篇报送会务组。

五、相关费用：参会者旅费及会务费自理。会务费计××元，请在报到时交会务组。

六、联络人：张三，电话及传真×××。

附件：回执。

姓名	性别	单位	职务	电话	抵离航班

××××××

20××年××月××日

技能训练

一、案例分析

某机关定于某月某日在单位礼堂召开总结表彰大会，发了请柬邀请有关部门的领导光临，在请柬上把开会的时间、地点写得一清二楚。

接到请柬的几位部门领导很积极，提前来到了礼堂开会。可一看会场布置不像是开表彰会的样子，经询问礼堂负责人才知道，今天上午礼堂开报告会，某机关的总结表彰会改换地点了。几位领导同志感到莫名其妙，个个都很生气，改地点了为什么不重新通知？一气之下，都回家去了。

事后，会议主办机关的领导才解释说，因秘书人员工作粗心，在发请柬之前还没有与礼堂负责人取得联系，一厢情愿地认为不会有问题，便把会议地点写在了请柬上，等开会的前一天下午去联系，才得知礼堂早已租给别的单位用了，只好临时改换会议地点。由于邀请单位和人员较多，来不及一一通知，结果造成了上述失误。尽管领导登门道歉，但造成的不良影响却难以消除。

问题讨论：这个案例告诉秘书在会议准备时应注意什么问题呢？

二、策划方案

某股份有限公司召开一年一度的股东大会，参加会议的人数为50余人，为使会议顺利召开，公关策划部要为此次股东大会草拟一个会议筹备方案：确定此次会议的具体日程；制发一个会议通知；为本次股东大会做一个座次安排图。

三、连线题

请将下列相关选项用横线连接起来。

A. 固定的部门会议　　　　① 至少每两月一次

B. 一对一会议　　　　② 随时

C. 处理突发事件的会议　　　　③ 按需要

D. 全体会议　　　　④ 至少每月一次

技能点二　会议中的沟通

会议中的沟通能否得以顺利进行，在很大程度上取决于会议组织者对会议节奏和方向的把握以及对会议活动的组织协调，即会议中的组织控制有效与否和会议进程中的沟通效果直接影响到会议的成功召开。

一、会议中的沟通

会议的沟通是指为了设定的目标，把信息、思想和情感在个人或群体间传递，并达成共同协议的过程。

（一）会议沟通模式

1. 沟通漏斗

沟通漏斗（见图1-12）呈现的是一种由上至下逐渐减少的趋势，因为漏斗的特性就在于“漏”。对沟通者来说，是指如果一个人心里想的是100%的东西，当你在众人

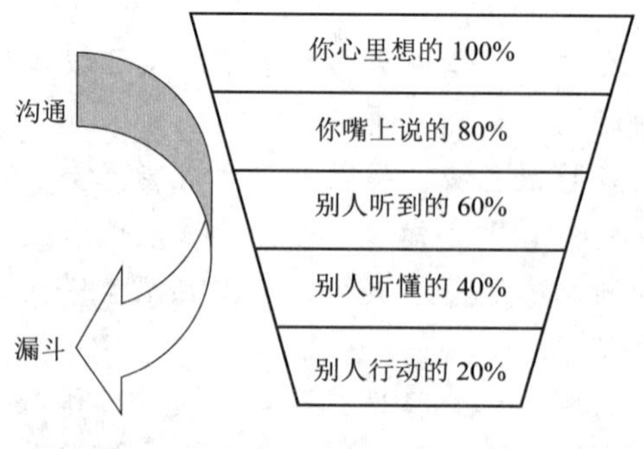

图1-12　沟通漏斗

面前、在开会的场合用语言表达心里 100% 的东西时，这些东西已经漏掉了 20%，你说出来的只剩 80% 了。而当这 80% 的东西进入别人的耳朵时，由于文化水平、知识背景的关系，只存活了 60%。实际上，真正被别人理解了、消化了的东西大概只有 40%。等到这些人遵照领悟的 40% 具体行动时，已经变成 20% 了。

这就是所谓的沟通漏斗，它的吞并功能非常强大。然而，这样的漏斗现象时时刻发生在我们周围。所以，一定要掌握一些沟通技巧，争取让这个漏斗漏得少。

2. 沟通金三角

沟通金三角（见图 1-13）反映的是一种换位思考的思维模式。在三角形的底端，“自己”和“对方”在两边说话，你谈你的事儿，我谈我的事儿，这种沟通只是在对话，是不会成功的；只有在金三角的顶端，只有开会沟通的双方采用换位思考的方式，谈话双方都站在对方的角度上，设身处地地为对方考虑，才能真正体会彼此的意思，也才能实现成功的沟通，所以沟通的关键在于换位思考。

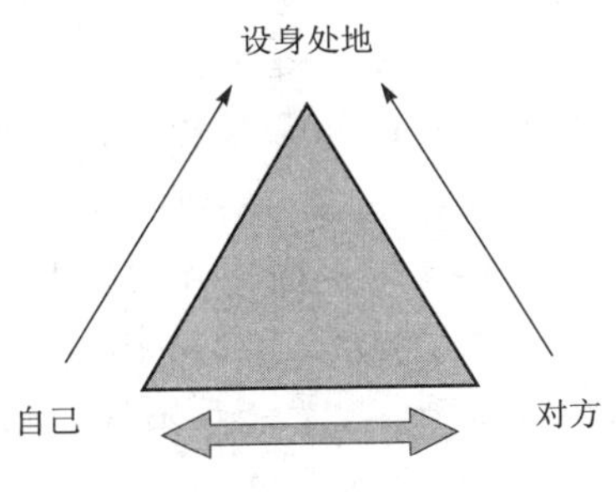

图 1-13 沟通金三角

3. 沟通的冰山模式

沟通的冰山模式（见图 1-14）反映了两个人或者两组人在谈话时，谈的是同一个话题，但是大家说出的内容只是冰山露出水面的部分，而对方真正想表达的东西大部分隐藏在水面以下。冰山露出水面的部分只占整个冰山体积的 5% ~ 20%，隐含在水面以下的冰山体积，即对方真正想说却没说出的内容则占到 80% ~ 95%。

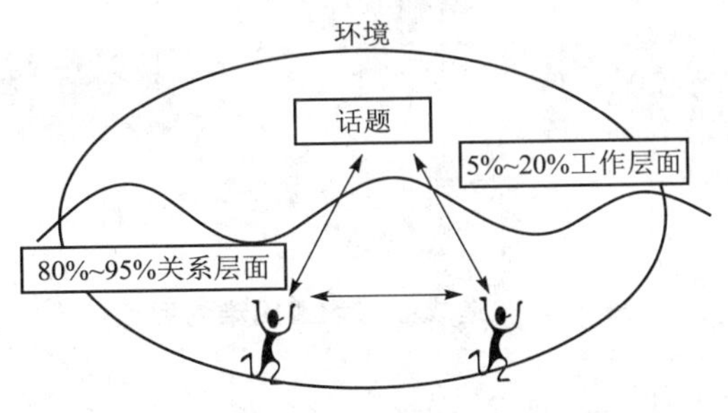

图 1-14 沟通的冰山模式

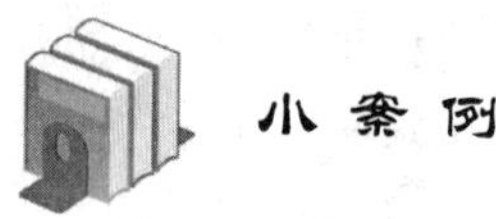

沟通的智慧

谷歌公司全球副总裁兼中国区总裁李开复在一封信中讲述了“沟通的智慧”。

记得我刚进入苹果公司开始我的第一份工作时，公司里有一位经理叫西恩，大家都知道他是一个非常有才华的人，尤其在开会的时候，他得体的言辞完美地展现出他过人的才学、情商与口才，足以让在场的所有人钦佩不已。

有一天，我鼓足勇气去向西恩讨教有效沟通的秘诀。西恩说：“我的秘诀其实很简单，我并不总是抢着发言；当我不懂或不确定时，我的嘴闭得紧紧的；但是，当我有好的意见时，我绝不错过良机，如果不让我发言，我就不让会议结束。”

我问他：“如果别人都抢着讲话，你怎么发言呢？”西恩说：“我会先用肢体语言告诉别人下一个该轮到我发言啦！例如，我会举起手，发出特殊的声响（如清嗓子声），或者用目光要求主持人让我发言；如果其他人霸占了所有的发言机会，我就等发言人调整呼吸时迅速接上话头。”

我又问他：“如果你懂得不多，但是别人向你咨询呢？”西恩说：“我会先看看有没有比我懂得更多的人帮我回答，如果有，我会巧妙地把回答的机会‘让’给他；如果没有，我会说‘我不知道，但是我会去查’，等会开完后，我一定会去把问题查清楚。”

（二）造成会议沟通困难的因素（见图 1-15）

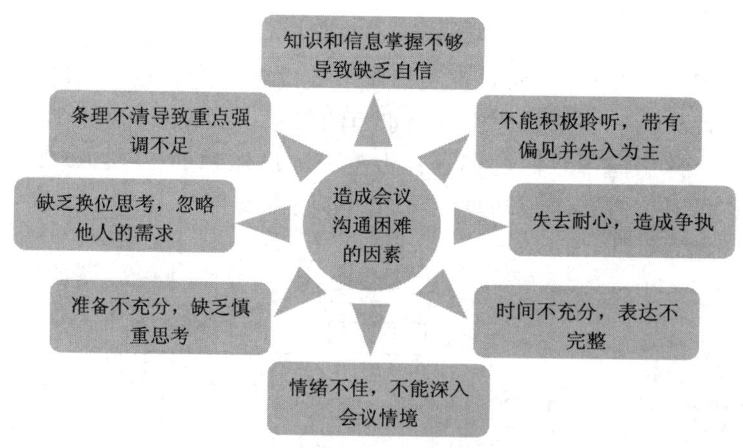

图 1-15 造成会议沟通困难的因素

1. 知识和信息掌握不够导致缺乏自信

与会者一般都是对会议主题有所了解及在该领域有所建树的人组成，因此在发言阶段，就会很自如的发表自己的见解。如果自身知识及相关会议信息掌握的不充分，在表达的环节就会出现自信缺失，当然会议的沟通也就不好进行下去。

2. 条理不清导致重点强调不足

与会者在发言前一定要将自己要表述的内容进行系统的梳理，以免条理不清，而且该重点强调的部分一定要重点强调出来，以加深其他与会者的印象及记忆。

3. 不能积极聆听，带有偏见并先入为主

一位与会者如果缺乏积极的聆听态度，那么他很有可能是带有偏见的，如果在判断上先入为主的话，就会给整个的会议沟通环节造成一定的视听障碍。

4. 缺乏换位思考，忽略他人的需求

在进行会议沟通时，要注意懂得如何进行换位思考，充分考虑他人的需求，站在他人的角度看待每一个问题，充分理解他人的处境、他人当时的心情，才能帮助你做出正确的判断，得出的结果应该是比较公正的，最后再考虑自己的意见，这样的沟通效果是最好的，最有效的。

5. 失去耐心，造成争执

在沟通中，势必会出现意见相左的情况，这时候耐心和冷静是最重要的，不可因为一时的急躁而引起双方出现争执，影响会议进一步的沟通。

6. 准备不充分，缺乏慎重思考

在发言前，慎重思考是非常必要的，冒失的发言使得最后的结果只能是说不到位、力度不够或不足以使他人信服，也没有达到沟通的目的。

7. 时间不充分，表达不完整

每一位发言者的发言其实都应该有时间限定的，如果思绪没有厘清，表达又不简洁的话，很有可能想表达的还没表达出来，并不是很重要的却都说了出来，导致表达不完整，那么会议沟通想要解决的问题就得不到很好的解决。因此，发言者一定要注意时间管理，善于利用有限的时间表达出精华的内涵。

8. 情绪不佳，不能深入会议情境

如果与会者出席会议时的情绪状况不好，那么他是不可能全身心地投入到会议的沟通中去的，在会议中的感知、理解、表达看法等一些环节上，可能会出现非全面、情绪导向性的现象。

小看板

开会时段的最佳选择

◆上午8—9时正是员工从家到公司准备开始一天工作的时候，这个时候的员工，心绪尚且混乱，还需一段时间才能进入工作状态，因此，试图在这一时间段举行会议、让员工回应会议提议或进行业务分析，从人的生理和心理角度来看，是不现实的。

◆上午9—10时，员工已经开始进入工作状态，在这个时间段最适合进行一对一的会谈，同样也是进行业务会谈的最佳时机。

◆上午10—12时或下午1—3时，最适合调动员工集思广益。大家利用头脑风暴，不断想出新点子、新方法。

◆下午3—5时，最好不要安排会议。这个时段的员工开始进入一天当中的倦怠期，人人希望马上回家，在这个时段举行会议往往会事倍功半。

二、适宜采用会议沟通的时机

（1）需要统一思想或行动时，如项目建设思路的讨论、项目计划的讨论等。

（2）需要当事人清楚、认可和接受时，如项目考核制度发布前的讨论、项目考勤制度发布前的讨论等。

（3）传达重要信息时，如项目总结活动等。

（4）需澄清一些谣传信息时，这些谣传信息将对团队产生较大影响时。

（5）需讨论复杂问题的解决方案时，如针对复杂的技术问题、讨论已收集到的解决方案等。

三、会议中的反馈

会议的反馈是为了能取得更好的会议结果，只有与会者各抒己见，而后取其精华，才能达到真正的开会目的，也才能收到最好的会议效果。

（一）会议反馈类型

1. 正面指导反馈

这是一种积极的反馈，是一种正面的强化指导，即一般意义上的表扬。成功的正面指导反馈一定要具有以下特征：肯定行为价值、描述特定的行为、真诚、及时、经常、逐渐减少。

2. 建议性反馈

这是一种劝告指导，即一般意义上的批评。批评要非常注意方式，既要达到反馈的目的，又不能伤害别人的尊严。

（二）会议中接收反馈

1. 仔细倾听，换位思考

会议中保持认真倾听，从发言者那里得到一定量的信息，同时在听的同时从发言者的角度看待会议中讨论的问题，这样可以有效地保证与会者在做出反馈前整理自己的思绪。

2. 弄清问题，充分理解

将会议中所涉及的所有问题都考虑全面，然后从中得出同意及不同意的观点，通过自己大脑的简单整理，确定对此问题的综合看法。

3. 认可所听，避免争论

在会议中，要把所听的内容和观点记录下来，在沟通的环节要做必要的、心平气和的反馈，不要与别人争议，争议的结果很可能导致反馈的效率低下。

4. 整理所知，准备反馈

在会上所记录的观点是需要进行梳理的，如果同时你也能确定哪一个是你表示赞同的观点，那么在会议沟通环节，你就可以很明确地阐明自己的理由和看法。

5. 清楚表达，切忌防卫

在反馈阶段，不要将自己的观点表述得似乎是滴水不漏，尽量说清楚、说明白是必要的，但总是抱有不能让他人推翻的想法是不正确的。

6. 包容心态，广纳意见

在反馈阶段，不能总坚持自己的看法正确，一定要听得进别人建议，本着包容心态看待别人意见，才能收到好的反馈效果。

7. 平等沟通，确保效果

自己固有的观点或看法可能很正确，也可能有错误。在反馈阶段，大家的关系平等，千万不能因自己资历深、职位高、年龄大而居高自傲，看不起别的与会者，要以平等的心态去对待会议的沟通，确保会议的反馈效果。

四、会议效率影响会议沟通

（一）效率不高的原因、具体表现及管理措施

会议效率不高通常由以下 7 种原因造成（见表 1-5），在这 7 种原因中，有 3 种原因是会议的“致命伤”，需要格外警惕。这 3 种原因是：主持人的技能、会议的地点以及会议的准备工作。

表 1-5　　会议效率不高的原因、表现及管理措施

序号	原因	具体表现	管理措施
1	时间	会议安排在即将午餐的时间，每个人均无心开会	会议一般应安排在周二至周四上午或是下午两点半之后，避免安排在周一或周五
2	地点	会议地点设在经理办公室，致使会议被频繁打断，无法正常进行	地点尽量设置在一个封闭的会议室内，而且最好围着圆桌进行
3	开会对象的选择	必须出席会议的人未到，通知来的是一些可有可无的参加者	事先通知必须出席会议的人，将出席会议的人分为必须参加者、可以旁听者和可选择参加者等类
4	主持人的技能	会议主持人缺乏影响力、说服力，被参会者牵着鼻子跑，无法达到会议意图	选择具有亲和力、影响力的人担任主持人一职
5	参会者的技能	参会者发言混乱，既不知如何表意，又不知如何引退，致使会议失败	参会者一定要具有倾听能力
6	会议的准备工作	开会前没有通知与会者相关事宜，致使会议拖沓而无成效	一定要提前做好具体的准备工作
7	开会的原因、目的和结果	开会的原因、目的和结果在会议进行中忽然发现皆不明确，致使会议毫无意义、宣告失败	在会议举行之前应将开会的原因、目的和结果通知所有的参会者

（二）会议效率高的特征

与低效率会议相对的就是高效会议，高效会议充分克服了致使会议效率不高的种种不利因素。高效会议具有以下 6 大特征（见图 1-16）。

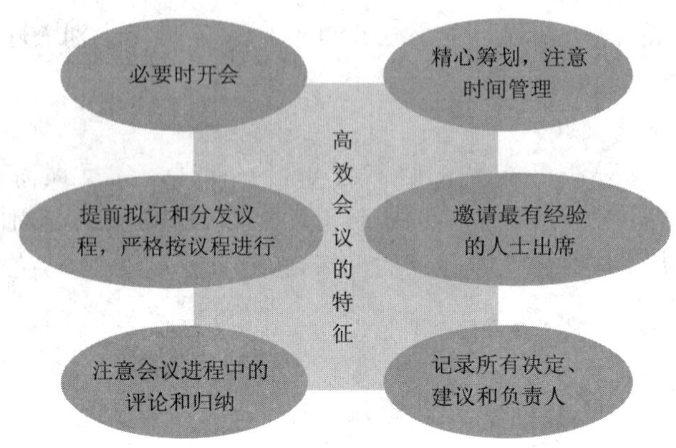

图 1-16　高效会议的六大特征

1. 必要时开会

有了会议议题，而且是必须要解决的问题，这个时候开的会才是最有效率的。与会者都会集中精力思考这个亟待解决的问题，开会效率自然就高。因此，有些事情没有必要召集大家在一起时，大可不必集中开会，否则就会导致低效率。

2. 精心筹划，注意时间管理

如果要开会，就一定要经过缜密思考，各项有关的会务工作要好好筹划，提前做好准备。在整个开会过程中，一定要把握好会议时间，提前给每一项要解决的议题分配好合理的时间，会中要控制每个议题在规定的时间内完成，并事先提醒每一位与会者。

3. 提前拟订和分发议程，严格按议程进行

大会筹备阶段要详细合理地拟订会议议程。在大会开始阶段，会议议程要提前发给每一位与会者，让他们能够提前看到整体安排，做到心中有数。整个会议进行也必须严格按议程进行。

4. 邀请最有经验的人士出席

有经验和有才能的人士出席会议会使整个会议的氛围更具专业化，目的性和归一性更强。他们的发言会使会议提升一个高度，可以有效加强与会者的集体认同，有效地提高会议效率。

5. 注意会议进程中的评论和归纳

在会议进行中一定要注意适时总结归纳，集中所有与会者的观点。从节约会议时间及会议效率的角度来讲，及时的总结可以促进与会者观点的统一，并为下一个议题的开始做好准备。

6. 记录所有决定、建议和负责人

在会议进行的不同阶段中，一定要有效和及时地记录发言者的发言，并将会议的决定、其他与会者的建议与相关的提议负责人都同时记录下来，为会后的会议纪要整理做好准备，这也同时是为会议的有效反馈做好铺垫。

资 料 卡

提高会议效率的六顶思考帽

六顶思考帽通过六种形象的颜色，激发人的想象，提醒人们从不同的的角度思考问题，形成全面看问题的思维框架。

白色思考帽：中立而客观的白色，提醒人在讨论问题之前检查数字和事实。我们有什么信息？我们需要得到什么信息？

红色思考帽：热烈的红色，提醒人在讨论中考虑人的感情因素，抒发情绪，表达感觉，利用直觉和预感。

黄色思考帽：阳光、乐观的黄色，提醒人从正面思考问题，发现问题的价值点、利益和希望。

黑色思考帽：严肃、阴沉的黑色，提醒人以谨慎的方式思考问题，发现潜在的风险、缺点，进行评估和判断。

绿色思考帽：生机勃勃的绿色，提醒人努力产生创意和新的想法，提出创造性的建议和思路。

蓝色思考帽：冷静的蓝色，提醒人控制讨论的过程，使用不同的思考帽达成讨论的目标。

六顶思考帽方法将人的思维分成了六种最典型的方式，用不同的颜色提醒人按照不同的方式思考，用帽子引进了思维角色扮演。

五、会后工作的组织

会议结束后，还应做好一些善后工作，重点是要做好落实工作，使会议能够善始善终。

（一）整理会议记录，形成会议纪要

一般来说，会议都需要有记录。会议记录至关重要，它是会议内容和进程的客观记载，同时也是重要的档案资料。它既为撰写会议简报和会议纪要提供了材料，又为日后检查会议的执行情况提供了依据。所以，必须认真做好会议记录。

1. 会议记录方法

（1）摘要记录。它是指摘录要义，记录会议的重点。如发言者的发言要点、会议的决议等。摘要记录要求合理取舍，简明扼要，重点突出，用简洁的语言准确地表达会议的真实意思。因此，对记录人员素质的要求较高，不仅需要有速记能力，还要有较高的分析和语言概括能力。

（2）详细记录。它是指按照发言人原话的方式，不加任何改动或概括，准确完整地记录会议的所有内容。这就对记录的速度有极高的要求。所以，为了更加详细、及时地记录会议内容，记录人员往往运用一些速记符号。而现代化的会议记录，更多地使用录音机、速录机等设备进行记录。

2. 会议纪要格式

会议纪要的结构由三部分组成（见图 1-17）。

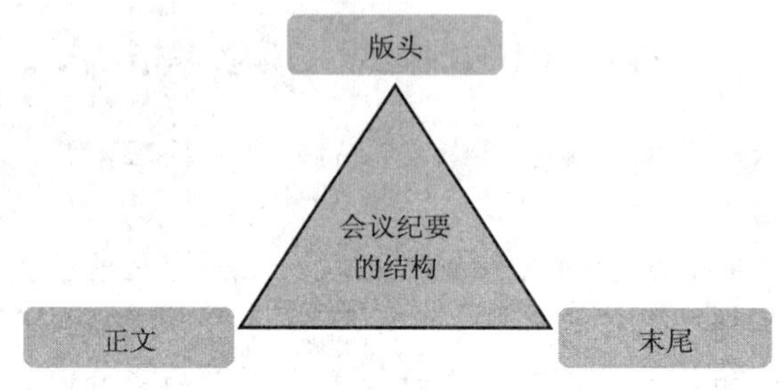

图 1-17　会议纪要的结构

（1）版头。版头由会议名称和文种组成。

（2）正文。正文由会议概况（包括会议时间、召开地点、主持人、参加人员、领导同志、会议议题等）、会议精神（如会议的主要情况、需要解决的问题及解决办法、讨论的结果及今后的任务）、会议的决定事项和结语。这一部分可采用三种方法，即概述法、归纳分类法以及发言顺序法来写作。

（3）末尾。会议结尾一般是发出号召，提出希望，还有下发单位、印发机关和日期等。

3. 注意事项

会议纪要的写作需注意以下几点。

（1）真实准确。写作过程中，虽可进行一定整理加工，甚至可以加适当的议论，但其真实性、准确性仍是文章的灵魂。

（2）重点突出。“纪”是纲纪，“要”是要点，写作中一定要抓住重点，不能不分主次。

（3）会议决定的问题先写，重要的尚待解决的问题后写，分歧性的意见不写。

（4）根据会议的不同内容，正确地交替使用“会议认为”“会议提出”“会议强调”“会议决定”等惯用衔接用语。

（二）编排会议简报，报道会议消息

会议简报是为了方便交流情况，因此要求简报要真实地反映会议的内容，并且做到文字简练、篇幅短小、着重反映会议中的重要问题。简报的印发数量和发送范围应视需要而定。公司应对会议简报进行编号，以便于分类归档。

通常会议简报有两种写法。

1. 指导式写法

指导式写法采用新闻报道的形式反映会议情况，从会议中选取有价值的内容。

2. 转发式写法

转发式写法直接登载某些会议的发言，在前面配发一定的按语或评论，以强调转发内容的指导意义。

凡是需要进行新闻报道的重要会议，一般在会前应邀请或通知相关媒体记者到会，并且向他们提出宣传会议精神的请求或建议，按照领导意图和新闻记者的配合将会议内容报道出去。

小案例

欧盟的“内部规定”

从2009年1月1日起，欧盟轮值主席国由德国担任，为期半年。为此，兢兢业业的德国人为欧盟常设委员会修订了“内部规定”。

由于欧盟常设委员会的会议冗长，各国外交官们经常要在一个大厅里耗上数小时，甚至一整天。因此，那些年纪较大的外交官往往熬不住，不得不趴在桌子上小睡片刻。为此，德国人在规定中要求：代表们在参加会议期间可以睡觉，条件是不要打呼噜。同时，这些代表身边的副职们必须保持清醒。

虽然这一规定十分人性化，却也让外交官们尴尬，不过绝大多数要求还是符合实际的。比如,“内部规定”第一条：不要把纯信息性的问题摆到议事日程上来，这些是副手们的工作。第二条：回避其他委员会已经讨论过的、众所周知的问题和情况。第三条：如果几位代表就某一问题意见一致，为了节省时间请推选一人进行发言。

技能训练

一、案例分析

某公司的年终市场销售分析会议正在进行，公司总经理担任会议的主席。在会议进行过程中，负责市场工作的副总经理提出，公司明年的市场营销重点应从“以巩固国内市场为主”转向“以开拓国际市场为主”，他希望他的设想能在这次会议上得到大家的支持和通过。但在会议进行过程中，负责市场营销的部门经理、副经理对这个设想提出了反对意见，他们认为国内的市场潜力还很大，而且企业的资金实力不够，如让其全面开花，还不如采用“各个击破”的方略，先在国内市场取得绝对优势地位。结果双方争论得不可开交。

如果你是会议主席，面临与会代表这种相争不下的局面，你准备如何解决？如果最终需要你就这次分析会议做总结，你又如何对“市场营销的重点”问题做总结？

二、自我测试

你在会议沟通活动中是否会有表1-6中的表现。

表 1-6 会议沟通表现

你的会议沟通表现	是（√）	否（×）
1. 总是在会议开始前 3 天就已经安排好了会议的日程并将该日程通知到每位与会者		
2. 当与会者询问议程安排时总是回答："还没定呢，等通知吧。"		
3. 对于会议将要进行的每项议程都胸有成竹		
4. 会议开始前半小时还在为是否进行某几个议题而犹豫不决		
5. 提前将每一项会议任务安排给相关的工作人员去落实，并在会议开始前加以确认		
6. 临到会议开始前才发现还有一些会议设备没有到位		
7. 预先拟定邀请与会的人员名单，并在开会前两天确认关键人士是否会出席会议		
8. 自己也记不清邀请了哪些人出席会议，会议开始前才发现忘了邀请主管领导参加会议		
9. 会议时间安排恰当，能够完成所有的议题		
10. 会议总是被一些跑题、多话者干扰，难以顺利进行		
11. 会议室布置恰当，令与会者感觉舒适又便于沟通		
12. 会议室拥挤不堪，令与会者感觉不快，大家都盼望着早点结束会议		

以上 12 项可能是你的会议沟通活动中常见的表现，你如果选择了题号是单数的行为表现，请给自己加上 1 分；你如果选择了题号是双数的行为表现，请给自己减去 1 分。最后看看自己的总分吧！

4~6 分：你的会议沟通技巧是值得称道的。

1~3 分：你的会议沟通技巧也还不错，但需要进一步改进。

0 分：你的会议沟通技巧真不怎么样，赶快努力吧！

三、连线选项

请你根据左栏的问题，从右栏挑出相应的对策，将问题和相应的对策用直线连接起来。通过该练习学习如何更好地控制会议。

问题对策：	选项：
① 你想令讨论热烈	A. 请每个与会者总结其他人的发言
② 你想打断某项讨论	B. 问小组一个开放式的问题
③ 几个与会者在开小会	C. 询问小组的反馈意见
④ 两名与会者就一个观点争执	D. 问小组一个具体的问题

⑤ 与会者问了你一个难以回答的问题　　E. 把问题转回给小组
⑥ 你想调查对一个观点的支持程度　　F. 问与会者一个具体的问题
⑦ 你想知道自己是否是个成功的会议主持人　　G. 请某个与会者总结讨论

技能点三　会议（团队）沟通中的角色定位

会议中缺少不了这样一些角色：会议主持人、会议秘书、与会者和会议服务人员，他们各有各的角色定位。

一、会议主持人

（一）主持人角色定位

会议主持人是整个会议的中心，常由组织中职位高的管理人员担任。但高级管理者担任此角色，常常会显露出老板威严，有时会影响会议气氛，因此，有些会议尝试着选择组织中或群体中有相当知识经验的人来担当主持人，或者让公司秘书担任此角色，这也是现在比较流行的做法。每个会议都需要有人来主持，这个角色被赋予为“主席”或“主持人”之称，其行为包括主持、领导等。

主持人应很好地控制会议的气氛和进程，并促使与会者齐心协力使会议达到预期的目的。主持人应具有较好的口头表达能力、较强的组织领导能力和敏捷的思维能力，且自信沉着、幽默风趣。

（二）主持人职责

1. 主持人职责

（1）会前。明确会议的目的；起草议程；决定参加会议的人员、会议举行的时间、地点；准备分发的材料。

（2）会中。宣布会议开始；创造适合氛围；控制会议进程；鼓励与会者发言；做出决定；确定行动和职责；宣布会议结束。

（3）会后。检查会议记录；评估会议成果；使所有成员都明确会议结果。

总之，一个优秀的会议主持人应该引导会议、驾驭讨论并努力促使所要解决的问题迅速、高效、省时、卓有成效地解决。

2. 主持效果判断（见表1-7）

表1-7　判断主持效果的依据

项　目	主持得好	主持得不好
准备工作	会议的计划周密详尽；准备好了必要的资料、安排好适当的会场	计划、资料等不充分；场地、设备不完备
会议的开始	按预定计划开始会议；进行亲切的问候，激起参与者的关心；主题明确	在预定时间之后才开始会议；生硬、僵化的问候；参与者没有兴趣；主题不明确

续表

项　目	主持得好	主持得不好
提出意见	清楚地说明；能很好地引导参与者提出意见；资料、事例都比较具体	要点呆板；发言不积极；只是抽象的理论
引出结论	促进全体参与者都积极发言；给参与者公平的发言机会；紧扣会议的主题、中心	只有特定的人在发言；个人意见居多；发言者偏离主题
总结完整性	清晰地整理论点；全面总结论点的技巧；激发兴趣，在预定时间结束会议	出现混乱；不能得到充分的理解；气氛较郁闷；时间过多或时间不够
说话的方法	发言简洁、易懂；发言的语速和音量都较适中，有抑扬顿挫之感；注意语言的结构；合理利用黑板图表等	不着边际的啰唆；发言速度过快或过慢；语气呆板；不具有视觉效应
态　度	有热情、诚意、力量；开朗、亲切；稳重大方	缺乏激情；沉闷、不能给人留下很好的第一印象；心神不定的言谈举止

（三）主持程序

作为主持人应时刻记住自己的职责，并在会议的进程中自觉履行自己的职责。会议主持的基本程序如下（见图 1-18）。

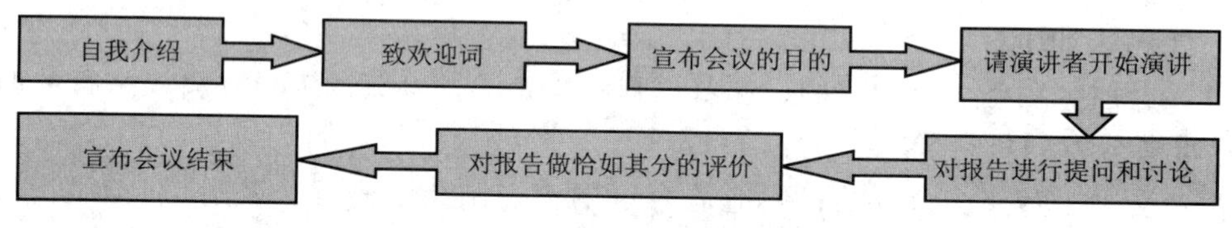

图 1-18　会议主持人的主持程序

（1）自我介绍。通常主持人在很多场合不用介绍自己，但如果觉得在场有很多人不一定认识自己，可以对自己做简单介绍，如说“请允许我做自我介绍，我是×××，能主持今天的会议我感到十分荣幸。”一般介绍身份和姓名就可以了。

（2）主持人致欢迎词。

（3）宣布会议的目的和注意事项。

（4）请演讲者开始演讲。如果演讲者有很高的知名度，则主持人不必费时对演讲者做特别介绍，只需对演讲者热情邀请。譬如说“今天我们的演讲者是×××先生（或称经理、总裁等）。×××先生对于我们大家来说是很知名了，因此没有必要对他再做详细介绍。现在请×××先生为我们演讲”。

如果演讲者的知名度不是很高，就有必要向大家做较为详细的介绍，包括演讲人的背景以及邀请他做演讲的缘由等。但即使这样，介绍一般也不超过两三分钟。

（5）对报告进行提问和讨论。在演讲者结束报告时，主持人应对报告人表示感谢，并宣布进行提问和讨论。主持人应尽量让所有人都能自由地提问或发表意见。如果有人偏离了会议的主题，主持人应给予礼貌地提醒。提问或讨论应控制在规定的时间内。

（6）对报告内容做恰如其分的评价。对于很有价值的报告应用恭敬、诚恳的语气进行赞美；对于一般性的报告也应给予礼节性的肯定，并对报告人再次表示感谢。如果接下去还有其他演讲人，就继续为大家介绍第二位演讲人，并请演讲人做报告。

（7）在规定的时间内宣布会议结束。结束之前，主持人应对会议做简要总结。如果就某些问题大家达成了一致的意见，在结束前应予以重申。会议结束时，主持人应对前来出席会议并提供帮助的人表示感谢，另外还要对协助组织会议的工作人员表示感谢。

（四）成功地开始会议

和其他的很多场合一样，充分的准备工作是避免现场表现紧张的关键。如果你知道自己将会说些什么来作为开场白，你就会放松下来。更重要的是，你可以给整个会议带来一个富有组织的、卓有成效的开始。

（1）准时开会。对每一位职业的商务人士而言，最头疼、最深恶痛绝的事情莫过于对方不准时，不守时。不准时召开的会议浪费的是所有与会者的时间，这不仅会加剧与会者的焦躁抵触情绪，同时也会令与会者怀疑组织者的工作效率和领导能力。

（2）表示欢迎。用洪亮的声音对每个人表示热烈的欢迎。如果你面对的是一队新的成员，让他们向大家做自我介绍。如果他们彼此已经见过面了，也要确保把客人和新来乍到的成员介绍给大家。

（3）宣布规则。会议的基本规则是会议中行为的基本准则，可以使用“不允许跑题”“聆听每一个人的发言”“每人的发言时间不能超过 5 分钟”这样的规定。如果准则是由与会者共同制定的，而不是由主持人强加给与会者的，效果要更好一些。你可以向与会者询问“我们都同意这些规定吗？”要得到每一个人的肯定答复，而不要想当然地把沉默当成是没有异议。

（4）明确职责。分配记录员和计时员的职责。如可能，让大家志愿担任这些职责而不需主持人指定。计时员负责记录时间并保证讨论持续进行，记录员则负责做会议记录。对于一些例行会议而言，不妨由所有人轮流担当这些职责。

（五）会议主持人的会议沟通技巧

一个优秀的会议领导者总是经常提出他们简短的意见以指引会议讨论的进程，比如说“让我们试试”“这是一个好的思路，让我们继续下去”。因此，优秀的会议主持人最常用的引导方式是提问题，针对目前所讨论的问题引导性地提问，会使与会者的思路迅速集中到一起，提高工作的效率。

作为一名有经验的会议主持人，应该善于运用各种提问方式。若根据问题特点的不同，会议主持人在提问时可能会遇到的四种问题类型为：棱镜型问题、环形问题、广播型问题和定向型问题（见表 1-8）。

表 1-8　　会议主持人提问时的问题类型

问题类型	问　题　特　点
棱镜型问题	把别人向你提出的问题反问给所有与会者。例如，与会者:“我们应该怎么做呢?” 你可以说:“好吧，大家都来谈谈我们应该怎么做。”
环形问题	向全体与会者提出问题，然后每人轮流回答。例如:“让我们听每个人的工作计划，小王，由你开始。”
广播型问题	向全体与会者提出一个问题，然后等待一个人回答。如:“这份财务报表中有三个错误，谁能够纠正一下?” 这是一种具有鼓励性而没有压力的提问方式，因为你没有指定人回答，所以大家不会有压力
定向型问题	向全体提出问题，然后指定一人回答。如:“这份财务报表存在三个错误，谁来纠正一下? 小王，你说说看。” 这种提问方式可以让被问及的对象有一定的准备时间

小看板

会议主持人提问方式

提问是会议中常见的，也是很重要的方法或环节之一，因此会议的提问必须做到合情合理，否则不适当的提问不仅会影响会议的顺利进行，还可能挫伤与会者的积极性。所以，注重会议的提问方法和提问技巧是必要的，它有助于达到提问的预期目的。

(1) 向全体提问。如“请问大家有什么意见?”

- 不能让两个以上的人同时发言。
- 要激起发言人再次发言的兴趣。
- 不要只让某些特定的人发言，要给全体参与者平等的发言机会。

(2) 指名提问。如“请问张先生，您对这个问题怎么看呢? 能说一下您的见解吗?”

- 在提问后，最好用目光注视着被提问的对象。
- 对不同的人提不同的问题。
- 对于发言较少的人可指名提问。
- 指名提问还可以唤起那些心不在焉者的注意力。

(3) 接力提问。如“关于刚才赵先生所提的问题，请问大家有什么看法?”

- 可以得到更多的对此问题的回答，得到更多的思路。
- 针对某人的提问，唤起参与者共同参与的行为。

(4) 反问式提问。当参与者中的某人向主持人发起刁难时，主持人可以牙还牙，用同样的问题进行反问，如“请问您对此又是怎么看的呢?”

- 将问题又发还给刁难之人，引起他的注意。

- 对于整个会议来讲，又多了一种适合此问题的建议。

总之，会议的提问是一门艺术性很强的学问，是提高会议提问水平和效率的必备技能。

（六）主持人如何圆满结束会议

无论是什么类型的会议，在结束的时候重新回顾一下目标、取得的成果和已经达成的共识以及需要执行的行动都是很必要的。

（1）总结成果。总结主要的决定和行动方案以及会议的其他主要成果。

（2）回顾与布置。回顾会议的议程，说明已经完成的事项以及仍然有待完成的事项；说明下次会议的可能议程。

（3）顾及全体。给每一位与会者一点时间说最后一句话。

（4）征询意见。就下次会议的日期、时间和地点问题达成一致意见。

（5）评估鼓励。对会议进行评估，在一种积极的气氛中结束会议。你可以对大会圆满成功表示祝贺，对每一位与会者表达你的赞赏，然后大声地说“谢谢各位”来结束会议。

二、会议秘书

（一）角色定位

许多传统的观点认为会议秘书是会议中最“简单”的角色，其实会议秘书在现代会议中是仅次于会议主持人的一个重要角色。会议秘书这一角色可以用来执行会议程序，也可以用来记录会议内容，其作用十分重要，并直接对主持人负责。

（二）秘书素质

好的会议秘书可以增进议事效率，而不好的会议秘书不仅徒增误会，还浪费时间。一名称职的会议秘书不仅能仔细倾听发言，准确陈述听到的内容，同时还能记录好几项发言而不失误。

会议秘书需要具有多项才能（见图 1-19）。

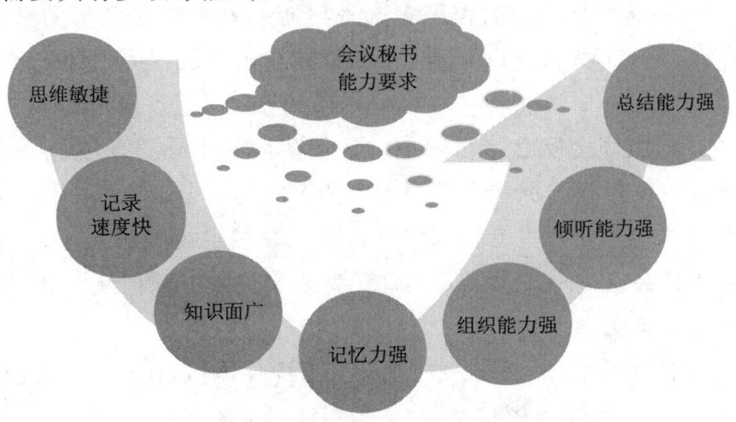

图 1-19 会议秘书的能力要求

（1）思维敏捷。对大家提到的问题能够迅速反应。

（2）记录速度快。做会议记录要快速准确。

（3）知识面广。在做会议记录时，经常会遇到一些专业术语，没有相对广的知识面，可能既听不懂也不会写。

（4）记忆力强。会议秘书要能记住发言者所说事情的前因后果，遇到复杂又冗长的问题时，更需要超强的记忆力，否则很可能记到最后已经不知发言者所云了。

（5）组织能力强。会议秘书一定要具备相当强的组织能力才能完成对会议进程的把控及会议记录的整理。

（6）倾听能力强。会议秘书在会议全程都要保持强的倾听能力，这样不仅有助于会议过程的记录，也便于对会场整体气氛的把握。

（7）总结能力强。会议秘书除了要在会议进程中不停地做会议记录，而且也要善于及时的总结，使记录更加趋于完整，并突出其有效的重点部分，为后期的会议简报及会议纪要做好铺垫。

（三）会议秘书职责

按会议进行阶段来看，其职责包括：

（1）会前。详细查看会议日期、时间；及时通知与会者，分发必要的背景资料。

（2）会中。记录会议信息，包括哪些人出席会议、谁受邀出席、会议举行时间地点。记录上述内容时，为方便以后查找，应将段落章节编目，使用有限的名字。用短句记录讲话的核心内容以及谁的发言，做出了哪些决定等。

（3）会后。写好会议备忘录，核对必要的事实和数据；与主持人协商；分发会议备忘录。

（四）会议秘书功能

（1）重要性。会议记录人在会议中的重要性仅次于主持人，故为一个会议成败的关键，会议秘书的重要性由此可见。

（2）记录和维持议程所设计的程序。这一功能主要表现在会议的事后跟踪这个部分。会议秘书在会议的过程中主要负责记录、维持会议的议程所设计的程序，使会议进行趋于完整。

（3）协助主持人做好会议总结与归纳。比较落后的工作方法是指派普通的文员去做会议记录，现在则流行指派那些有潜力做主持人的员工去做这项工作，因为这样做可以帮助公司培养后备人才（这里专指那些将来可以去做主持人的人才）。而且主张要由不同的员工轮流担任会议秘书，而不是由部门普通文员来专职担任，这一做法有助于锻炼一群人，而不是一个人。

（4）观察和预防失误。会议秘书的观察与预防作用是比较容易被忽视。简单来说，会议秘书可以从一个旁观者的角度观察会议是否存在一些误区，可以从旁提醒主持人。

三、与会者

（一）与会者的角色定位

与会者就是参加会议的人。会议的主持人再优秀，其技巧、能力、经验再突出、再丰富，如果缺乏与会者的积极参与、回应及配合，一个会议也很难成功。只有与会者能对主持人的组织做出有效反应时，会议才可能获得成功。

（二）与会者在会议进程不同阶段应考虑的问题

（1）会前。了解会议议程并阅读有关资料；明确会议主题和目的；确认在会议讨论内容中有哪些项目与自己有关，并对这些相关内容有所考虑，应该持什么观点，用什么材料做论据来支持这些观点；要明确会议时间和地点。

（2）会中。注意倾听别人的观点；积极参与会谈；对所讨论问题充满兴趣；对涉及自己工作的决策和行动计划做好详细记录；完成会议期间所分配的任务。

（3）会后。全力贯彻会议精神。

（三）与会者需注意的事项

作为会议的主体，与会者必须真正地投入到会议中去，这样才能保证会议取得成功。与会者必须注意：

（1）事先了解会议的宗旨、目的，并对议题进行研究。

（2）准时出席，如果因故无法出席，必须事先请假。

（3）积极发言，真实地表达个人意见，不要有所保留。

（4）发言要言简意赅，避免长篇大论，并且要注意发言时机。

（5）避免发言偏离议题。

（6）认真听取与自己不同的意见。

（7）反驳不同意见时要注意态度和语气。

（8）注意自己的发言时间，要给他人留出发言机会。

（9）发言讨论要具有大局观，不要总为细枝末节争论不休。

（10）要遵守少数服从多数的原则。

四、会议服务人员

负责会议具体工作的服务人员，要认真做好下列工作（见图 1-20）。

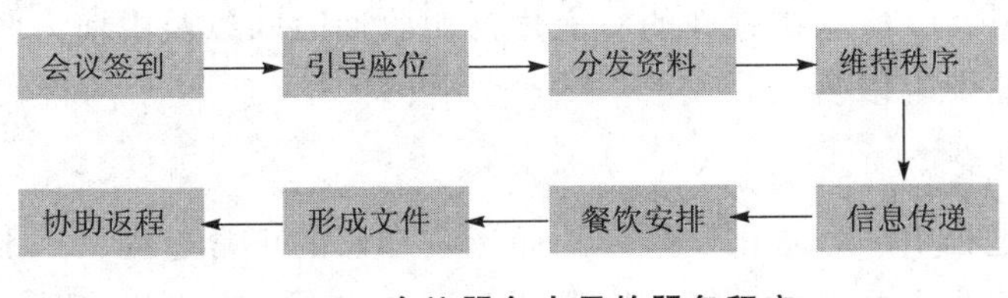

图 1-20　会议服务人员的服务程序

（一）会议签到

掌握到会人数，严肃会议纪律。凡大型会议或重要会议，通常要求与会者在入场时签名报到，负责此项工作的人员应及时向会议负责人汇报签到情况。

会议签到的通行方式有三种。

1. 簿式签到

与会人员在会议工作人员预先备好的签到簿上按要求签署自己的姓名，表示到会。签到簿上的内容一般有姓名、职务、所代表的单位等。簿式签到的优点是利于保存，便于查找；缺点是只适用于小型会议，一些大型会议，参加的人数很多，采用簿式签到就不太方便。

2. 证卡签到

会议工作人员将印好的签到证事先发给每位与会人员，签证卡上一般印有会议的名称、日期、座次号、编号等，与会人员在签证卡上写好自己的姓名，进入会场时，将签证卡交给会议工作人员，表示到会。其优点是比较方便，避免临开会时签到造成拥挤；缺点是不便保存查找。证卡签到多用于大、中型会议。

3. 电脑签到

电脑签到快速、准确、简便，参加会议的人员进入会场时，只要把特制的卡片放到签到机内，签到机就会将与会人员的姓名、号码传到“中心”，与会者的签到手续几秒钟即办完，将签到卡退还本人，参加会议人员到会情况可由计算机准确、迅速地显示出来。电脑签到是先进的签到手段，大型会议往往采用电脑签到。

（二）引导座位

大多数会议与会者座位都是事先安排好的，要求与会者对号入座，同时有工作人员引导与会者入座。一般情况下，为了方便管理与交流，往往安排以部门为单位集中就座。在一些大型会议中，由于会场较大，与会者人数较多，为做好座位引导工作，可在会场设置指示标记或印制会议的座次表，以便引导与会者快捷、方便地入座。

（三）分发资料

会议中往往有文件和材料需要分发给与会者，这需要工作人员及时地将其送到与会者手中。文件资料的分发有两种形式。

会前分发。一般在与会者入场时由工作人员在入口处分发，也可以在开会之前在每位与会者的座位上放一份。

会中分发。在会议进行期间，根据会议进程的需要由工作人员将文件资料分发或收回。收回文件资料，一般应在文件的右上角写明收回时间以及由何人收回；收回的时候应予以登记，以免发生错漏。

（四）维持秩序

在会议进行过程中，为防止发生混乱而影响会议的正常进程，一般需要有工作人员维持会场秩序，禁止无关人员入场，以保证会场的安全。在发生意外的时候，应及时做出有效反应。

（五）信息传递

在会议进行过程中，会场往往与外界是隔绝的，需要会议工作人员传递信息，进行内外的联系，将一些紧急情况传达给与会者。在信息的传递过程中，工作人员必须保证对会议内容的保密，防止泄密。

（六）餐饮安排

举行较长时间的会议，一般应为与会者安排会间的工作餐，与此同时还应为与会者提供卫生可口的饮料。会上所提供的饮料要便于与会者自助饮用，不提倡为其频频斟茶续水，那样往往既不卫生也不安全，还可能妨碍对方。如果必要，还应为外来的与会者在住宿、交通方面提供力所能及、符合规定的方便条件。

（七）形成文件

在会议结束后应对与其有关的一切图文、声像材料进行细致的收集、整理。收集、整理会议材料时，应遵守规定与惯例，应该汇总的材料一定要认真汇总，应该存档的材料要一律归档，应该回收的材料要如数收回，应该销毁的材料一定要仔细销毁。

对于会议决议、会议纪要等，一般要求尽快形成，会议一结束就下发或公布。

（八）协助返程

大型会议结束后，其主办单位一般应为外来的与会者提供一切返程的便利。若有必要，应主动为对方联络、提供交通工具，或是替对方订购、确认返程的机票、船票和车票。当团队与会者或与会的特殊人士离开本地时，还可安排专人、专车为其送行，并帮助其托运行李。

技能训练

一、模拟主持人

作为主持人，你将如何处理以下的困境？为什么？

1. 小张喜欢拖拖拉拉，开会总是迟到。
2. 小王在会上默不作声。
3. 小李和老陆在会上争执起来。
4. 在讨论中，与会者缺乏参与意识。
5. 大家讨论得很热烈，但在会议结束时，五个议题只完成了两个。

二、角色扮演

举办一个小型会议。从开始的准备到最后的会后反馈，让不同的学生担任不同的角色，例如会议主持人、会议秘书、各种会议与会者。以“情景模拟+角色扮演”的方式进行展示，从中体会会议前期会议组织者进行的沟通、会议进行中不同角色之间的沟通及会后的反馈沟通三大部分沟通环节的重要性。

三、沟通游戏

主题：期望目标讨论会

形式：集体参与

时间： 20～30 分钟

材料： 期望表格，关于会议目的和主要议题的说明材料

目的：

1. 确保会议的既定目标得到与会人员的认可。
2. 实现在会议开始前主持人或核心人物与与会人员的沟通。

程序：

1. 活动开始时，把印有活动目的和主要内容的说明材料发给大家。
2. 说明活动的目的和日程，指出活动的主要内容和次要内容。
3. 请参与人员读一下材料，在他们自己参加活动的首要目的上打钩或者画圈，以确保他们个人的目的与活动的既定目标“协调”。
4. 如果参与人员有未被材料提及的目的，请他们把自己的目的在期望表格上写下来。
5. 请他们分成三人或四人小组，对各个期望进行比较与陈述。
6. 在听取各个小组的汇报之后，对汇报的结果进行总结，并记在活页纸上。
7. 在对个人或小组的汇报进行答复时，对每个目的都给予答复。

讨论：

如果某位或某些参与人员提出了不在活动既定目标和内容之内的要求，应该如何妥善处理？

学习情境二　书面沟通

导学案例

商务报告

小李所在的A商场通过市场调查发现，最近他们的市场份额正在向B商场转移，分析后认为原因如下。

- B商场加大了户外及网络广告的宣传力度。
- B商场重新装修以吸引新的顾客。
- B商场的各类媒体曝光率提高了20%。
- A商场在库存、采购和促销方面能力较差。
- A商场降低了总体广告预算。
- A商场在维持商场整洁和有序方面有不良记录。

小李是市场部经理，针对上述问题和目前的情况，商场总经理要求小李完成一份书面报告，提出解决上述问题的对策。

问题讨论：小李的建议报告应该怎么写？

学习训练目标

- 学习写一份合格的商务报告。
- 熟悉商务信函的常规结构格式，掌握商务信函的写作要点。
- 掌握设计一份调查问卷的程序和设计要点。
- 了解电子邮件和备忘录的写作方法。

技能点一　商务报告的写作

商务报告是商务文书的一种，是企业经营管理活动中一种重要的书面沟通方式，实现企业内部准确高效沟通，从而提升企业运营效率，具有举足轻重的作用。

报告通常是下级向上级传达信息的重要文种。通过写报告，上级可以了解下级的工作动态、遇到的问题、形成的新风气新动向，进而为决策提供依据；下级也能在报告中汇报自己的工作现状，及时向领导反映现实问题。

一、商务报告书概述

在有些公司或组织中，报告是指长篇的文件或是包含了大量信息数据的文件。而在有些公司或组织中，一两页的备忘录也被称作报告，一篇呈递给客户的报告可能采用书信的格式。

正式报告包含诸多内容，例如主题页、过渡页、目录以及插图列表。非正式报告可以是一封信函、备忘录甚至是记载相关数据信息的一份表格。

报告可以只提供信息，也可以既提供信息同时又给出分析说明，还可以建设性地提供解决方案和分析证明。因此，按照报告内容形式的不同，可将其分成三种类型，如表 2-1 所示。

表 2-1　报告的三种类型

1	仅提供信息的报告（信息性报告：只向读者提供一些数据） • 销售报告（显示一定时期内的销售数据等）
2	信息加分析的报告（分析性报告：对数据加以分析但不给出建议和解决方案） • 审计报告（对企业的财务数据及审计中发现的问题进行解释）
3	信息加分析加建议的报告（建议性报告：给出建议和解决方案的报告） • 项目可行性报告（对某项目的可行性进行分析评估，作为领导决策的依据） • 商务策划报告（对某个即将举办的活动或事件进行策划，提供活动方案）

资料卡

名人名言

伟大的领导者是那些总能把事情简单化的人，他们透过争吵、辩论和疑虑，找到每个人都能理解的解决方案。

——科林·鲍威尔将军　美国前国务卿

二、商务报告的特点（见图 2-1）

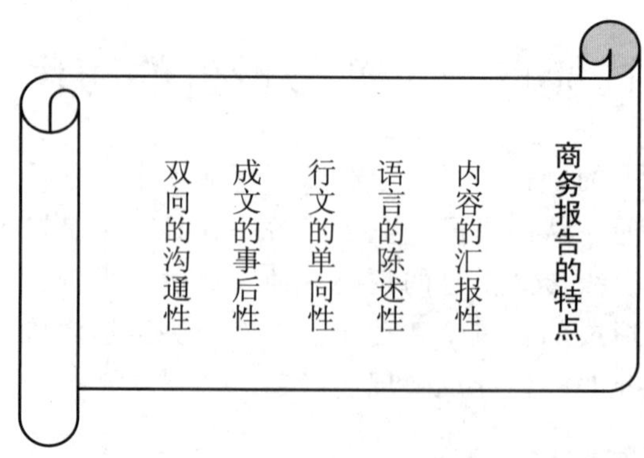

图 2-1　商务报告的特点

（一）内容的汇报性

报告一般都是下级向上级主管部门或客户汇报工作，让对方掌握基本情况并及时对自己的工作进行指导、给出意见，所以汇报性是报告的一个突出特点。

（二）语言的陈述性

因为报告具有汇报性，是向接收方讲述自己做了什么工作或工作是怎样做的，有什么情况、经验、体会，存在什么问题，建议接收方采取的对策和方法，所以行文上一般都使用叙述方法。

（三）行文的单向性

报告一般是向上级或者客户汇报说明，是为对方进行决策提供依据，一般不需要批复，属于单向行文。

（四）成文的事后性

多数报告都是在事情已经发生甚至结束后做出总结汇报，所以属于事中或事后行文。

（五）双向的沟通性

报告虽不需批复，却是取得上级部门或客户支持和指导的桥梁。同时上级部门或客户也能通过报告获得信息、了解下情，报告可成为上级决策指导和协调工作的依据。

三、商务报告的格式

下面介绍四种常用的格式。

（一）信函格式

这种报告格式与信函十分相似，只是内容组织更严谨，并会在适当的时候采用标题和列表，如图 2-2 所示。

尊敬的李总经理：

您好！

按照您的指示，我昨天前往天津滨海新区，考察公司选址建厂一事，现将此次考察的结果向您做一个简单的报告。

……………………………

根据上述理由，我认为在天津滨海新区选址建设新厂完全可行。

此致！

王××
战略发展部经理
2017年8月18日

图 2-2　信函式报告范例

（二）备忘录格式

这种格式适用于写作公司内部交流的非正式报告。这种内部报告除了另加标题外，其他与备忘录的常规格式基本相同。

（三）报告格式

这种格式用于较长、较正式的报告。这类报告打印在白纸（而不是信纸或备忘录）上，开篇有报告题目、目录，正文中有简介、结论等。

（四）预先备好的表格

这种格式对于描述日常活动非常重要，如企业库存报告、医院病人情况的报告。这些表格上的标准化标题既节约了作者的时间，又易于归档管理或查找同类内容。

四、商务报告的结构

商务报告一般没有固定的格式，形式多种多样，主要是根据主题要求，确定论证方法，再决定其结构形式。一般长篇正式商务报告通常分为三个部分：前言部分、主体部分和补充部分（见图 2-3）。下面是对各部分内容和顺序的介绍。

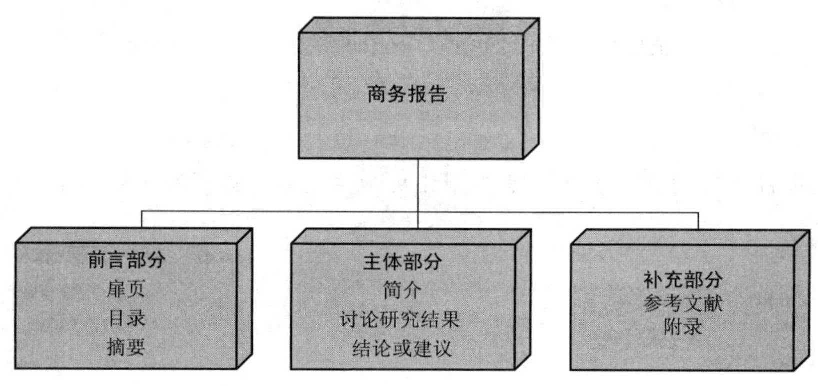

图 2-3　商务报告的结构

（一）前言部分

1. 扉页

扉页就是有标题的单页，是正式报告的开始。扉页是读者阅读报告时首先接触到的内容，因此需要花心思设计它的布局。当有人在一大堆报告中寻找某一份特定的报告时，扉页可以帮助他们快速寻找。扉页通常包含的内容如图 2-4 所示。

（1）报告的标题。要让人一目了然地了解到报告的中心思想和主要内容。

（2）报告的接收人（或接收组织）。

（3）报告的撰写人。

（4）报告完成的日期。

资 料 卡

扉 页 格 式

扉页通常由四个较为平衡的部分组成。设计扉页时，要避免显得不专业，比如采用太多不同字体、字体比例不当或加入不合适的图形等。

兴发贸易有限公司
关于在天津滨海新区选址建厂的报告

接收人：李总经理

撰写人：王××
战略发展部经理

2017年8月18日

图 2-4　报告扉页示例

2. 目录

目录中所列出的小标题要与正文中内容、页码完全相符。如果报告少于 25 页，需列出所有小标题，特别长的报告通常只需列出一级、二级标题即可。

3. 摘要

摘要是一个报告的浓缩版，概括报告的目的、结论和建议等。摘要应开门见山、干净利落、简明扼要而又重点突出。

（二）主体部分

1. 简介

前言部分写完后，用简介或背景介绍来开始报告正文。简介应包括下面所述的全部或其中几点。

（1）介绍报告由来，为什么被授权写这份报告。

（2）描述导致本报告产生的问题以及具体要解决的几个问题。

（3）报告的目的。

（4）研究的范围（界限）、局限性或限制因素。

（5）数据收集的来源和方法。

（6）如果报告采用的是演绎法，要总结报告的研究结果。

（7）概述报告中的主要部分，这样让读者感到连续性并起到承上启下的作用。

2. 讨论研究结果

讨论研究结果是商务报告分析论证问题的部分，是商务报告的中心。在这部分要分章节地运用大量事实和数据以及有关图表来陈述所掌握的资料，并进行系统分析，以阐明自己的观点，因而这部分在整个报告中所占比重最大。

写好这部分内容的关键在于：占有尽可能多的准确的数据和资料，并对它们进行科学分类和符合逻辑的安排，做到结构严谨、条理清楚、重点突出。

3. 结论或建议

如果报告内容在很大程度上都是提供信息的，在结尾处应该对前面提到的数据做出总结。如果报告主要是分析研究结果的，在结尾处就应该提出经分析而得来的结论，或者提出针对要解决问题的建议。

（三）补充部分

1. 参考文献

如果你在写报告时使用了别人的著作或文章，应在报告中予以声明，并将其列入后面的参考文献中。

2. 附录

附录包括报告所需要的补充信息。包含重要数据的图表和图形通常是报告正文的一部分，然而像调查表样本、与报告相关的信件、地图和其他可选表格等，都可以作为额外的信息收录在附录中。

资料卡

设计商业文件的五个技巧

现在，书面出版系统、高级文字处理软件和激光打印机使你准备出一份看起来很专业的文件成为可能。不过有一种倾向，就是在一份文件中加入太多元素，使报告显得过于热闹。下面有五个小建议，让你在准备文件时做得更好。

（1）分析读者。对于商业文件要避免采用过于浮华的字体、颜色和边框，同时考虑一下你的读者是仔细阅读或只是稍加浏览。对于没有时间仔细阅读的人来说，列表和小标题会有所帮助。

（2）设计可读性强的标题句。好的标题既深刻、引人入胜，又能直接体现中心思想和主要内容。

（3）设计吸引人的页面版式。设计页面时，要在文字和空白间寻找平衡，还要考虑把焦点（吸引读者视线的东西）放在一页的"光学中心"——在页面的实际中心之上 3 行。

（4）有限地使用图片和剪贴画。用电子制表软件或图形软件制作的图表可以加入文件当中，原有图画、照片和剪贴画也可以通过扫描加入文件中。但是，只应在这些图片画得很好、与内容相关、有说明意义、大小合适时才添加使用。

（5）避免显得业余。很多初学者急于展示其利用软件制作各种图形的能力，做的文件内容繁杂，显得混乱。然而过多的字体、下划线、图片和字号过大的标题句只会让读者觉得杂乱，应该努力使界面显得简单、干净、有力。

五、商务报告的写作过程

准备写报告时，你的自然反应是坐下来，然后立即开始写作。然而，如果你以这种冲动的方式去做，很可能会不得不退回来重新开始，写报告是需要计划的。一般而言，撰写报告要经过以下几个程序。

（一）明确问题，限定报告范围

在开始动笔写报告之前不妨先问问你自己。

（1）写这份报告的目的是什么？

（2）这份报告的核心内容是什么？

（3）读者是谁？

（4）有多长时间写这份报告？

（5）有多大篇幅可以用来谈你的题目？

（6）需要的数据是否能得到？

（7）研究要多彻底？

例如，在调查可变贷款利率分期付款购房问题时，你是集中在某一种客户群，如某地区的首次购房者，还是要考虑所有的分期付款购房者？如果你在谈上夜班的员工士气不高的问题，你应该与500名员工中的多少人面谈？你是只考虑与公司有关的士气问题，还是也要考虑一些公司无法控制的外部因素？因此，写报告的第一步是明确你要讨论的问题，限定题目的准确范围。

一旦你明确了要讨论的问题并界定了报告的范围，就可以开始写目的说明。每份报告的准备都是从目的陈述开始的，目的陈述解释了报告的目标、意义和局限性。

此外，报告的读者也会影响你的写作风格、研究方法、措辞和沟通的策略。如果报告是写给你的上级领导，而你的领导又支持你的项目，就不必在报告中包含大量细节、背景和历史、专业术语定义或说服上级的论点；如果是写给其他读者则需要翔实的背景数据和说服策略。

（二）搜集和分析资料

报告最重要的步骤之一就是搜集和研究资料。一份优秀的报告基于实在的、准确的可被证实的数据，所以动笔之前，你可能要花大量时间搜集资料。

资料可以分为两大类：一手资料和二手资料。一手资料通常是通过调查、访谈、观察和实验得出的；二手资料是从读取别人的体验和观察得来的，二手资料几乎是每个研究项目起步的地方。二手资料比一手资料得来要容易并且成本更低，因为一手资料可能要访问很多人或者发出很多调查表才能得到。二手资料可以让你省时省力，避免从头开始。

大多数二手材料都已出版或者已在网上公布，你可以从多种渠道获得二手资料，如书籍、期刊、电子数据库、互联网等。

（三）组织材料

搜集好报告所用的数据资料后，就要开始把这些信息按需要组织好，材料组织得当，报告的可读性会大大增强。

商务报告大致可分为信息性报告、分析性报告和建议性报告三类，由于报告内容形式的不同，材料的组织和表达方式也不尽相同。

1. 信息类报告

信息类报告只提供信息，不给出结论或提出建议。有些信息报告非常标准化，如医院病人的情况报告、每月的销售报告或实验报告。这些报告基本上都采用预先设计好的表格，把重复出现的数据填在其中。信息类报告通常包括以下三个部分。

（1）简介。这一部分要做的是：解释为什么写这份报告；说明用了什么方法和什么来源搜集信息；其他有必要说明的特殊背景情况。

（2）研究结果。这一部分也可以称为事实结果或观察结论。在这一部分里要考虑的主要问题是材料的组织和表现。可以考虑使用下面的组织方法：按时间顺序，按字母顺序，按题目顺序，按重要性顺序，即从最重要到最不重要。

（3）总结。总结部分主要是客观和无偏见地概述研究的结果。

2. 分析性报告

分析性报告的典型代表就是可行性研究报告，此类报告主要是为实施经济活动的决策提供依据。

可行性研究报告是在某项经济活动实施之前，通过调研、分析、测算，对项目进行技术论证和经济评价，以确定一个最优方案的科学分析研究书面报告。此类报告应用十分广泛，可广泛用在生产、基建、科研、经济体制改革等各个方面。

可行性研究报告一般由标题、正文、附件三个部分组成。

（1）标题。标题要写明项目单位的基本情况，报告编制单位的基本情况，项目负责人的基本情况，项目的基本情况（如项目名称、项目类型、项目属性、主要工作内容、预期总目标及阶段性目标情况；主要预期经济效益或社会效益指标；项目总投入情况）等。

（2）正文。正文包括四个方面内容：项目内容说明（如项目受益范围分析、地区需求分析、项目是否符合国家政策、是否属于国家政策优先支持的领域和范围），项目技术论证和经济评价，各种方案的比较，最终结论。

（3）附件。附件是指一些不宜放在正文中又具有一定参考价值或补充作用的材料（如统计图表、设计图纸、专题说明材料等）。如果没有此类材料，也可以不设这一项。

可行性研究报告的格式相对灵活，这是由于其研究的项目或问题各不相同，具体情况千差万别，因而可行性报告写作的角度、强调的重点、分析问题的方法及结构方式等都会有一定的差异。

3. 建议性报告

建议性报告的主要目的是解决问题，因此要把重点放在提出建议上。这类报告一般是根据上级主管提出的要求来写，写报告的人要分析数据、得出结论、提出建议。建议报告正文的内容可分为情况分析和意见措施两个部分。

（1）情况分析部分。情况分析部分或者介绍情况，分析问题；或者肯定成绩，指出不足，总结经验教训；或者说明提出意见、建议的目的、原因和依据。这部分一般写得比较简明扼要，其后常以“据此，现提出如下意见（或建议）”“拟采取以下措施”等语引起下文。

（2）意见措施部分。意见措施部分是在前一部分基础上切合实际地提出做好某项工作的意见、措施、建议，是此类报告的重点部分。这部分往往采取条文式的写法，要求脉络清楚、逻辑严谨、主次分明，以供上级领导参考，常用“以上建议望考虑和采纳”等作为结尾。

（四）撰写报告

开始撰写报告时，下面的指导原则会对你有所帮助。

1. 选择报告的结构

就像信函一样，报告可以采用归纳（间接）或演绎（直接）的方式。图 2-5 比较的是用同样的材料以两种不同的方式写报告时结构组织方式的区别。

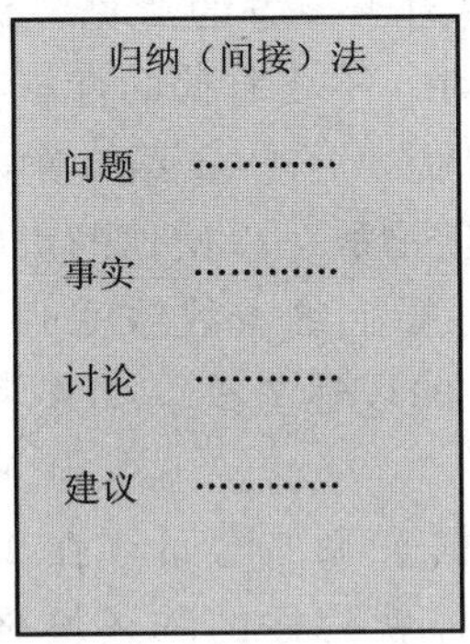

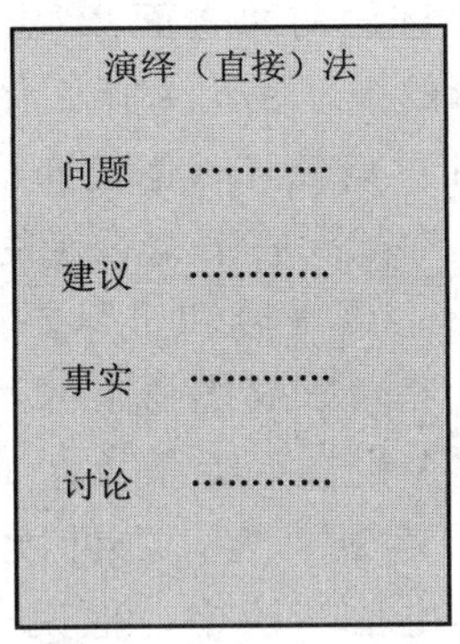

图 2-5　比较归纳法和演绎法在材料组织方式上的区别

归纳法和演绎法的主要区别在于结论和建议所放的位置。

（1）用归纳方式，主题思想（建议或结论）放在文章的后面部分。归纳法让读者见到整个分析问题的过程，它反映出我们的思考方式：问题、事实分析和建议，这种方法在需要说服对方时是非常有用的；另外，这种方法对缺乏背景知识的读者也十分有帮助。然而，忙碌的管理者或对情况已十分了解的读者可能希望更快地切入主题。

（2）演绎法更直接。首先提出建议和结论，这样读者有一个概念，知道下文中将要围绕什么主题来讨论和分析，商业报告通常采用此种方法。

通过分析读者和写报告的目的，来选择恰当的文章组织结构。

2. 使用高效率的标题

对读者来说，标题不仅能体现出文章的大纲、突出主要的观点，还能帮助读者找到相应的事实并指出全文的方向。标题还是思维和视线停留的地方，因为标题把大段的文字分为可控制的、有吸引力的小段落。

小看板

有效展示标题的建议

（1）采用合适的标题层次。标题的位置和格式表明了标题的重要程度和它与其他标题的关系。

（2）用平衡表达方式。比如，用“可见成本”和“不可见成本”，而不用“可见成本”和“不能显示出来的成本”。

（3）标题尽量简短明了。尽量使标题简短（不超过 8 个字）易懂。尝试清楚表达何人、什么、何时、何地、为什么的标题。

(4) 不要用代词指代标题物。比如这个、那个、这些、那些。例如，标题是“激光打印机”，不要在下一句中直接写“这些经常与桌面出版软件一同使用”。

3. 保持客观

只有事实可信、数据可信，报告才会可信。你可以通过以下几个方式建立可信度。

(1) 表达一个问题的两方面意见。即使你偏向于一方的意见，你也要讨论双方的想法，并通过逻辑的推理表明为什么你的观点更好。不要有偏向性，要让事实说话。

(2) 把事实和意见分开。你发布一个声明或提出一个重要的陈述后要问自己，这是可证实的事实吗？如果答案是否定的，那么重新措辞，以使你的声明更合理。

(3) 措辞谨慎，语气温和。不要夸张，也不要上纲上线或采用偏见的表达方式。把别人称作庸人、理论家或优秀人才都是有偏见的表达方式。如果读者察觉作者有偏见，其就可能对整个报告有所怀疑。

(4) 数据来源客观真实。告诉读者你的数据来源，比如“在 10 月 15 日与交通部××司司长×××的电话交谈中，他说……”，这样就为你的陈述增强了权威性和可信性，你的话变得更可信，你的论点也因此变得更有说服力。

图 2-6 数据要准确

技能训练

一、实战练习

假设你是学校课程设置建议委员会的学生代表，现在该委员会打算评估你所在专业的学位课程情况。作为学生代表，你需要将自己对课程设置的观点和改进意见写出一份报告。

任务：每 3~4 名同学一组，分别考察你所在专业的课程设置情况，以评估课程要求是否现实和实用，也可以征询其他老师和同学的意见。你需要根据每个小组提出的改进意见，对系主任做说服工作，以期改变课程要求。你可以考虑把建议写到你的原因和理由之后。

二、写作训练

商务报告其实是一个泛概念，它把许多类型的报告都囊括进去了。撰写商务报告的要点在于扎实广泛的调查研究和熟练的本职业务，如果你这两项都很好，那么写好商务报告实在是件很容易的事。

请你主动为你所在的公司的某个商业项目撰写一份报告，比如你所在部门亟待解决的问题，或有效提升你部门业绩的研究报告。

技能点二　商务信函

一、商务信函的概述

商务信函是用来商洽交易事项、联系业务、询问和答复有关具体问题的一种信函。

商务信函的撰写为何重要？

因为尽管我们可以用其他的交流方式来传递商务信息，但许多重要的商务信息仍需要以信函的方式加以确认。当你需要正式的查询、回信或投诉的记录时，书信仍是最佳的沟通渠道，而且有些商务信函还可以作为法律凭证。

因此，撰写合格的商务信函是每一位现代办公室白领的基本功。

商务信函迄今为止已有数千年的历史，从古至今，它在语言上、文体上、格式上都经历了许多变化，这种发展结果主要是由于国际贸易的迅速发展所致。在 21 世纪的今天，人们已将办公效率、办公时间放在第一位，过去的一些俗套的商务语言、商务信函的格式等已经不再适应当今国际贸易的发展。但是，无论商务信函怎样变化，仍有一定的在国际商务信函中约定俗成的写作格式、写作语言、写作方式等供我们遵循、效仿、学习和研究。

二、撰写商务信函的原则

欧美等国的工商企业及其管理机构经过多年实践总结出了撰写商务信函的“7C 原则”，对我们撰写商务信函很有启发和借鉴作用（见图 2-7）。

图 2-7　撰写商务信函的“7C 原则”

（一）完整（Completeness）

商务信函应完整地表达想要表达的内容和意思，如何人、何时、何地、何事、何种原因、何种方式等均要说清楚。

资料卡

5W1H 法

一封信写得是否完整，建议用“5W1H”来检验，即包括 Who、What、Where、When、Why、How。

例如，在订货的信中，必须明确说明“需要什么商品”（What you want）、“何时需要”（When you need the goods）、“货物发到何地何人收”（to whom and where the goods to be sent）、“如何付款”（How payment will be made）；如果对对方的要求做出否定的答复时（如不能报盘、不能理赔等）应说明理由“为什么”（Why）等。

（二）正确（Correctness）

表达的用词、用语及标点符号应正确无误，因为商务信函的内容大多数涉及商业交往中双方的权利、义务以及利害关系，如果出现差错势必会造成不必要的麻烦。

（三）清楚（Clearness）

所有的词句都应能够非常清晰、明确地表达出真实的意图，避免双重意义的表示或意思上模棱两可，要用最简单、最普通的词句来直截了当地告诉对方。

（四）简洁（Conciseness）

在无损于礼貌的前提下，用尽可能少的文字清楚表达真实的意思。清楚和简洁经常相辅相成，要摒弃信函中的陈词滥调以免落入俗套，这样可以使交流变得更加容易和方便。

（五）具体（Concreteness）

商务信函的内容要具体而且明确，尤其是要求对方答复或者对今后的交往产生影响的信函，内容上更是如此。

（六）礼貌（Courtesy）

文字表达在语气上应表现出职业修养，要客气而且得体。最重要的礼貌是及时回复对方，最令人感动的礼貌是从不怀疑对方的坦诚。商务交往中肯定会发生意见分歧，但礼貌和沟通可以化解分歧而不影响双方的良好关系。

比如“如果我公司在 5 月 1 日前还收不到付款，你方将被罚款”。不按时付款就要罚款，这是应该的，也符合通常的商贸规定，但是用这种强硬的、带有威胁的语气来催款，容易引起对方的反感，反而达不到索款的目的。

（七）体谅（Consideration）

为对方着想，这也是撰写商务信函时必须要强调的原则。在起草信函时要设法从对方角度来看问题，根据对方的思维方式来表达意思，理解与体谅对方。只有这样，与对方的沟通才会卓有成效。

小看板

真正有价值的商务信函应该体现出两个特点：（1）格式化中透出人情味和成熟；（2）规范化中讲究分寸感和礼仪。

三、商务信函的写作要点

商务信函不同于文学创作。文学作品忌显不忌隐，忌直不忌曲；而商务信函应清楚明确，不隐不曲。商务信函具有内容单一、行文具体明确、用词严谨规范、语气礼貌得体等特点。要写出一份合格得体的商务信函，我们要掌握以下要点（见图 2-8）。

- 主题突出，观点明确
- 面向对方，态度诚恳
- 实事求是，谦恭有礼
- 结构严谨，首尾圆合
- 语气平和，用词准确
- 清楚简洁，注意修辞

图 2-8　商务信函的写作要点

（一）主题突出，观点明确

商务信函是为开展某项商业业务而写的，具有明显的目标。信文内容应紧紧围绕这一目标展开，不要涉及无关紧要的事情，以免冲淡主题；也不必像私人信函那样，写入问候、寒暄一类词语。向对方提出的问题要明确，回答对方的询问也要有针对性，不能答非所问，或故意绕弯子、回避要害。鉴于商务信函往来涉及经济责任，所谈事项必须观点明确，交代清楚。例如，答复对方订货要求时必须将供应商品的规格、性能、供货日期、价格与折扣条件、交货方式、经济责任等一一交代清楚，切忌含混不清，以免日后纠纷。

（二）面向对方，态度诚恳

为促进双方经贸往来，信函应给对方一个好的印象。因此，在写信之前，要设身处地想一想对方的需要、对方的处境、利益与困难，在互惠互利的前提下尽可能考虑对方的需求，还要考虑对方的地位、身份、专业知识、文化程度、接受能力等，以便对方正确理解信中所谈内容。

态度诚恳是指信文内容应实事求是，不要夸夸其谈，弄虚作假。即使对方提出的要求不能接受，也应用委婉地语气加以解释，以求保持良好关系，这样不致损害以后的生意来往。

（三）实事求是，谦恭有礼

经商往来要求实事求是，遵守职业道德，维护企业与个人的信誉，不得蓄意欺骗对方或设下圈套诱使对方上钩，以谋求不正当利益。

谦恭有礼不是仅说几句客套话，而是要尊重对方，讲究文明礼貌。例如，收到对方来函应尽快给以答复，拖延回信的做法是不礼貌的。

（四）结构严谨，首尾圆合

要做到结构严谨应在动笔之前首先把所要写的内容有条不紊地组织起来，列成提纲或打草稿，以免结构松散、首尾脱节。

商务信函的特点是开门见山，可在信的开头直接进入主题以免落入俗套，在信的结尾则可提出各种希望。

（五）语气平和，用词准确

为了达到买卖往来的目的，注意写信的口吻与语气是很重要的。商务信函的语气要平和，要平等，不得用命令或变相威胁的语气，还要做到不卑不亢。

用词要准确，不要用一些晦涩的或易于引起歧义的词语。用词不当或不准确，常常会使对方误解，甚至被人利用而导致一方经济损失。例如，提请对方供货时，不要用“大量”“许多”一类词语，应具体说明数量；同样，报价不能笼统地说“合理价格”或“市场价格”，而应说明具体价格为多少，用何种货币，怎样结算，有没有各种附加收费；尽量避免使用“大约”“左右”一类词语。答复对方的来信，最好说明那封来信的日期、内容、编号，不要笼统地说“来信收到”或“上月来信”等，因为来信可能不止一封。

此外，信文用字应规范，标点符号使用要正确。

（六）清楚简洁，注意修辞

信文内容与形式都要做到清楚简洁。做生意讲求效率与节省时间，清楚简洁的书信最受欢迎，要避免使用长句冗词以及不必要的修辞。商务信函以实用为宗旨，它不像文学作品那样讲究修辞，但必要的修辞也是不可少的。不通顺或逻辑混乱的语句会影响意思的表达和信息的交流。

最后要养成寄信前至少检查一遍的习惯，除核实内容是否完整、事实是否准确外，还要检查语句是否有毛病，检查信件是否能为对方理解和接受。经过检查认为满意后，再签名寄出。

四、商务信函的结构

书信是日常生活中常用的文体，是用以交涉事宜、传达信息、交流思想、联络感情和增进了解的重要工具。书信一般可分为商务信函或公函和私人信函两大类。这里仅介绍商务信函的常用结构。

（一）中文商务信函常规结构

中文商务信函一般包括标题、称谓、正文、落款、附件五个基本部分（见图 2-9）。

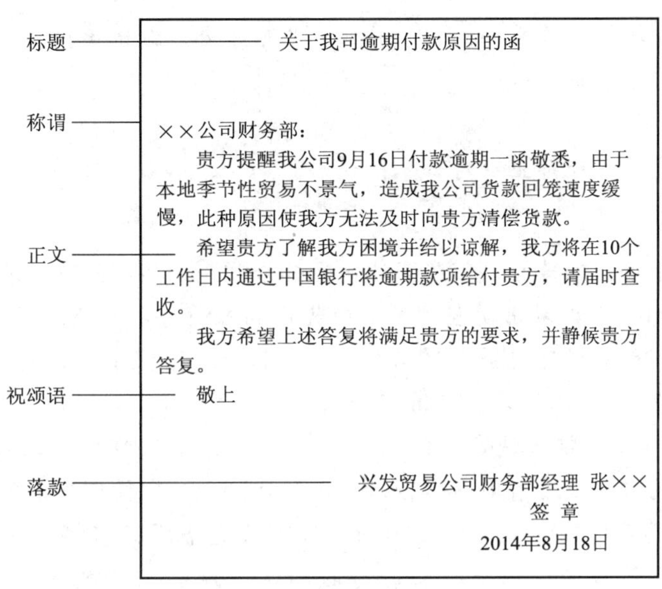

图 2-9　商务信函格式范例

1. 标题（事由）

标题位置在信函首页上方、居中书写，标题要概括出函件的主旨、中心，使收件人通过标题一目了然地明白信函的主要内容，如“关于贵司所购复印机货款的函”“介绍有关保险情况的函”等。

2. 称谓

称谓是对收信人或收信公司的称呼。其书写位置在标题之下、正文之上，单独占行、顶格书写，称呼后用冒号。商务信函在称呼之后一般直接进入正文，不必像私函那样客套寒暄。

商务信函比较重视称谓。若收信方是公司或公司的某个部门，都应写全称；若收信方是个人，要在公司名称和对方名字后加职务，以示尊重，如“××有限公司×××总经理”“ ×××董事长”等，如果不知对方职位或职务，可选“先生”“女士”“小姐”等称呼。

资 料 卡

常用书信套语

1. 提称语，用在对方称呼后面，表示尊敬

父母：膝下、膝前、尊前、道鉴　　　　长辈：尊前、尊鉴、赐鉴、道鉴

师长：函文、坛席、讲座、尊鉴、道席、撰席　同学：砚右、文几、台鉴
平辈：足下、阁下、台鉴、大鉴、惠鉴　　　晚辈：如晤、如面、如握、青览
女性：慧鉴、妆鉴、芳鉴、淑览

2. 祝愿语

父母：恭请福安、叩请金安　　长辈：恭请崇安、敬请福祉、敬颂颐安
师长：敬请教安、敬请教祺　　平辈：顺祝

3. 署名

对长辈：叩禀敬、叩拜上　对平辈：谨启、鞠启、手书　对晚辈：字、示、白谕

3. 正文

信函的正文是书信的核心，叙述商业业务往来联系的实质问题，通常包括：

（1）发函的事由。如果是初次发函，可先做自我介绍，使对方对本公司业务或产品有个概要的了解；如果是复函，可先引述来文日期、来文事由，表明复函的针对性，比如“贵方 3 月 28 日查询我司产品价格的来函已收悉”。

（2）发函的事项。要清楚发函的目的，然后或介绍具体情况，或告知有关事项，或提出解决问题的方法。若事项内容较多，可分条列项，以使层次清楚。

（3）对对方的希望或要求。在发函的事项交代完毕后，结尾往往用简单的一两句话，写明希望对方答复的要求，比如“特此函达，候复”“敬候佳音”“望来函告知”等。

同时写表示祝愿或致敬的话，如“此致敬礼”“敬祝健康”等。祝语一般分为两行书写，“此致”“敬祝”可紧随正文，也可和正文空开。“敬礼”“健康”则转行顶格书写。

4. 落款

落款包括发函公司名称、签章和日期。落款通常写在正文后另起一行（或空一、二行）的偏右下方位置。以公司名义发出的商务信函，署名时可写公司名称或公司内具体部门名称，也可同时签署写信人的姓名。重要的商务信函，为郑重起见要加盖公章。

日期一般写在署名的下一行。发函日期要写明具体的年月日。作为凭证，日期是商务信函非常重要的一项格式，不可遗漏。

小看板

需发函人署名的必须亲自签名，不能用图章代替。打印的信件在打印的姓名前面也必须手签署名，因为商务信函是重要的凭证。

5. 附件

附件是指信函的补充材料，随信函一起发送。商务信函的附件一般是商品目录、价格表、订货单、发货单等。商务信函如有附件，应在正文下左空两格标注“附件”二

字,“附件”二字后加冒号和附件名称、份数。比如“附件：兴发贸易公司 2017 年产品目录 2 份”。

附件应与商务信函正文一起装订，并在附件左上角第一行顶格标注“附件”字样。

资料卡

中文书信行款规范

（1）字迹端正清晰，易于辨认。不写错别字，不写错句。单字不成行，单行不成页。

（2）一页纸上至少有 1/3 是话语长度跨两行以上的，不宜满页尽是长度不跨行的短句。

（3）礼仪性的贺信、唁函、邀请书等不宜太长，但不能少于 100 字，书写时亦应注意在整页纸上的布局合理，不能一页纸上就只写两行小字，这既不美观于样式，又乏诚意于情分。

（4）不可用红墨水、红圆珠笔或铅笔写信。

（5）对境外华语地区通信，要兼顾当地汉语书信的表达习惯。

（6）信笺折叠应是文字面朝外，受件人称呼朝外。信笺折叠宜简单地横竖对折，不宜折成燕子状、花瓣状，这种折叠法不宜用于工作信件，会影响工作信件的严肃性。

（7）信封使用要按国家邮政总局的有关规定，不可随意印制或改制。信封书写也应按邮局规定的规范行事。收件人姓名后可用钧启、公启、安启、亲启等，但倘为明信片、则应用“收”字，明信片的寄件人后也不能写“缄”而应写“寄”。

（8）邮资要付足，不要寄欠资信，以免因退回补足邮资而造成时间上的延误。邮票贴法要规范，但勿与地址太近，以免盖邮戳时将门牌号码遮住，造成投递麻烦。邮资总付的信件，要与邮局相关部门妥善交接。航空信的标签要明显。

（二）英文商务信函常规结构

英语书信的写法与中文书信有一些明显区别，特别是英语商务书信包含自己独特的内容，且每一部分内容都有自己固定的位置，不能随意互换，应特别加以区分。

英文商务信函通常由以下几部分组成（见图 2-10）。

1. 信头

信头所包含的是写信人的基本情况，包括姓名、地址、电话号码、传真号码以及 E-mail 地址。英文地址的写法与汉语不同，要先写小地方，后写大地方。

信头在信纸的最上方，有的公司把信头直接印在所使用的信纸上。质量优良的信纸以及一个整洁、匀称的信头，可以展示一个公司的风采，增强公司的信誉。

2. 日期

日期在信头以下。日期一定要写全，不能用数字的形式，因为美国和英国的日期标

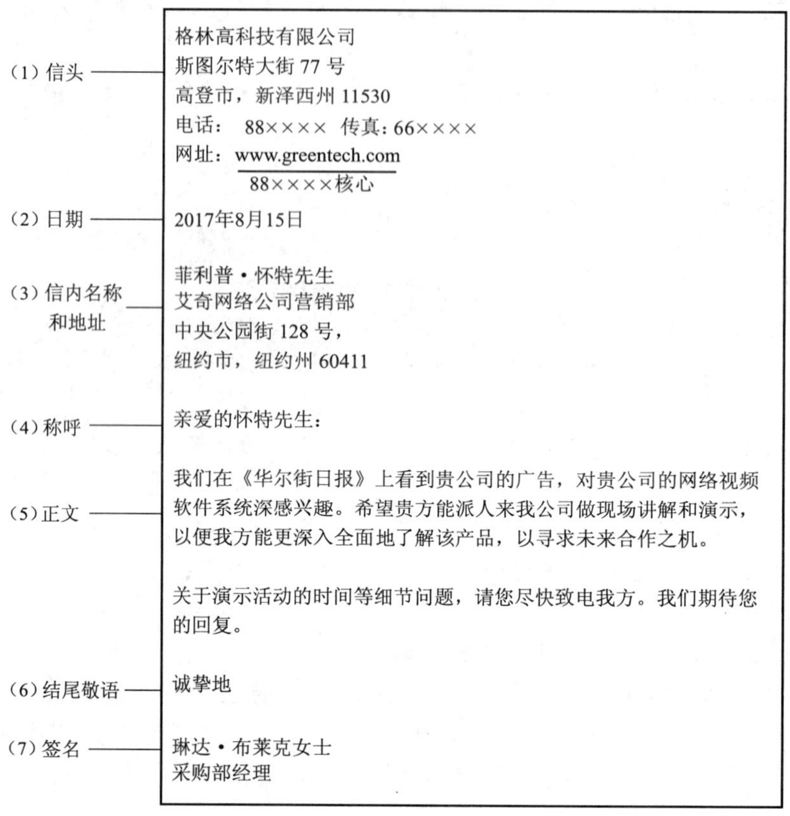

图 2-10 英文商务信函示例

示法是不同的。英国的日期标示法是“日、月、年”，而美国的日期标示法则是“月、日、年”，例如：“24th March，2017”（英式）或“March 24，2017”（美式），在年份之前有一个逗号。

3. 信内名称和地址

信内名称和地址即收信人的姓名和地址，写在信纸的左上角，低于发信日期一两行，应与信头的书写格式保持一致，其次序是，先写收信人姓名、头衔和单位名称，然后写具体地址。例如：

Ms. Joanna Kerry

Peking University

Chaoyang Road, Haidian District,

Beijing, China 100871

4. 称呼

收信人的称呼应自成一行，写在低于信内地址一两行的地方，每个单词的首字母要大写。至于末尾处的符号，英国人用逗号，美国和加拿大英语则多用冒号。

具体称呼用语可视写信人与收信人的关系而定。较常使用的有 Dear Madam、Dear Sir、Dear Mr. 等。

资料卡

收信人称谓中英文对照

先生（男人）：Mr.　　夫人（已婚）：Mrs.　　小姐（未婚）：Miss
夫人、小姐统称：Ms.　　夫妇俩人：Mr. and Mrs.
两位或两位以上男子：Messrs
两位或两位以上女子（已婚）：Mesdames
两位或两位以上小姐（未婚）：Misses

5. 正文

正文位置在称呼语下面隔一行，是信的核心部分。正文要层次分明，简单清晰，语法正确，切中要点。

段落划分明确，每段集中于一个话题。布局要有艺术性，使你的信件看上去赏心悦目。

6. 结尾敬语

结尾敬语是信件结束时的一种礼貌用语，没有实际意义。传统使之成为必须，所以一直沿用至今。一般写在正文下隔一两行，只有第一个单词的首字母大写，结尾处加逗号。

传统的结尾敬语有“Yours faithfully”“Yours truly”（多用于美国）等，也可以倒装写作“Faithfully yours”“Truly yours”。

结尾敬语不能和正文分开，更不能把它单独放到另一页。如遇此种情况，则信件必须重新布局。

7. 签名

在手签名的下面要打印出所签的名字，以便识别。职务可打在名字的下面。

8. 附件

此项内容可有可无。信件如果有附件，可在信纸的左下角注上“Encl:”或“Enc:”；如果附件不止一项，应写成复数形式“Encls:”或“Encs:”，例如“Encls: 2 photos”（内附两张照片）。

资料卡

中式商务写作与西式商务写作的主要区别

（1）格式不同。东方语言和西方语言在格式上有显著的不同。

（2）语言习惯不同。如信件的结尾，中式的一般采用“此致敬礼”等礼貌用语，在西式信件的结尾经常写“你忠实的某某”等。

五、商务信函的格式

在当今商业世界里，无论是英文信函还是中文信函，有三种排版方式比较常用，分别是“缩行式”、“齐行式”和“混合式”。

（一）缩行式

缩行式商务信函是一种比较传统的信函格式，整封信看起来匀称美观。

这种样式的主要特征是：日期写在信笺的右上方，信内地址和称呼顶格写，而且每段的首句也应缩进 3 至 6 个字符，结尾敬语和署名写在右下方，如图 2-11 所示。

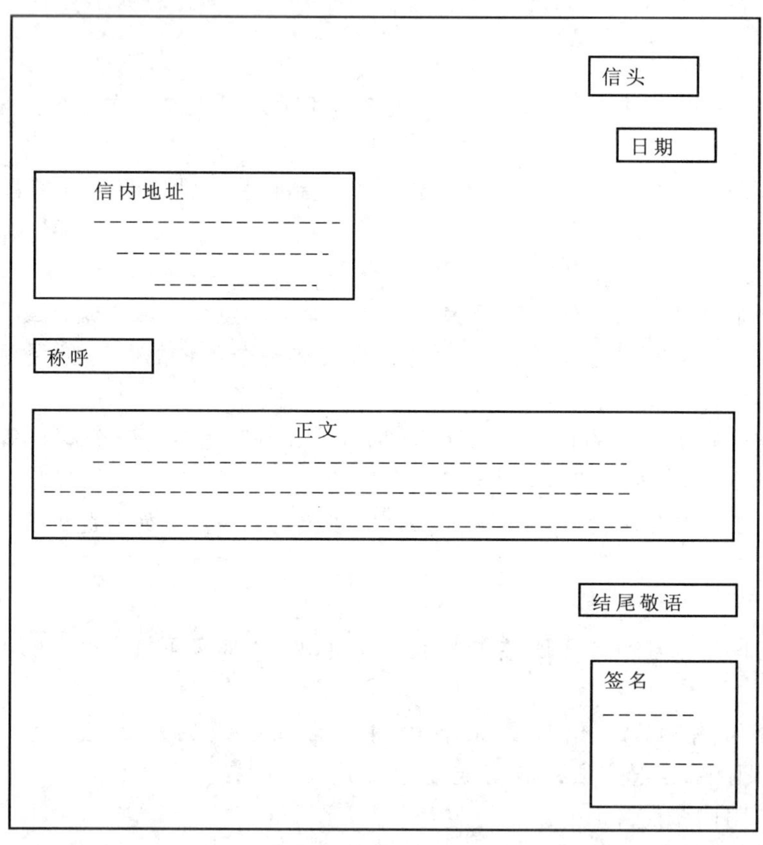

图 2-11 缩行式商务信函格式

必须指出：信内地址从第二行起，每行均缩进 2~3 个字符间距。例如：

The Pakistan Trading Company,
  15 Broad Street,
    Karachi, Pakistan

随着电脑的普及，观念的变化，这种缩行式的信函格式已逐渐被“齐行式”所取代。

（二）齐行式

齐行式是一种较具现代气息的信函格式，目前被普遍采用。

齐行式的突出特点就是信的每一行均从信纸的左边顶格写。信内地址、日期、签名和每段开头都从信的左边顶格开始写，每行左对齐成一垂直线。打字时可以不考虑左边的留空，这样可节约时间，极大地方便了编排时格式的处理，如图 2-12 所示。

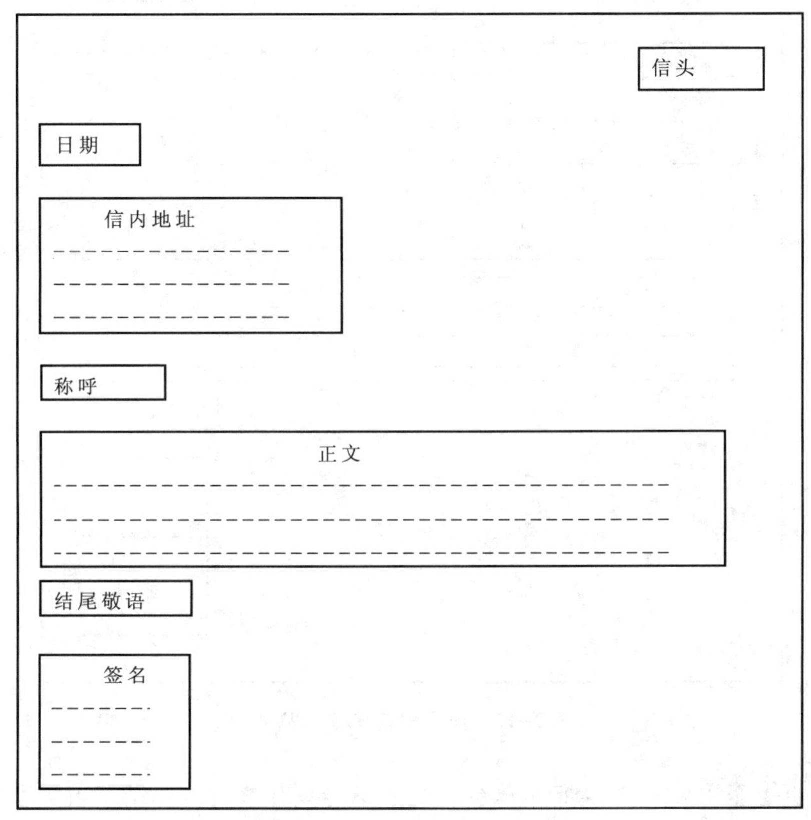

图 2-12　齐行式商务信函格式

注意：采用这种格式撰写的信函，信函的正文中段与段之间要空行，以分清段落。

（三）混合式

混合式是基于缩行式和齐行式改良而成的，看起来很典雅，用打字机或电脑处理起来也方便。

采用这种格式撰写的信函，正文中每段的首句不需缩进（与齐行式相同）。而日期、结尾敬语及署名则置于信纸中间偏右的位置（稍过中线即可），如图 2-13 所示。

究竟选择哪一种版式，通常取决于你所在机构的风格和你的个人偏好，但无论使用何种格式写信都应注意以下问题。

（1）要注意写明日期和签名（盖章），因为一封没有日期、签名（盖章）的信函是没有法律效力的，并且签名的字体及写法必须统一、固定、是他人难以模仿的，因为署名代表的是写信人，意义极为重大，它往往代表着法律上的责任。

（2）使用的格式要正确、规范，不能变来变去。

（3）如果需要第 2 页，应在该页上打印包括页数、信内地址、日期等内容的页头。

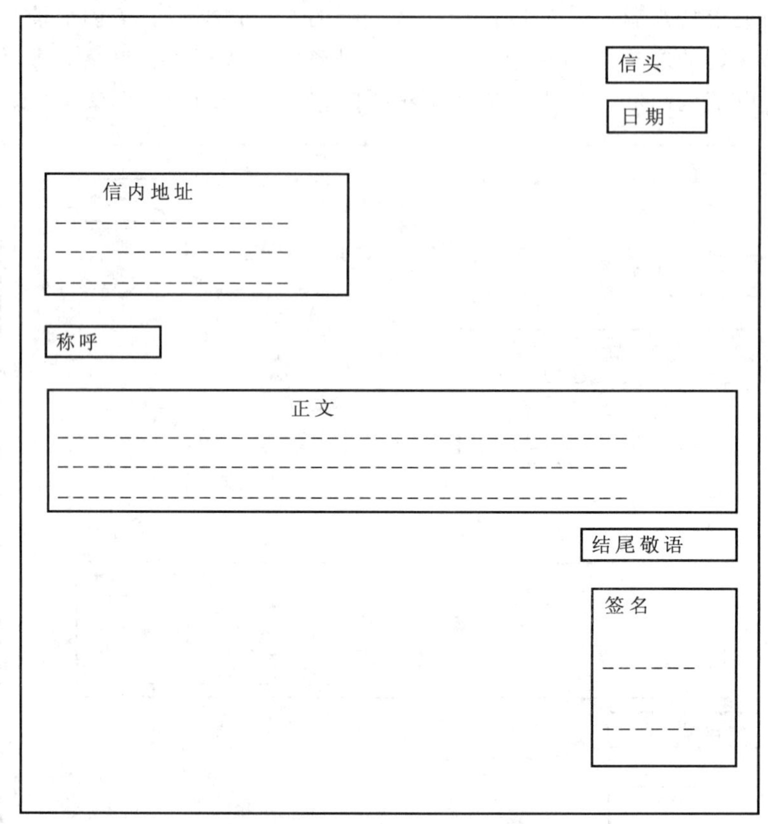

图 2-13　混合式商务信函格式

同时，第 2 页上至少要有 3~4 行信函的正文，不能只在该页打印结尾敬语和署名。

（4）在商务信函中，应尽量避免使用附言（PS.）这一形式，因为它代表写信人计划欠周，容易使收信人对写信人产生不好印象。

商务信函一般都比较庄重，其构成要素和格式不像私人信函那样随意。一封布局优雅、端庄匀称的信函，会留给人一种良好的印象，能促进贸易双方的进一步往来，直至交易的达成。

小案例

BH 箱包公司 2017 年 7 月 8 日收到丽都购物中心于 7 月 6 日发出的询问最大号旅行拉杆箱有关信息的信函后，于次日发出了产品报价函。丽都购物中心收到 BH 箱包公司的报价函后，对旅行箱的质量、外观、规格都很满意，只觉得价格过高，于是 7 月 15 日给 BH 箱包公司发出还价函，希望单价降低 9%。BH 箱包公司收到信后，决定适当让步，将单价降低 3%，并于 7 月 18 日向丽都购物中心发去还价函。

通过上述情景描述，请思考：

（1）BH 公司发出的报价函应该包含哪些内容？

（2）BH 箱包公司在给丽都购物中心的还价函中应当表现出什么样的语气和态度？

技能训练

实战练习

请结合所学内容，指出下列范文中有何不当之处？

例 1：

我社为贵公司出版的《××指南》，依合同规定，今年 5 月贵公司应付清全部书款。4 月我社根据贵公司的要求，在你公司未付款的情况下邮寄图书 350 本。现请速付清上述书款，以便财务于 6 月入账并开展工作。

20××年 6 月××日

例 2：

××先生：

近几年来，我们一直在浙江销售你们公司的丝绸服装。你们产品的设计、式样和色彩都符合本地区市场的需要，批发商及零售商对销售你们的服装很感兴趣。

既然我们双方已经建立了良好的贸易关系，我们决定与你们订立独家代理合同。有效期为 4 年。如果你们同意，请来函告知，并尽快与我们签订合同。在合同期内，我们保证每年销售 8 万件，并不经营其他公司同类产品。

××公司销售部

技能点三　调查问卷的设计

问卷调查是现代社会市场调查的一种十分重要的方式。而在问卷调查中，问卷设计又是其中的关键，问卷设计的好坏，将直接决定着能否获得准确可靠的市场信息。下面将详细介绍问卷设计的有关概念和基本技巧。

一、问卷设计概述

（一）调查问卷的含义

调查问卷又称“调查表”“访谈表”，是一份以问答方式向被调查者搜集资料和信息，了解被调查者的态度、意见和反应的调查工具。它是现代社会用于收集资料的一种最为普遍的工具。

（二）调查问卷的类型

按照不同的分类标准，可将调查问卷分成不同的类型。

1. 自填式和访问式

根据市场调查中使用问卷方法的不同，可将调查问卷分成自填式问卷和访问式问卷两大类。

所谓自填式问卷，是指由调查者发给（或邮寄给）被调查者，由被调查者自己填写的问卷；而访问式问卷则是由调查者按照事先设计好的问卷或问卷提纲向被调查者提问，然后根据被调查者的回答进行填写的问卷。

一般而言，访问式问卷要求简便，最好采用两项选择题进行设计；而自填式问卷由于可以借助于视觉功能，在问题的制作上相对可以更加详尽、全面。

2. 送发式、邮寄式、电话访问式等六种

根据问卷发放方式的不同，可将调查问卷分为送发式问卷、邮寄式问卷、报刊式问卷、人员访问式问卷、电话访问式问卷和网上访问式问卷六种。其中前三类大致可以划归到自填式问卷范畴，后三类则属于访问式问卷。

（1）送发式问卷就是由调查者将调查问卷送发给选定的被调查者，待被调查者填答完毕之后再统一收回。

（2）邮寄式问卷是通过邮局将事先设计好的问卷邮寄给选定的被调查者，并要求被调查者按规定的要求填写后回寄给调查者。邮寄式问卷的优点是匿名性较好，缺点是问卷回收率低。

（3）报刊式问卷是随报刊的传递发送问卷，并要求报刊读者对问题如实作答并回寄给报刊编辑部。报刊式问卷有稳定的传递渠道、匿名性好、费用省，因此有很大的适用性，缺点也是回收率不高。

（4）人员访问式问卷是由调查者按照事先设计好的调查提纲或调查问卷对被调查者提问，然后再由调查者根据被调查者的口头回答填写问卷。人员访问式问卷的回收率高，也便于设计一些需深入讨论的问题，但不便于涉及敏感性问题。

（5）电话访问式问卷就是通过电话中介来对被调查者进行访问调查的问卷类型。此种问卷要求简单明了，在问卷设计上要充分考虑以下几个因素：通话时间限制，听觉功能的局限性，记忆的规律，记录的需要。

电话访问式问卷一般应用于问题相对简单明确但需及时得到调查结果的调查项目。

（6）网上访问式问卷是在互联网上制作，并通过互联网来进行调查的问卷类型。此种问卷不受时间、空间限制，便于获得大量信息，特别是对于敏感性问题，相对而言更容易获得满意的答案。

二、调查问卷的基本结构

调查问卷的结构一般包括三个部分：卷首语、正文和结束语。其中，正文是问卷的核心部分，是每一份问卷都必不可少的内容，而其他部分则根据设计者需要可取可舍。

（一）卷首语

问卷的卷首语或前言是致被调查者的信或问候语，通常包括下列几个方面内容（见图 2-14）。

（1）称呼、问候。如“××先生、女士：您好”。

（2）表明该调查的主办单位或个人的身份。

（3）说明调查的目的和意义。

（4）匿名与保密保证。

（5）指导被调查者填答问题的各种解释和说明。

（6）表示真诚的感谢，或说明将赠送小礼品。

调查问卷说明
亲爱的同学：你好！ 提高全民科学素养不仅是人的全面发展的内在要求，也是增强国家创新能力、协调科学、技术、经济、社会发展、加速我国社会主义现代化建设的重要条件。 为了全面深入地了解国内高校大学生科技素养的现状，确定综合性科学素养的基本范围、内容和相对深浅度，我们特别选择了若干所高校的不同专业来开展这项调查。你作为贵校指定院系、指定专业的代表，相信你能理解本次调查的重要意义，真诚支持我们的科学研究工作。 本调查采取不记名方式，请你根据实际情况认真进行填写。我们将根据国家统计法，对你的填写内容保密。其中的电子信箱，我们将只做与你就本课题的有关问题进一步深入沟通之用途。课题最终成果《大学生综合科学素养标准》和《大学生综合科学素养培养方案》也将陆续征求同学们的意见。我们也像美国科学促进会和中国科协的做法一样，对不同程度参加整个活动的同学，在征得个人同意后，把名字列入《标准》和《方案》的支持素养调查、讨论修订人员和特邀撰稿人名单当中。本课题将建立大学生综合科学素养专题网站，也希望同学们关注网站和这一事业的发展。 选择题：请在其中的一个或数个项目前的数码上画圈；回答题：请在表格中或有横线处直接填写；“访问记录”不必填写。 衷心感谢你的支持与合作！ **中国科协资助项目“大学生综合科学素养现状与对策研究”课题** **吉林省教育科学十五规划“高校大学生综合科学素养研究”课题** **联合调查组** **201×年 6 月** 课题组负责人：××× 办公电话：010-×××××× 电子信箱：××××××××

图 2-14 卷首语示例

资料卡

卷 首 语

卷首语的语气应该是亲切、诚恳而礼貌的，简明扼要，切忌啰唆。

问卷的开头是十分重要的。大量的实践表明，几乎所有拒绝合作的人都是在开始接触的前几秒钟内就表示不愿参与的。如果潜在的调查对象在听取介绍调查来意的一开始就愿意参与的话，那么绝大部分都会合作，而且一旦开始回答，就几乎都会继续并完成，除非在非常特殊的情况下才会中止。

（二）正文

该部分是问卷的主体部分，主要包括被调查者信息、调查项目和调查者信息三个部分。

1. 被调查者信息

被调查者信息主要是了解被调查者的相关资料，以便对被调查者进行分类，一般包括被调查者的姓名、性别、年龄、职业、受教育程度等。这些内容可以了解不同年龄阶段、不同性别、不同文化程度的个体对待被调查事物的态度差异，在调查分析时能提供重要的参考作用，甚至能针对不同群体写出多篇有针对性的调查报告。

2. 调查项目

调查项目是调查问卷的主体，也是问卷设计的核心内容，是组织单位将所要调查了解的内容具体表现为一些问题和备选答案。比如“国家法定节假日调整方案调查问卷”，调查项目部分内容，如图 2-15 所示。

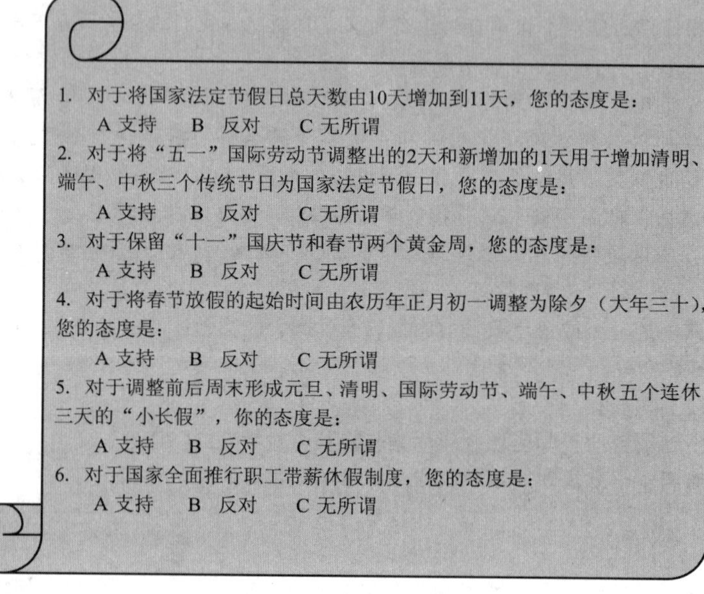

1. 对于将国家法定节假日总天数由10天增加到11天，您的态度是：
A 支持　B 反对　C 无所谓
2. 对于将“五一”国际劳动节调整出的2天和新增加的1天用于增加清明、端午、中秋三个传统节日为国家法定节假日，您的态度是：
A 支持　B 反对　C 无所谓
3. 对于保留“十一”国庆节和春节两个黄金周，您的态度是：
A 支持　B 反对　C 无所谓
4. 对于将春节放假的起始时间由农历年正月初一调整为除夕（大年三十），您的态度是：
A 支持　B 反对　C 无所谓
5. 对于调整前后周末形成元旦、清明、国际劳动节、端午、中秋五个连休三天的“小长假”，你的态度是：
A 支持　B 反对　C 无所谓
6. 对于国家全面推行职工带薪休假制度，您的态度是：
A 支持　B 反对　C 无所谓

图 2-15　调查问卷中调查项目示例

3. 调查者信息

调查者信息是用来证明调查作业的执行、完成和调查人员的责任等情况，并方便于日后进行复查和修正的。一般包括调查者姓名和电话、调查时间地点、被调查者当时合作的情况等。

（三）结束语

结束语在问卷的最后面，简短地向被调查者再次表达谢意，例如，“您的回答对于我们的调查研究十分重要，再次感谢您的配合和支持”。

三、问卷设计的步骤

问卷设计是由一系列相关的工作过程所构成的。为使问卷具有科学性、规范性和可行性，一般可以参照以下程序进行。

（一）确定调研目的、资料来源

调研过程经常是在市场部经理、品牌经理或新产品开发专家做决策时感到所需信息不足发起的。在一些公司中，评价全部二手资料以确认所需信息是否收集齐全是经理的责任；在另外一些公司中，经理将所有的市场调研活动，包括一手资料和二手资料的收集交由市场研究部门去做。尽管可能是品牌经理发起了市场研究，但受这个项目影响的每个人，如品牌经理助理、产品经理，甚至生产营销经理都应当一起讨论究竟需要些什么数据。询问的目标应当尽可能精确、清楚，如果这一步做得好，下面的步骤会更顺利、更有效。

（二）确定数据收集方法

获得询问数据可以有多种方法，主要有人员访问、电话调查、网络调查、邮寄调查等，每一种方法对问卷设计都有影响。比如，在街上进行拦截访问比入户访问有更多的时间限制；电话调查经常需要丰富的词汇来描述一种概念以肯定应答者理解了正在讨论的问题。对比而言，在个人访谈中访问员可以给应答者出示图片以解释或证明概念。

（三）确定问题回答形式

调查问卷的题型可以分为开放式问题、封闭式问题和半封闭式问题三类。

1. 开放式问题

开放式问题是一种应答者可以自由地用自己的语言来回答和解释有关想法的问题类型。也就是说，调研人员没有对应答者的选择进行任何限制。但是现在的调研，建议开放式问题慎用。因为人们的工作生活节奏很快，有人能停下脚步来配合已经很不错，尽量设计一些简单易答的问题，既能达到调研目的，又节约时间。例如：

（1）你对课外活动有何看法？

（2）你认为大学生课余打工利大于弊还是弊大于利？为什么？

2. 封闭式问题

封闭式问题是一种需要应答者从一系列已给出的答案中做出选择的问题。例如：

（1）你是大学在读本科生吗？A. 是　　B. 否

（2）你同学过生日，你若送礼目的是什么？

A. 真心祝福　　B. 礼尚往来　　C. 方便行事　　D. 碍于情面

3. 半封闭式问题

半封闭式问题是指在封闭式问题的答案后加上一个“其他”选项，给被调查者自由回答的余地的问题。例如：

在双休日，你经常进行的休闲活动是什么？

A. 看电影　　B. 睡觉　　C. 逛街购物　　D. 体育锻炼

E. 其他

（四）决定问题的措辞

（1）用词必须清楚。

（2）避免诱导性的用语。

（3）考虑应答者回答问题的能力。

（4）考虑到应答者回答问题的意愿。

小看板

提问的注意要点

（1）尽量使用短句。

（2）能在受访者记忆范围内回答。

（3）简单容易的内容。

（4）答案和时间范围要明确。

（5）一个提问只包含一个要点。

（6）避免引起受访者反感的问题。

（五）确定问卷的流程和编排

问卷不能任意编排，问卷每一部分的位置安排都具有一定的逻辑性。有经验的市场研究人员很清楚问卷制作是获得访谈双方联系的关键。联系越紧密，访问者越可能得到完整彻底的访谈；同时，应答者的答案可能思考得越仔细，回答得越周全。

（六）评价问卷和编排

一旦问卷草稿设计好后，问卷设计人员应再回过来做一些批评性评估。如果每一个问题都是深思熟虑的结果，这一阶段似乎是多余的，但是，考虑到问卷所起的关键作用，这一步还是必不可少的。在问卷评估过程中，下面一些原则应当考虑。

（1）问题是否必要。

（2）问卷是否太长。

（3）问卷是否包含了调研目标所需的信息。

（4）邮寄及自填问卷的外观设计。

（5）开放试题是否留足空间。

（6）问卷说明是否用了明显字体等。

（七）获得各方面的认可

问卷设计进行到这一步，问卷的草稿已经完成，草稿的复印件应当分发到直接有权管理这一项目的各部门。不管上司什么时候提出新要求，经常的修改是必需的，即使你的上司在问卷设计过程中已经多次加入，草稿获得各方面的认可仍然是重要的。

（八）预先测试和修订

当问卷已经获得最终认可后，还必须进行预先测试。在没有进行预先测试前，不应当进行正式的访问调查。通过访问寻找问卷中存在的错误解释、不连贯的地方、不正确的跳跃模型，为封闭式问题寻找额外的选项以及应答者的一般反应。预先测试也应当以最终访问的相同形式进行。如果访问是入户调查，预先测试应当采取入户的方式。

在预先测试完成后，任何需要改变的地方应当切实修改。在进行实地调研前应当再一次获得各方的认同，如果预先测试导致问卷产生较大的改动，应进行第二次测试。

（九）准备最后的问卷并实施

调查问卷的空间、数字、预先编码必须安排好，监督并校对，问卷可能进行特殊的折叠和装订。

调查问卷的设计程序不是一成不变的，它受到多方面因素的影响，如待调查的项目、调查机构、调查的时间和预算等。有些学者认为问卷设计的程序可以简化为七个步骤，如表 2–2 所示。

表 2–2　　问卷设计的步骤

顺序	过程	步骤	具体任务
1	事先准备	确认调查主题	确认调查目的；分析二手资料和信息； 提出假设；确定分析方法
2	问卷设计	明确调查对象	明确调查对象的特征；确定调查方法
		决定调查问题	设计具体调查问题及其相互逻辑
		拟定设计形式	形成各种类型并有序编排的问题
		审议设计内容	问题是否必要；提问和答案形式是否适当； 措辞用字是否得当；提问逻辑是否合理
		模拟问卷填写	字词句有无错误；回答说明是否清楚； 回答时间是否合理；问句能否被充分理解； 问卷外观、内容是否激励受访者合作
3	事后检查	修订印制问卷	修改、校对和印刷

四、问卷设计的要点

设计问卷是整个调查研究工作的关键。完美的问卷必须具备两个功能，即能将问题准确地传达给被调查者，并能使被调查者乐于回答。因此，在设计问卷时要注意以下几个要点。

（一）找出与调查主题相关的要素

相关性指的是问卷必须紧密与调查主题相关，就是在问卷设计之初要找出与“调查主题相关的要素”。违背了这一点，再精美的问卷都是无益的。

比如，一份主题为“调查某化妆品使用者的消费感受”的问卷，根据主题并结合一定的商业知识，我们认为“与调查主题相关的要素”可以选定为“该化妆品本身的情况、化妆品使用者情况以及使用者对该化妆品的相关评价”三个方面，我们可以从这三个方面着手来设计问卷。

比如针对“产品本身情况”，可以调查对产品包装与商标的评价、广告等促销手段的影响力、与市场上同类产品的横向比较等。对“使用者情况”调查，可以包括他的基本情况（如性别、年龄、收入水平、受教育程度、职业、皮肤性质）、使用化妆品的情况（如以前是否使用过该化妆品、周期、使用化妆品的日常习惯）、化妆品消费特点（如品牌、包装、价位、产品外观）等。

应该说，具有了这样几个要素对于调查主题是有直接帮助的，被访问者也相对容易了解调查员的意图，从而予以配合。

（二）问题与问题之间要具有逻辑性

问卷的设计要有整体感，这种整体感即问题与问题之间要具有逻辑性，独立的问题本身也不能出现逻辑上的谬误，从而使问卷成为一个相对完善的小系统。例如：

1. 你通常每日浏览几个网站？

A. 不上网　　B. 1 个　　C. 2 个　　D. 3 个以上

2. 你通常用多长上网？

A. 30 分钟以内　　B. 1 小时左右　　C. 2 小时　　D. 3 小时以上

3. 你经常浏览的是下面哪类（或几类）网站？

A. 购物类　　B. 新闻类　　C. 专业技术类　　D. 社交类

E. 游戏类　　F. 娱乐类

在以上的几个问题中，由于问题设置紧密相关，因而能够获得比较完整的信息。调查对象也会感到问题集中、提问有章法。相反，假如问题是发散的，问卷就会给人以随意而不是严谨的感觉。

（三）问题设置要规范

问题设置的规范性是指命题是否准确，提问是否清晰明确、便于回答，被访问者是否能够对问题做出明确的回答等。问卷用词要清楚明了，避免出现模棱两可的问题。例如：

您的月平均工资是：A. 低收入　　B. 中等收入　　C. 高收入

这个问题中所提供的选择都是模糊概念，不同的被访者对同一个概念的理解不会完全相同。如对低收入的理解，有人认为月入 2 000 元以下是低收入，而有的人可能月收入 4 000 元，仍然认为自己是低收入者。较好的做法是将其转换为具体数字。例如：

您的月平均工资是：

A. 3 000 元以下　　B. 3 001～5 000 元

C. 5 001～8 000 元　　D. 8 000 元以上

E. 8 001～15 000 元　　F. 15 000 元以上

（四）问题设置不要有诱导性

非诱导性指的是问题设置要保持中立，不给予暗示或主观臆断，要保证被访问者回答问题时的独立性与客观性。例如：

您认为这种香水对您的吸引力在哪里？

A. 色泽　　B. 气味　　C. 使用效果

D. 包装　　E. 价格　　F. 其他

这种答案的设计是客观的。若换一种答案设置“A. 迷人的色泽；B. 芳香的气味；

C. 满意的效果；D. 精美的包装”，这种设计具有了诱导和提示性，因而在不自觉中掩盖了事物的真实性。

（五）问题的提出不能太敏感

如果是非常敏感的问题，应采用投射式提问，以免被访者产生抵触情绪。例如在有关领导行为的问卷中，可这样设计问题。

有人认为本单位领导非常公平正直，对此你的看法是：

A. 完全同意　　B. 同意

C. 有点同意　　D. 很不同意

不直接问被访者自己的看法，而是让被试者对“周围其他人”的想法提出评定，这时被访者常常会把自己的看法“投射”到“周围其他人”身上，做出真实反应。

（六）便于整理分析

成功的问卷设计除了考虑到紧密结合调查主题与方便信息收集外，还要考虑到调查结果的容易得出和调查结果的说服力，这就需要考虑问卷在调查后的整理与分析工作。

资料卡

中国台湾学者林振春先生就良好问卷提出的10点评价标准

（1）问卷中所有的题目都和研究目的相符合，亦即题目都是测量所要调查的选项。

（2）问卷能显示出和一个重要主题有关，使填答者认为重要，且愿意花时间去填答，即具有表面效度。

（3）问卷仅在收集由其他方法所无法得到的资料时使用，如调查社区的年龄结构，应直接向户政机关取得，以问卷方式访问社区居民是无法得到的。

（4）问卷尽可能简短，其长度只要足以获得重要资料即可，问卷太长会影响填答效果，最好设置在15分钟以内完成。

（5）问卷的题目要依照心理的次序安排，由一般性至特殊性，以引导填答者组织其思想，而让填答具有逻辑性。

（6）问卷题目的设计要符合编题原则，以免获得不正确的回答。

（7）问卷所收集的资料要易于列表和解释。

（8）问卷的指导语或填答说明要清楚，使填答者不致有错误的理解。

（9）问卷的编排格式要清楚，翻页要顺手，指示符号要明确，不致有瞻前顾后的麻烦。

（10）印刷纸张不能太薄，字体不能太小，间隔不能太小，装订不能随便。

小案例

大学生环保意识调查问卷

亲爱的同学：

您好！本次调查是为深入了解当前高校大学生的环境保护意识状况，为相关部门进行环保教育、提升环保意识提供参考。本次调查大约占用您10分钟时间，谢谢合作！

1. 您的性别：

A. 男　B. 女

2. 您的政治面貌是：

A. 中共党员　B. 共青团员　C. 民主党派　D. 群众

3. 您所在的高校名称是：

4. 您在读的学历为：

A. 专科（高职高专）　B. 本科　C. 硕士研究生　D. 博士研究生

5. 您攻读的专业类别：

A. 理工类　B. 社科类　C. 文史类　D. 医学类　E. 其他

6. 您所在的年级：

A. 一年级　B. 二年级　C. 三年级　D. 四年级

7. 您每周坐公共汽车的频率是：

A. 很少　B. 偶尔　C. 经常　D. 拥有私家车

8. 您最常使用的交通工具是：

A. 出租车　B. 公共汽车　C. 私家车　D. 自行车或电动自行车

9. 您是否关注过汽车尾气排放对环境的污染问题？

A. 是　B. 否

10. 您每天一般乘车或驾驶多久时间？

A. 半小时以内　B. 1小时以内　C. 1~2小时　D. 2小时以上

11. 您估计1辆车1天的尾气排放值占其他因素对环境污染的总量是：

A. 1/2　B. 1/3　C. 1/4　D. 微乎其微

12. 您购买车辆时是否已将汽车尾气排放值大小作为考察指标之一：

A. 是　B. 否　C. 没注意过

13. 您认为汽车尾气对环境的污染有怎样的影响：

A. 严重　B. 一般　C. 非常严重　D. 很少

14. 各种交通工具产生的噪声何种程度地影响到了您的正常休息和工作（学习）：

A. 非常严重　B. 严重　C. 一般　D. 没有

15. 您认为减少污染、保护环境应该着重于：(可多选)

A. 制定相关法律法规　B. 提高环保意识　C. 减少各种私人交通工具的使用

D. 对各种交通工具的出厂进行严格的检查，使其尾气排放和噪声量符合相关指标

16. 汽车尾气对人体有危害的污染物有：（可多选）

A. 一氧化碳　　B. 碳氢化合物　C. 氮氧化合物　D. 铅化合物

E. 粉尘颗粒物　F. 二氧化硫　　G. 二氧化碳

17. 您认为造成空气污染的主要成因是：

A. 汽车尾气排放过大　　　B. 人需求生存、发展的本能导致了环境污染

C. 工业废弃物的随意排放　D. 烟花爆竹的燃放　　E. 其他

18. 您对汽车尾气污染有什么样的想法和建议：____________________

感谢您填写这份调查问卷，感谢您对环保问题的关注和帮助！

技能训练

一、写作训练

结合本章内容，运用所学技巧，设计一份关于大学生消费规模和支出结构的调查问卷。问题在20个之内，要包括封闭型、半封闭型和开放型问题。

二、实战练习

1. 访问在线调查网站，查找一项正在这个网站进行的社会调查问卷，用本技能点所学习的知识对这份问卷进行评价。

2. 从下列开放式问题的列表中选出更适合用封闭式方法提问的问题，然后重新写成封闭式问题。

（1）旅行所需要的精确费用。

（2）你最想要哪种类型的假期？

（3）你以前的假期都是在哪儿度过的？

（4）你对你的旅行社满意度如何？

（5）你希望在一年中的哪个季节去旅行？

技能点四　其他商务文书的写作

现在公司的内部沟通日趋重要，对信息需求的日渐增长意味着备忘录和电子邮件的使用日益增多。不久前，各办公室之间的备忘录是内部沟通最普遍的渠道，然而现在，电子邮件成为更受欢迎的媒介。

下面主要讲解的是电子邮件和备忘录写作中需要注意的一些问题。

小案例

比尔·盖茨担任微软首席执行官时，他要求他的33 000多名员工互相保持联系、交流信息和思想，他担心微软的规模会影响公司的质量。事实上，电子邮件已经成为微软减少由规模和距离而引起的障碍的重要工具，员工们可以随时随地互相沟通，即使他们处于不同的房间、不同的建筑，还是不同的大陆。

一、电子邮件的写作

电子邮件（Electronic Mail 或缩写为 E-mail）是一种用电子手段提供信息交换的通信方式。它是国际互联网提供的使用最广泛的一项服务，也是目前最为现代化的通信手段之一。

这种非交互式的通信，加速了信息的交流及数据的传递。电子邮件提供一个简易、快速的方法，通过连接全世界的互联网，实现各类信件的传递、接受、存储等处理，将邮件送到世界各个角落。到目前为止，可以说电子邮件是使用互联网资源最多的一种服务。电子邮件不仅限于信件的传递，还可用于传送文件及图形等各种信息。

世界上任何收件人，无论他在哪个国家、哪个地区，只要他有电子邮件地址，便可在几分钟甚至几秒钟内收到对方发来的函件。电子邮件内容可以和信函相同，但却比信函载有更多的内容和信息量；电子邮件还可包含声音和图像（可以作为邮件的附件一起打包发出）；发送邮件的费用是免费的。

根据 2017 年 8 月 4 日中国互联网络信息中心（CNNIC）发布的《第 40 次中国互联网络发展状况统计报告》数据显示，在中国网民各类互联网个人应用的使用中，电子邮件的用户规模和使用率仍然保持了继续增长。2017 年 6 月末的电子邮件用户规模约为 2.6 亿，使用率为 35%。其中，手机邮件的用户规模约为 2.15 亿，使用率为 29.8%。这组数据表明，在使用场景上，手机邮件的用户规模与电子邮件总体规模差别不大，但使用率比电子邮件整体使用率更低。移动场景下的电子邮件处理还是不如电脑场景，这也跟电子邮件的内容和手机屏幕的限制有一定的关联性。

即时通信工具的用户规模和使用率遥遥领先其他应用，即时通信工具对于电子邮件的替代效应确实存在，但不能完全替代。这是由即时通信工具的信息特性和电子邮件的核心功能价值所决定的。

即时通信工具虽然能够很便捷地及时沟通交流，但是大量的商务活动，尤其是比较正式的商务交流活动，重要的商务文件，还是以电子邮件的方式进行。而涉及具有法律效力的电子信息证据，一些电子邮件服务商通过与公证机构的合作，进一步提升了电子邮件的法律效力。

事实上，我们可以看到，包括 QQ、微信等在内的即时通信工具，都提供了快速进入电子邮件的一个入口。即时通信工具的存在，进一步强化了电子邮件的核心功能。通过即时通信工具进行沟通后，正式的商业性文档，通过电子邮件发送，然后在即时通信工具里告知。对方可以很方便地进入电子邮件系统进行处理。这是相互促进的，而不是替代的。

有鉴于此，本节拟对电子邮件信函的写作做一些初步的探索，这将有助于你安全、有效地使用电子邮件。

（一）如何开始

1. 不要联网创作

在联网前写作，而不要匆忙地完成。考虑先使用文字处理程序写作，然后再上传到网络上，这样可以避免网上“自杀”（由于电脑故障或按错键而失去全部写作成果）现象的产生。

2. 写清地址

电子邮件的地址有时很复杂，经常是没有规律的，漏掉一个字母或把字母“I”写成数字“1”，你的信就会被错发或退回。

解决方法为：把经常来往人员的电子邮箱地址填制到电子地址簿。仔细检查你键入的每一个地址，同时确定你的信是发给一个人而不是一群人。

3. 避免误导的主题行

主题是收件人首先看到的，由于充斥着垃圾邮件，所以你的邮件主题行一定要与内容有关，有助于收件人理解。人们一般只会查看主题中含有自己名字或与自己工作有关的邮件，而往往不会去理会那些没有主题或主题故弄玄虚、与邮件内容毫不相干的电子邮件，其难免被当作垃圾邮件，遭受被删除的厄运。

小看板

怎样维持我们的小型产品小组，使小组成员感到他们具有创造自己东西的力量，而不是感到自己只是某种巨型机器的小齿轮，一直以来这都是对我们的挑战。同时，我们需要保持较高的团队精神，允许公司内各式各样的聪明人百花齐放、集思广益。电子邮件是促进这种团队精神的一个有力工具，它允许我们共享整个公司的技术策略和梦想。

——比尔·盖茨

（二）内容和语气

从表面上看，电子邮件与电话沟通一样随意，但实际上不是这样的。由于电子邮件将会成为永久的记录，所以应该认真思考你要写的和怎样写。

1. 要简练

电子邮件页面不大，字体太多会难以辨认，所以观点组织及字体选择要简练。

2. 不要发送你不想公开的内容

电子邮件似乎像电话沟通一样是个人之间的谈话，但实际上并非如此，发送内容敏感、机密、具有煽动性的或者可能引起麻烦的邮件时要当心，因为电子邮件所产生的记录即使被删除，文件也是可以恢复的。

3. 生气时不要发信

收到令你恼怒的信件时，不要立即射出复仇之箭，要先让自己冷静下来。发信前问问自己：“我是否能当着这个人的面说出这样的话？”如果答案是否定的，就不要发这封信。

（三）电子邮件的回复

要快速地回复电子邮件，必须对电子邮件进行有效的分类管理。以下的提示可以使你在回信时节省时间、免受挫折。

1. 回信前，浏览收件箱内相关邮件

因为随后发来的邮件会影响你的答复，所以写信前要阅览全部邮件（特别是那些来自同一个人的邮件）。

2. 不要自动回信

回信时，剪贴和粘贴有关部分的内容，不要把来信的内容返回，这样会使收件人不满。

3. 如果邮件内容改变，主题行内容也要改变

回邮件或继续邮件往来的时候，如果邮件的主题发生改变，也要相应地改变主题行的内容。

（四）其他注意事项

此外，还要注意以下一些问题。

（1）不要用公司的电脑处理个人事务。

（2）假设所有的邮件是被监控的。雇主有监控电子邮件的合法权利，许多雇主也这样做了。

（3）考虑文化差异。

（4）按发送键前再三检查。

图 2-16　电子邮件的回复

资料卡

常规电子邮件的格式

主题行——概括电子邮件的内容。要明了，有吸引力。

称　呼——亲近的同事间可以省略，但其他邮件不能省略。

正　文——提供背景数据和陈述主题思想。

结　尾——应写上作者的姓名和可供识别身份的信息。

二、创建备忘录

备忘录是一种记录以备忘的非正式文件，其主要用来提醒、督促对方，或就某个问题提出自己的意见或看法。在业务上，备忘录一般用来补充正式文件的不足。

（一）备忘录与信函的区别（见表2-3）

表2-3　　备忘录与信函的区别

	商务信函	备忘录
途径	组织外部交流	组织内部交流
格式	必有称谓、结束语、签名	称谓、结束语、签名可有可无
表达	用词严谨，表达较含蓄	表达方式更直接简明
受众	非公司人员（如客户、供应商）	公司内部人员

（二）备忘录的写作风格

不同的备忘录在风格上显然差异很大。高级行政人员对所有员工的命令可以很容易地表达出来；而匆忙潦草地写给一位同事的备忘录就可以用聊天似的语言，甚至用笑话、俗语完成；写给自己上司的备忘录，一定要严谨得多。因此，你要根据你与对方的关系以及地位差别等方面的情况来确定备忘录的写作风格。

（三）备忘录的写作要点

1. 以主题思想作为备忘录的开始

大多数备忘录和电子邮件涉及的是常规的、不敏感的信息，可以通过直截了当的方式处理。即使备忘录的目的已经在主题行里概括了，还是应该再次在第一句中陈述目的以增强目的性，因为有些读者不读主题行而直接阅读第一句。

2. 正文中解释清楚

在备忘录的正文中解释主题思想。如果对方要求你提供详细的信息，安排要有逻辑性，要把相似的信息组合在一起。当谈论了一定量的数据后，分段表示不同的主题，段落之间注意有效地过渡，并使用加粗的条目、标题、表格，以便理解。

3. 备忘录的结尾

一般说来，备忘录的结尾应该含有行动的信息、日期或截止期限、全文的概括或收尾观点等内容。这里又体现出下笔之前全面思考信件内容的重要性。结尾处是读者期望看到期限和行动计划的地方，如“请在6月15日前递交你的报告，以供我们在7月计划会议时使用”。

结尾还应该表达谢意或以提问方式鼓励对方反馈。比如“我非常感谢您的合作”或者“对于这项提议您有何建议”等。

4. 提高备忘录的可读性

由于备忘录和电子邮件的读者通常处于匆忙状态之中，他们希望重要的信息能够显得突出。提高任何信件可读性的最佳方式之一是列举法，这样所列的目录是一组或一系列的相关的条目，通常有3~4条。因为列举只需要少量的词语，不像完整的句子，便于快速阅读理解。

使用列举法写作的时候，一般要记住以下几点。

（1）使所列的条目具有对应结构。所列举的条目必须都与同一主题有关，语法结构必须保持平衡。如果一条是一个字而下一条需要一段来解释，则不适合列举法。

（2）适当使用黑点、数字或字母。数字（1、2、3）和字母（a、b、c）说明的是高低层次或者前后顺序，黑点只是分开各条。

技能训练

一、实战练习

1. 比较下面两个备忘录的写作风格，试分析这两份备忘录（图2-17与图2-18）的收件人和写信人之间的关系是什么。

送：刘斌　人力资源部
发：李明　教育培训部

主题：就职培训计划　　　　时间：10月15日上午9点整

应你的要求，我附寄了一份草拟的培训课程表。

另外，张女士本周三下午会去找你，因为我必须在周五前安排好这件事，所以周三你们可以再核对一下。记得周三前要告诉我你对此事的个人意见。

图2-17　备忘录（1）

送达：张明明　常务董事
发送：李　明　教育培训部

主题：就职培训计划　　　　时间：10月15日上午9点30分

遵照您秘书的电话，现令函邮寄我们初拟的从11月3日到20日进行就职培训计划的草案。

按照您的嘱咐，我们将您对新员工的讲话安排在本月19日下午2点钟进行。

我将很快定下方案。因此如果方便的话，希望能在周五前拿到您对该计划的意见。谢谢！

图2-18　备忘录（2）

2. 你的电脑操作水平怎么样？写电子邮件其实与写信的区别不大，只是“发送”和“接收”是在电脑上通过网络得以实现的。如果你有兴趣，不妨利用课余时间和远方的亲人、朋友、同学通过电子邮件交流情感，沟通情况。操作熟练了，将来在工作中运用起来就会得心应手了。

二、情景模拟

传递信息的便函：晚会安排。去年，因为没有举办圣诞晚会，你公司的职员对此很失望。他们并不在意晚会的形式，他们只是想在今年以某种方式庆祝一下。

你的任务：假设公司要求你起草一个关于公司举办年度圣诞晚会的便函。便函信息要包含晚会的地点、时间、会餐标准、是否允许带客人、晚会预定的联系人以及总预算等。

三、自我测试

完成以下的对错判断测验，在正确的答案上画圈。答案在测试题的后面。打完分后，记住回过头来检查一下你对做错的题目的理解。

1. 如果你是聪明的、有抱负的或成功的，写得很差的商务文章会对你的事业产生不利的影响。

2. 思维的映射是一种有力的技能，它能够使短暂的、强烈的思想迸射，让你所有的主张、与特定课题相关的思路跃然纸上。

3. 当你完成了这句话，你准备去写作了：我想要（谁）去做（什么）因为（原因）。

4. 表格比流程图和图表更具影响力。

5. 在商务报告中，将冗长的信息放在附件中是可以接受的，并且是合适的。

6. 问题的清楚性得以提高的三种方式是使用主动语态、避免行话和直截了当。

7. 商务写作通常与复杂的商务行为相关，所以必须用长词或长句。

8. 为了稳定地提高备忘录的可读性，一个人应该使用大写的字母和正确的对左、右页边的竖向对齐。

9. 标出重点、着重号、大字标题是不正规的，而且它们不能用在商务文章中。

10. 在肯定的情况下，你的文体应该主观并且生动，使用主动语态。

答案：1. 错；2. 对；3. 对；4. 错；5. 对；6. 对；7. 错；8. 错；9. 错；10. 对。

学习情境三　客户服务沟通

导学案例

新客户的开发

近些年来，随着互联网的迅猛发展，很多企业都要建立网站，从事这方面业务的公司数量也在迅速增长，这样的结果是客户数虽无减少，但总体利润却下滑明显，这种情况下，加大客户开发力度、增大客户数量是网页制作企业唯一的出路。

王炳今年刚刚从大学毕业，所学的专业是市场营销，他找到了一份工作，职务是美好未来网站制作公司的客户服务经理，公司的老客户都有人服务，他的任务主要是开发新客户。老板说，如果三个月之内新客户的数量不能达到 10 个，或者营业额不能达到 1.5 万元，他就要被辞退。

王炳一方面感觉幸运，能够找到一份工作，很多同学还是失业状态呢；另一方面又感到压力巨大，失业的可能性非常大。分析再三，王炳决定先从附近新建成的写字楼华发大厦入手。华发大厦刚刚建成，里边的商家也已陆续进驻，正是发展业务的时机。

王炳首先直奔华发大厦物业管理处，想要从那里获取进驻企业的明细，然而华发物业的负责人态度很傲慢，说没有义务给他提供进驻企业的资料。他又想直接到大厦里转转，碰碰运气，可是接连走了几个企业，还没进门就被挡了出来：有几个企业在门口写了“谢绝推销”，另一些企业的前台小姐一定要他确定是否被约见，否则不能进去。他就这样在大厦遛了一天，毫无进展，傍晚的时候才走出来，斗志几乎消磨殆尽。

晚上，他睡不着觉，开始分析总结，改进做法。

(1) 借一套体面的西装，让自己看起来不像学生。

(2) 根据公司的名称查电话，先打电话预约。

(3) 准备点巧克力对付前台接待小姐。

第二天天刚亮，王炳就起床了，他先洗了个澡，看看自己又恢复了精神，对着镜子为自己加油鼓气，仿佛又找回了从前的自信。他打开房门，迎着太阳走了出去，开始了新的一天客户拜访的征程。

学习训练目标

- 了解客户服务沟通的内涵、原理和标准。
- 掌握并运用有效方法接待、拜访客户。
- 了解呼叫中心原理与结构。
- 掌握呼叫中心（电话）沟通技巧。

- 掌握并灵活运用投诉处理的沟通技巧。
- 掌握应对不同行为特点客户的沟通技巧。
- 全面掌握进行有效客户服务沟通的技巧。

导学知识　客户服务沟通的概念理解

一、客户

客户能够给企业带来收入，客户需求是经济活动的引擎。很多企业将“客户是上帝”当作企业经营管理的核心思想。在西方的词汇中，“Customer”和“Client”有不同的含义，前者代表顾客，后者代表客户。这两者的区别是，顾客是一种泛称，而客户是特定的。比如我们去沃尔玛超市购物，我们成为沃尔玛超市的顾客，但不能说我们是超市的客户；再比如沃尔玛需要从宝洁公司采购商品，对于宝洁公司来讲，沃尔玛超市就是客户，因为购买量大，应该归为大客户。

这样说来，顾客是可以由任何人或机构来提供服务的，而客户是由专门的人来提供服务的，现在社会上的客户代表、客户经理等职位一般是专门对特定客户提供服务的。

二、客户服务分类

从不同的着眼点出发可以把客户分为不同的类型，这些着眼点是根据不同依据对客户类型进行划分的，目的是使客户归类，而后对同类客户使用相似的服务手段与技巧。服务按照阶段分类，可分为售前服务、售中服务和售后服务（见表3-1）。

（一）售前服务

售前服务主要指商务合同签订之前对客户提供的服务，涉及客户需求调查、产品或服务设计与提供、服务流程与方案的设计与制定。客户服务人员一般是在广泛的市场调查的基础上来研究分析客户的需求和购买心理特点的，在向客户销售之前，采用多种方法来吸引客户的注意和兴趣，激发客户的购买欲望。这个阶段客户比较关心企业情况、产品信息及服务流程与水平的情况，这个阶段的沟通目标是取得客户对企业、产品、服务管理水平的信任，进而产生购买意愿。

（二）售中服务

售中服务是指合同签订后到产品或服务交付使用前这一阶段中对客户提供的服务，通常涉及合同签订后的订单处理、产品生产和运输、服务的提供等内容。这个阶段，客户已经完成了签约，关注点从对产品、服务与厂家的了解逐步转变为对产品生产过程、服务提供过程的关心。这个阶段，客户服务人员的沟通重点是要及时通报流程中的情况，及时让客户了解到流程中各个阶段的情况，对于新客户尤其要格外仔细认真地及时汇报、沟通。

（三）售后服务

售后服务是指产品交付后进行的服务活动，通常涉及产品安装、使用说明、提供教育培训、客户的跟踪服务、客户管理等内容。售后服务首先需要注意的是观念，其不仅仅是销售活动的过程一部分，更是一种促销手段，由此可以扩大企业影响、树立企业形象。售后服务的沟通需要着重把握客户的心理。售后服务往往发生在客户缴款之后，在这个阶段客户不免担心商家在收款之后不会提供高质量的售后服务，所以在这个阶段的客户沟通过程中，客户服务人员尤其要体会用户的这种心理活动，做出努力让客户满意。要知道一次好的售后服务是留住客户进而再次成功销售的开始。

表 3-1　　客户服务分类

客户服务分类	服务内容	服务目标
售前客户服务	合同签订前，产品信息说明、产品展示、服务内容的讲解	增进客户对各种信息的了解、激发客户购买欲望
售中客户服务	合同签订后对订单处理、产品运输等信息的沟通	及时通报合约执行情况，让客户放心
售后客户服务	产品安装、教育培训	提高客户满意度、扩大企业与产品的影响

三、优质客户服务沟通的标准

优质客户服务沟通很难用一种标准进行准确描述，但经过学者们的总结与归纳，达到以下诸方面要求一定是好的客户服务沟通（见图 3-1）。

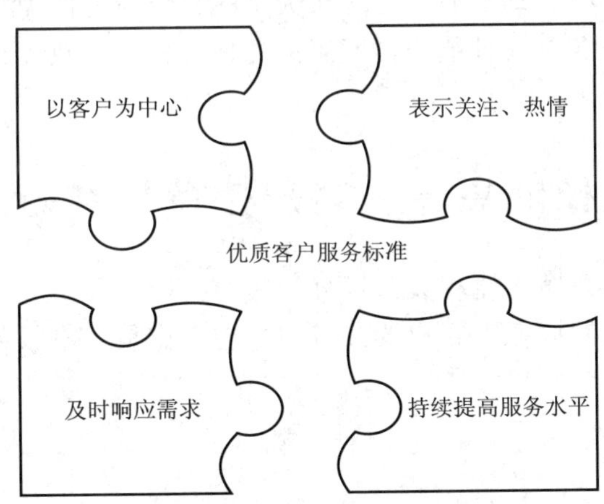

图 3-1　优质客户服务标准

（一）以客户为中心提供服务

《基业长青》的作者詹姆斯 · C. 柯林斯曾经用十多年的时间对世界上许多优秀公司进行了跟踪研究。他发觉这些企业有一个共性：在进行股东、员工、客户这三者对于企业的重要性排位时，大多数企业都选择了客户第一、员工第二、股东第三。这些企业挑选客户作为第一，充分说明了客户对于企业的重要性，没有了客户也就没有了企业，这个道理是不言自明的，作为一个客户服务人员更应该清楚这个道理。

有的时候客户的利益与企业的利益发生冲突，这考验着一个企业与其客户服务人员的观念，在这种时候是否还能以客户为中心？都讲过“客户是上帝”，客户的购买成就了企业的生存，企业必须深刻地认识到这一点，而且不能出现任何偏差。

（二）对客户表示关注和热情

“态度决定一切”这句名言对于客户服务工作也同样适用，优质客户服务首先就是态度问题，虽然这是个简单得不能再简单的问题，但这却仍然成为当今客户投诉的热点。优秀的客户服务人员能够持续地、始终如一地对客户表示热情、尊重和关注。

（三）及时迅速响应客户的需求

对于客户的需求给以及时的响应是一个优秀客户服务人员的常识。设身处地地思考，你会发现作为客户，除了希望自己的问题能够得到答复之外，还希望问题能够尽快得到答复；除了解决迅速，还希望反馈及时。服务效率要高，服务的响应速度是考评服务质量的重要指标。

（四）稳定持续提供高水平服务

一个企业能够稳定持续地提供高水平的客户服务才能取得客户的信任，有了这种信任，才可能带来稳定的收入，企业也才可能在激烈竞争的市场中生存。所以，客户的信任是一个企业的立身之本。

一时让客户感受到良好的服务对一名客服代表来说并不难，而要持续稳定地保持高水平的服务质量却不容易。人做好一件事容易，难在持之以恒。客户服务工作也是如此，特别在客户需求发生波动的时候，客服人员在超负荷的压力下很难保持工作热情和笑容。持续的高质量服务是一种能力，而服务的标准化、一致性，是持续地提供优质服务的基础。

技能点一　客户接待与拜访

通常来讲，一个客户服务流程大致可分为客户接待与拜访、产品需求了解与企业信息沟通、合同签订和售后服务。客户的接待与拜访工作是客户服务的起点，是整个客户服务工作的关键。

小案例

华为集团的客户接待细节

小杨是华为集团的一位销售主管，他认为客户初次实地拜访、考察华为并不仅仅是为看几台机器，他们首先感受的是企业文化。作为华为全球支持中心销售主管，他是这样完成客户接待的。

（1）接机。接机人员手举的牌子应该标有对方公司的名称和人员姓名，最好也要有欢迎辞；客人来了要主动迎上前去帮忙拿行李，而且要挑最重的拿，就算客户推辞也要接过来；接机的商务车要按照交易金额和来人官阶来定。

（2）酒店。一般每个公司都有住宿报销额度，客户会在之前通知你。注意这个金额是下限，而不是上限。最好带客户入住公司的协议酒店。要知道舒适的酒店非常重要，这种舒适会陪伴客户一个晚上或几个晚上。如果客户先入住一家不太理想的酒店，接待人员应先预订一家条件更好的酒店，再盛情邀请他入住。

（3）出行。这是客户了解你的最佳时机，此时你就代表公司。如果这个客户很重要，最好自己亲自驾车（不要用公司的专职司机），没有第三只眼睛看着，双方交流会更方便。

（4）合影。这是大部分民营企业容易忽略的一点。即拍即印并配上精美相框的合影也许会让客户收藏一辈子。

接待的真正意义在于：让客户方因公司的大交易而获得利益和精神上的双重满足，进而认同公司的技术、产品和企业文化。

一、客户接待

很多客户对于公司与产品是否满意是从你如何接待他就决定了的，所以接待质量的高低关系重大。客户是人，所以客服人员在接待客户的时候应该关注客户作为人的心理差异性，针对不同用户提供个性化服务。

（一）接待客户前的准备

客户的需求千差万别，但是通常会有四个方面：信息需求、环境需求、情感需求和便利需求（见图 3-2）。

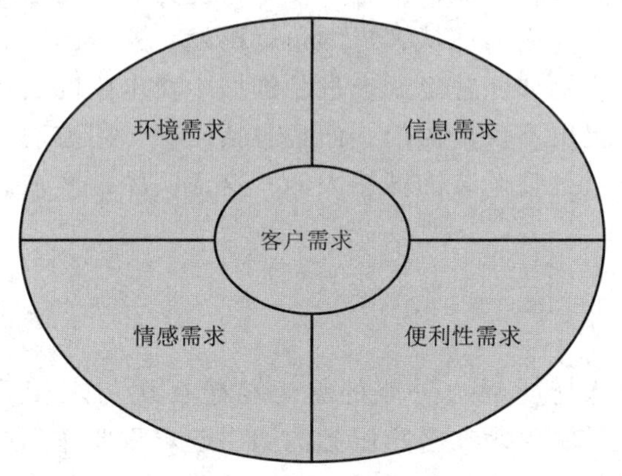

图 3-2　客户需求类型

1. 信息需求

客户需要在购买之前了解产品或服务的质量、价格、品种等方面的信息。只有充分了解，才会准确购买，如果这些信息了解得不够充分，后期购买就很难发生或者即使发生也会经常反复，进而影响客户对企业产品与服务质量的认可，严重的还会影响其他潜在客户，对企业经营环境造成不利影响。

比如客户到饭店吃饭，他希望服务员能告诉他餐厅菜品的口味、哪些是招牌菜、某些菜的用料和制作方法等。要满足客户的这些需求，客服人员需要不断充实提高自己的专业知识，只有具备了高水平的专业知识储备，才能更好地为客户服务。

2. 环境需求

作为优秀的客户服务人员，一定要用心体会用户对环境的需求。例如，客户第一次来到你的公司，他会根据你公司的装修布置与卫生情况来判断公司的管理状况，进而决定是否购买公司的产品或服务。比如，一个到处尘土与纸屑的会客室该如何让客户相信你的公司是个管理规范、能够达到客户要求的公司呢？

除了基本卫生布置等客观因素，用户在每个细节中都可能产生对环境的需求，这些需求常常是动态的。有些客户喜欢抽烟，你是否能够适时地拿来一个烟灰缸；如果客户需要等待一会儿，你是否能为用户找到一些轻松方式比如期刊或音乐、茶水等；如果客户是带孩子来的，你能否注意到孩子的兴趣点，并做些让孩子高兴的事。你的客户也许会因此而对你好感倍增。这些细节也许就是最后签约的关键。

3. 情感需求

客户都是人，而人的行为又会受心理的影响和支配，人在与人交往过程中会不自觉地产生情感需求，所以，客户服务人员除了考虑业务上让客户满意，还应考虑与客户沟通中客户情感的需求。

4. 便利性需求

有学者在总结现代市场营销组合时提出“4C”理论，其中一个“C”就是Convenience，即便利性，这里指客户使用产品和服务的便捷性。例如，你作为客户想购买空调，希望空调厂商提供安装调试的全套服务，绝不希望安装调试要另外找其他公司负责。作为客户服务人员应尽可能提供客户便利，优秀的公司会尽量提供一揽子解决方案，而不是只顾自己业务。更多地从客户的角度出发，这样的着眼点更能得到客户的认可，也能带来更多业务。例如，曾经调查过装饰城中卖木门的店铺，发现其中一家室内门的厂商在销售的时候提出不仅提供门，而且包括门锁、门玻璃及门相关配套的所有附件，这个商家门的销售量是整个装饰城最大的，这证明体贴客户感受的销售模式更能得到大家认可。

（二）迎接客户

1. 注重仪表形象

研究结果表明，个人感觉对方外表的魅力与想再次与之相见的相关系数为0.89。由此可见，客户服务人员的仪表在客户服务沟通中起着重要作用。

迎接好客户首先要从视觉上让客户感觉到你的职业化，与客户的沟通外在形象是第一步。需要客户服务人员注意：干净整洁的外表、干净的皮鞋、着装礼仪符合职业规范。

影响第一印象的因素有个人的外在形象、精神状况、行为方式等诸多方面，也即在初次见面时，客服人员的服务态度。服务态度即敬业精神，客服人员的一言一行都能反映出他的工作态度，充分的事前准备可以改善工作表现。

2. 成功的开场

对于一个素不相识的客户，想在很短的时间内给对方留一个好印象，绝不是一个可以三言两语就能够办到的事，客服人员只有十分投入，倾尽全力才能赢得对方的好感。

通常首先要有友好的问候，可以把用户引入一个信任友善的氛围中；其次，不要忘记给用户最贴近的帮助，如一杯茶水就能让用户感受到你的修养与礼貌；再次，要与客户郑重地交换名片，不要随意将客户的名片丢在一边或揣在裤子口袋中，这样都会让客户感觉不受尊重；最后，寻找客户关心的话题逐步将内容引导入正题。这样就完成了一次成功的客户开场沟通。

3. 要有灵活的接待技巧（见图 3-3）

（1）对于新客户要注意礼貌掌握好分寸，不宜太热情，否则客户会产生防卫心理，影响沟通效果。

（2）对于老客户要表现出热情，使客户能够得到心理上的归属感与尊重感。

（3）对于老年客户要有耐心，要体现出尊重，突出介绍产品的便利与实用。

（4）对于青年客户要注意其追求理解与认同的特点，在沟通中尽量理解其感受，让其感觉到你是他的朋友。

（5）对于自高自大、趾高气扬的客户，在沟通中要让其感受到足够的尊重。

（6）对于态度比较冷淡的客户，客户人员一定要表现出热情，要把真诚交往的心意表达出来，而往往这种客户冷淡的仅仅是外表，所做的努力经常能够得到意想不到的收获。

（7）对于专家型的客户，客户人员不宜给出具体的建议，可以多介绍产品或服务的各种参数与资料，让客户自己决定，这样效果更佳。

（8）对于慎重型客户，要做好打持久战的准备。这种客户在决定购买之前会把产品的方方面面了解得非常透彻，否则不会购买。对于这种客户不能介绍过多，不然反而过犹不及；也不可过于冷淡，在沟通中体现出诚实、敦厚的本质也许能达到最好的效果。

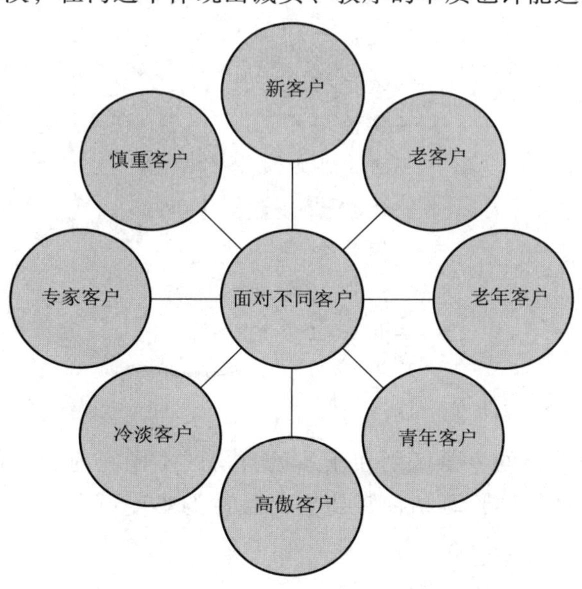

图 3-3　客户的不同类型

（三）留住客户

成功的开始并不代表成功的结尾，客户服务工作的结尾与开始同样重要。调查表明，几乎所有的客户在与服务人员结束交易的时候都有同样的需求：被关注、被尊重。每个客户都希望服务人员能够问问他的感受，看看他是否觉得满意，并征求下他的意见，这样他会觉得比较受尊重。在离开之后，客户可能希望你过后能打个电话问问使用情况，听听他的意见，以保持联系并建立长久的服务关系。以上所述的都是极为重要的客户服务沟通技巧，掌握了这些技巧，客服人员便能很好地与客户沟通，使其成为对企业忠诚的客户，为企业带来更多业务。

（四）记录并归档客户接待情况

结束接待后，一定要及时地做总结与记录。如果与客户有具体协商，应该马上与主管领导和相关部门沟通，争取尽快解决。将接待客户情况进行记录和归档有利于进行系统的客户管理工作，是保持良好客户沟通的重要基础。

资料卡

客户接待流程

——接待申请
——确定接待级别
——安排接待人员
——机场（车站）接人
——安排住宿
——参观营销中心
——领导接见
——餐饮安排
——提出、收集合作事项
——处理、确定合作事项
——领导会谈
——机场（车站）送行
——电话回访

二、客户拜访

客户拜访与客户接待的主要区别在于所处身份的不同，前者是作为客人，后者是作为主人，而正因为如此，客户拜访往往比客户接待的难度更大。

（一）客户拜访前的准备工作

一般来讲，客户服务工作也提倡打“有准备、有计划”的仗，拜访客户前的准备工作至关重要（见图 3-4）。

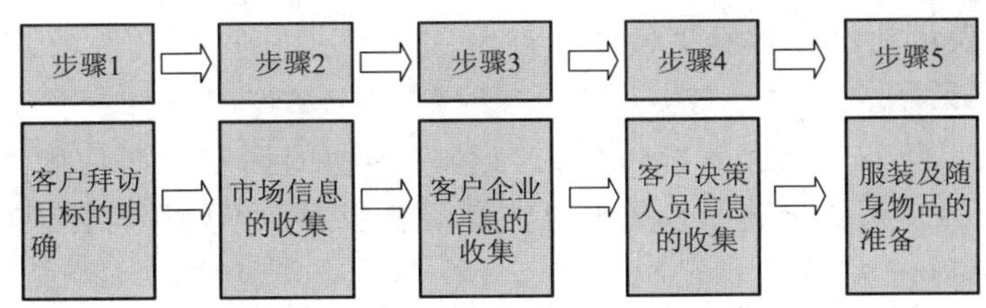

图 3-4　客户拜访前准备工作步骤

1. 客户拜访目标的明确

明确拜访目标、制订切实可行的计划：拜访客户，主要目标有催收货款、处理投诉与建立客情、建议客户调整产品结构增加品项、拟订促销方案、下订货单等。目标明确后，计划实现你的目标，做到有的放矢，这就是客户服务的本质。

2. 市场信息的收集

拜访前，一般均需了解客户所属市场具有代表性的产品信息、综合分析“4P”（产品、价格、渠道与促销）、了解促销活动与推广、产品陈列与终端形象等后评估产品销售现状。

3. 客户企业信息的收集

多方面了解客户企业的注册资金、法人代表、组织结构、市场经营情况、竞争状况等。

4. 客户决策人员信息的收集

多方面了解对方谈判决策人员的个人情况，如年龄、性格特点、履历等，越详细越有利于做出针对性准备，提升拜访沟通的效果。

5. 服装及随身物品的准备

拜访客户是非常正式的商业活动，不宜穿着太过随意，男士应该穿深色西装，打领带，穿皮鞋；女士应穿职业套装，穿皮鞋。穿着一定要干净整洁，以体现服务人员的素质与风貌，从形象上给客户留下良好的第一印象。另外，为了拜访的效果与体现客户服务人员的专业性，根据拜访需要还可选择准备一些随身物品，如公文包、笔记本与钢笔（或签字笔）、计算器、产品资料册、投影仪（如需要演示）、小礼品等。

（二）拜访客户

1. 友好的问候

与客户见面时，微笑的面庞与友好的问候是开启成功沟通的第一步。

2. 自我介绍

初次拜访客户，要简短介绍一下自己的职位以及本次拜访的目的，但介绍自己的时间不宜过长；同时将自己的名片递给客户，注意递名片的时候要朝向客户双手递送，以表现尊重。

3. 使用尊称

对客户不能直呼其名，要在姓后加上其职位，职位的称法尽量就高，例如客户姓李，是办公室副主任，应称其为“李主任”，不能称其为“李副主任”。不要用“你”，要用“您”，以表示礼貌、修养及尊重。

4. 寻找共同话题

通常，天气、新闻、比赛等都可作为与客户攀谈的话题，而后引入展开业务的主题。这些业务外的知识要求客服人员平时注意留意积累，不要用时方恨用功不够。

5. 适时结束拜访

作为客人，要察言观色，不要一味地只顾完成自己的任务，要关注客户的情绪变化，有些时候，看到客户非常忙碌则不宜长篇大论，这样会引人反感，要及时地结束拜访，并在结束时留下伏笔，为下次沟通做好铺垫，如“李主任，今天我们谈得挺愉快，我先回去安排一下，过两天我再来汇报这事的进展”。

（三）客户拜访总结与归档

结束拜访，返回公司，一定要及时地做总结与记录。如果与客户有具体协商，应该马上与主管领导和相关部门沟通，争取尽快解决。将拜访客户情况进行记录和归档将有利于进行系统的客户管理工作，是保持良好客户沟通的重要基础。

资料卡

首因效应

首因效应在人际交往中对人的影响较大，是交际心理中较重要的名词。人与人第一次交往给对方留下的印象会在对方的头脑中形成并占据着主导地位，这种效应即为首因效应。

我们常说的“给人留下一个好印象”一般就是指第一印象，这里就存在着首因效应的作用。因此，在交友、招聘、求职等社交活动中，我们可以利用这种效应，展示给人一种极好的形象，为以后的交流打下良好的基础。

当然，这在社交活动中只是一种暂时的行为，更深层次的交往还需要硬件完备。这就需要加强谈吐、举止、修养、礼节等各方面的素质，不然就会导致另外一种效应的负面影响，那就是近因效应。要给人以好的第一印象，首先，要注重仪表风度，一般情况下人们都愿意同衣着干净整齐、落落大方的人接触和交往；其次，要注意言谈举止，言辞幽默，侃侃而谈，不卑不亢，举止优雅，定会给人留下难以忘怀的印象。首因效应在人们的交往中起着非常微妙的作用，只要能准确地把握它，定能给自己的事业开创良好的人际关系氛围。

既然在人际交往中有这样一个首因效应在起作用，我们就可以充分利用它来帮助自己完成漂亮的自我推销：首先是面带微笑，这样可能给人热情、善良、友好、诚挚的印象；其次应使自己显得整洁，整洁容易留下严谨、自爱、有修养的第一印象，这种印象对我们的推销总是有益处；第三使自己显得可爱可敬，这必须由我们的言谈、举止、礼仪等来体现；最后尽量发挥您的聪明才智，在对方的心中留下深刻的第一印象，这种印象会在未来很长时间里左右对方对您的判断。

资料来源：blog. sina. com. cn.

技能训练

情景练习

练习前由老师介绍情境设计情况：A公司刚刚成立，主要业务是针对大学生的职业资格培训，培训项目包括报关员、报检员、高级营销员、汽车营销员、物流师、客户服务经理等。A公司两名业务人员也是大学刚刚毕业，业务还不熟练，在组长的带领下准备对某高职院校学生进行走访，顺便发展业务。他们选了中午的时间，着便装来到教学楼，看到一个教室门口挂着牌子，上面写着"国际贸易"，里边有三个同学正在看书，他们敲了敲门……

(1) 同学们自由组合，组成三人小组，每个小组选出一名组长。

(2) 老师给每个小组顺序编号，1、2、3……

(3) 奇数组作为A公司拜访组，偶数组作为学生组。

(4) 奇数组开始讨论、准备10分钟。

(5) 拜访组与学生组两两配对演练，其余同学记录。

(6) 拜访组与学生组角色互换，配对演练。

(7) 全部结束后，同学与老师分别点评。

技能点二　呼叫中心（电话）沟通

一、呼叫中心

呼叫中心一词来自英文Call Center。按照传统的定义，呼叫中心指的是三个或三个以上人工座席代表（即话务员）集中处理打入或打出电话的场所（或组织）。新技术的发展，使呼叫中心功能日益强大。在新式的呼叫中心，座席员不必集中在一个地方工作，自动语音应答系统可以替代人工对话，电源系统保证呼叫中心24小时不间断运行，基于网络与通信相融合的计算机电话集成（CTI）技术还能处理传真、电子函件、网站访问，甚至是基于互联网的电话和视频会议。基于以上特点，呼叫中心完全可以替代传统方式以起到与顾客信息沟通作用。正是由于呼叫中心与传统商业模式相比的巨大优势，在美欧等发达国家，呼叫中心得到了广泛的应用。

呼叫中心的历史来源以及发展

"呼叫中心"是一些公司企业为用户服务而设立的。早在20世纪80年代，欧美等国的电信企业、航空公司、商业银行等为了密切与用户联系，应用计算机的支持、利用电话作为与用户交互联系的媒体，设立了“呼叫中心”（Call Center），也可叫作“电话中心”，实际上就是为用户服务的“服务中心”。

早期的呼叫中心主要是起咨询服务的作用。呼叫中心开始是把一些用户的呼叫转接到应答台。随着要转接的呼叫和应答增多，开始建立起交互式的语音应答（IVR）系统，这种系统能把大部分常见问题的应答由机器（即“自动话务员”）应答和处理，这种“呼叫中心”可称为是第二代呼叫中心。

现在的呼叫中心应用了CTI技术使呼叫中心的服务功能大大加强。CTI技术是以电话语音为媒介，用户可以通过电话机上的按键来操作呼叫中心的计算机。接入呼叫中心的方式可以是用户电话拨号接入、传真接入、计算机及调制解调器（modem）拨号连接以及因特网网址（IP地址）访问等，用户接入呼叫中心后，就能收到呼叫中心任务提示音，按照呼叫中心的语音提示，就能接入数据库，获得所需的信息服务及存储、转发、查询、交换等处理，还可以通过呼叫中心完成交易。所以未来的发展趋势是多媒体接入。

“呼叫中心”把传统的柜台业务用电话自动查询方式代替。“呼叫中心”能够每天24小时不间断地随时提供服务，并且有比柜台服务更好的友好服务界面，用户不必跑到营业处，只要通过电话就能迅速获得信息，解决问题方便、快捷、增加用户对企业服务的满意度。

二、呼叫中心的业务内容

这个系统的效率是毋庸置疑的，那么客户服务座席员应该注意些什么？怎样才能做好呼叫中心的沟通服务呢？按照呼叫中心所承担的业务功能，通常包含业务推广、售后服务受理等工作内容。

（一）业务推广沟通

业务推广类似于原先的电话推销，这个时候座席员面对的是新客户，如何能够打动对方对自己的业务感兴趣是沟通的目标。

随着时代的发展，人们对于电话推销的模式越来越缺乏善意的理解，所以如何在开场短时间内吸引客户是呼叫中心业务推广沟通中至关重要的一点，想要做好这点，需要掌握以下技巧。

1. 声音技巧

首先，要用恰当的语速，最好与客户的语速相一致；其次，要充满感情，人是感情动物，会受到感情的感染；最后，要饱含热诚的态度，试想谁愿意和一个无精打采的人讲话，尤其是这个人还想推销业务给你。

2. 开场白的技巧

首先，不要总是问客户是否有兴趣，要帮助客户决定，引导客户的思维；其次，面对客户的拒绝不要立刻退缩、放弃；再次，在电话里说话的声音要比平时大些，营造出很好的通话气氛；最后，讲话一定要简单明了，不要引起顾客的反感。

3. 介绍公司或产品的技巧

首先，要学会接受、赞美、认同客户的意见，客户总是希望被人认同的，客户服务人员要掌握这个心理特点；其次，要学会回避问题，对于没有把握的问题，不要正面答复；最后，把客户的反对问题转为我们的卖点。

4. 结尾的技巧

如果你应用上述技巧仍然不能使客户兴趣，千万不要继续推销，及时中止对话，但要为下一次通话留下机会。客户通常拒绝你的时候会说自己很忙，没时间听，这时你可以说："好吧先生，您看什么时间方便，我再打给您?" 客户在这种情况下，往往会说个时间，这样，你就着手在下一次改变策略，争取说服客户。总之，你的结束语要为下一次与客户沟通埋下伏笔，留下不让人讨厌的印象。

（二）售后服务受理沟通

产品和服务在售出之后，不意味着客户沟通的终结，很多时候，客户还会在购买之后再次联络，很有可能电话会打到呼叫中心，呼叫中心的座席员就要圆满地完成客户沟通，这种沟通是客户服务沟通必不可少的一部分。我们要注意以下几方面。

1. 弄清客户的真正需求

客户在购买后打来电话，可能是联系安装、可能是对产品或服务的内容不清楚来咨询，也可能是产品发生故障来报修，所以，一定要首先确认客户的真实意图。在接听电话的时候，最好重复客户的话，确认其具体需求。

2. 主动承接，切忌推诿

客户打来电话自然希望有人能够热情帮其解决问题，最怕有人推诿扯皮。一个热情的售后电话，往往比得上很多客户推广工作，因为，留住一个老客户并且让其满意，他就可以成为本公司的推销员，并且因为他的客户身份，推销效果更佳。所以，永远不要推诿更不要拒绝客户。

3. 切忌使用服务忌语

例如"你知道吗?""一定是＊＊错了，他们经常错""我查不到""我不是这里负责的""我还要××，很麻烦的!"这些语言常常给客户不好的感觉。

小案例

呼叫中心客户服务案例

家住北京的刘英女士发现自家的洗衣机坏了。她找到保修卡，打了上面的维修电话800-××××××，洗衣机厂家的售后服务座席员李美已经通过电脑看到了这个来电，并且随着电脑信息的提示，她知道了这个电话来自洗衣机 K83 的客户刘英女士，她单击鼠标选择接听这个来电："刘英女士吗? 您好，有什么需要帮助的吗?" 刚开始刘英还有些反应不及，电话员怎么知道自己的名字，接着刘英与李美开始了对话，李美听明白了刘英的问题，按照业务流程标准进行了答复，随后进行了派单处理，维修工程师从网上收到派遣工单，随即安排入户维修时间。刘英对这个安排挺满意，她挂了电话，等待维修。上述的一幕是每天都在我们身边发生着的真实事件，刘英女士不自觉间接受的正是呼叫中心客户服务。

技能训练

一、案例分析

案例分析 1

客户：我想查一下我的××卡在不在电子银行上。

热线服务人员：××号，没有。

客户：那你帮我查一下，是不是登记到别的卡号上了。

热线服务人员：查不到。肯定是没注册上，你在哪办的？

客户：××柜台。

热线服务人员：那你要到柜台去一下，重办一次。

客户：你能否帮我查一下，是挂错了还是没挂上。

热线服务人员：一定是××支行做错了，他们经常错，我这里查不到，你到柜台去。

客户：查不到原因我去干什么？

热线服务人员：我们这里的业务必须要到柜台办理的，你知道吧，这样吧，我打电话叫他们来找你。

柜台服务人员：是××吗？我是××网点的，我们单位服务热线打电话来，正好我接电话，我不是这里的负责人，你明天下午到这里来一趟好吗？

客户：你能否帮我查一下账卡是否挂到电子银行？还是挂错了？

柜台服务人员：你是哪天挂的？谁帮你挂的？

客户：一周前，左边第一个柜台。

柜台服务人员：你一定记错了，我问过了，左边第一个没帮你办过。

客户：我就想问一下你能否帮我查一下账卡是否挂到电子银行？还是挂错了？

柜台服务人员：那我查不了，他们都讲没办过，我要到楼上帮你翻，很麻烦的，我也不是这里的负责人，只是正好接到这个电话。

客户：那你给我打这个电话什么意思呢？

柜台服务人员：我也不是这里的负责人，只是正好接到这个电话。我找我们经理给你打电话好了。

客户：我就问个简单的问题，你们搞了这一大圈，什么也没解决，你们怎么回事？

思考问题：

（1）在上述沟通中，客户打来电话主要目的是什么？

（2）沟通结束后，客户为什么不满意？

（3）热线服务人员的那些语言是不恰当的？

（4）如果你是热线服务人员，你如何处理？

案例分析 2

客户：是这样，我的手机这两天一接电话就断线。

热线服务人员：那你是不是在地下室，所以收不好呀。

客户：不是，我在大街上都断线，好多次了。

热线服务人员：那是不是你的手机有问题呀？我们不可能出现这种问题！

客户：我的手机才买了三个月，不可能出问题呀。

热线服务人员：那可不一定，有的杂牌机刚买几天就不行了。

客户：我的手机是××的，不可能有质量问题。

热线服务人员：那你在哪买的，就去哪看看吧，肯定是手机的问题！

客户：不可能！如果是手机有问题，那我用×××的卡怎么就不断线呀？

热线服务人员：是吗？那我就不清楚了。

客户：那我的问题怎么办呀，我的手机天天断线，你给我交费呀！

热线服务人员：你这叫什么话呀，凭什么我交费呀，你有问题，在哪买的你就去哪修呗！

客户：你这叫什么服务态度呀，我要投诉你！

热线服务人员：（挂断）。

思考问题：

(1) 热线服务人员沟通中存在哪些问题？

(2) 如果你是热线服务人员，你如何处理？

二、情境练习

与你的同桌组成一个两人小组，一人扮演A，另一人扮演B，A同学因所购的手机照相功能不好使用，将电话打到厂家的售后服务电话，B同学正好当班接听了A同学的电话…

两人角色互换，配对重新选择，开始演练；

谈体会，分享经验、讨论。

技能点三 客户投诉沟通技巧

小案例

美联航摔坏吉他

加拿大歌手戴夫·卡罗尔某年春天搭乘美国联合航空公司的一架客机前往美国内布拉斯加州旅行时，他随身携带的一把价值1 800英镑的名贵木吉他竟在芝加哥市的奥海尔机场被美联航的行李运输工摔坏了。在长达1年时间中，卡罗尔都试图心平气和地和美联航进行交涉，希望美联航向他赔偿大约1 000英镑的吉他维修费用，但最终索赔未果。

屡屡遭拒的卡罗尔将美联航“拒赔”事件编成一首歌，并拍成了视频歌曲《美联航摔坏吉他》，卡罗尔接着将这首音乐视频上传到了著名的YOUTUBE视频网站上，短短10天内就获得了近400万人次的点击率。而在这几天中，美联航的股票价格也暴跌了10%，相当于蒸发了1.8亿美元的市值（约合12亿元人民币）。

美联航的高级主管全都惊呆了，他们确信公司股价暴跌是这段音乐视频惹的祸。为了挽救公司形象和损失，美联航高级主管立即“亡羊补牢”，和卡罗尔取得了联系，主动表示愿意向他无条件赔偿维修吉他的费用，并且还答应向他赠送价值700英镑的飞行优惠券。据美联航官员称，他们希望将《美联航摔坏吉他》用作内部培训的反面教材，从而对公司员工进行警示，确保该航空公司的所有顾客都能在未来得到更好的消费者服务。

客户投诉或抱怨是对商品与服务不满的一种具体表现，但同时也说明客户还在乎我们的感受，还期待能够得到我们的帮助，这也为我们继续留住客户提供了机会。如何能让我们将投诉危机转化为机会，将是下文所探讨的内容。

一、客户投诉的原因

客户投诉可能是合理的，也可能是不合理的，但最重要的特征是：客户是由于对我们的产品和服务不满才来投诉。通常来讲，投诉的主要责任者会是企业，但也有少部分可能是由客户个人原因或者社会因素导致的。

（一）企业方面原因

1. 产品质量问题

企业产品质量问题具体可分为：假冒伪劣产品、标识不当的产品和质量瑕疵产品。产品质量问题就不仅仅是消费者投诉问题，国家也有相关部门进行管理，必要的时候会对企业进行处罚。

2. 服务质量问题

服务即包括有形产品的服务也包括无形产品的服务，如电信、金融、旅游等与人民群众生活密切相关的很多种类。常见的服务问题主要有销售方式与态度等方面不得体、说话过于随便、付款数额计算不准确、运输与售后安装不到位、售后维修人员素质低或服务规范差等。

3. 促销误导问题

企业为了销售商品，往往会给一线销售部门较大的压力，而一线销售部门为了吸引顾客常常会采用一些似是而非的宣传内容，这些不准确的宣传内容常常成为客户投诉的主要原因。

（二）客户方面的原因

客户投诉除了产品或企业原因之外，还与客户自身的个性特征、经济条件、闲暇时间的多少有关。

1. 客户个性特征原因

客户的个性各不相同，有些客户性格温和，有些性格暴躁；有些客户素质高、修养好，有些则素质低、修养差。这些个性特征的差异直接影响到他们投诉行为的发生概率和投诉的力度。

通常来讲，素质高、修养好的客户往往处理问题比较客观、冷静，即使因需求无法得到满足而进行投诉也比较理智，一般不会使矛盾升级，但往往会对再次购买产生影响。素质低的客户则稍有不满就会投诉，投诉解决不好还会使问题升级。

2. 客户经济条件的原因

客户通常是根据自身的经济条件来选择商品和服务的档次的，但有高端客户选用低档商品的，也有低端客户选用高档商品的。由于各自的经济条件不同，造成他们对于商品或服务的期望不同（见表3-2），最终微妙地影响着投诉的结果。

表3-2 高中低端客户对不同商品的期望与投诉率

客户分类	对低档商品的期望与投诉率	对中档商品的期望与投诉率	对高档商品的期望与投诉率
低端客户	中	高	高
中端客户	低	中	高
高端客户	低	低	中

企业要特别注意产品定位转换问题，原先的高档商品一旦随着经济社会的发展变成了中低档商品，销售量会大增，但随之而来的是投诉量大增。

3. 客户闲暇时间的原因

投诉是一件会占用大量时间而结果不确定的事，很多客户遇到问题放弃投诉是因为自己没有充足的闲暇时间。在投诉问题上持之以恒的客户往往是闲暇时间比较充裕的客户，这些客户对企业的销售量贡献微薄，但却非常难缠，会耗费企业大量的人财物资源。这些客户有足够的时间与企业沟通，稍有不满就有可能上告，客户服务人员要打起精神做好这些难缠客户的沟通。但更需要引起客户服务人员注意的是，那些高价值客户往往是没有时间"忘我"投诉的，用三言两语很容易就能将其打发，而他们却是最不应该被打发的。

二、客户投诉的心理状态

客户投诉时的心理需要是什么？这将体现在客户的投诉行为上，客户服务人员如要圆满地处理好客户投诉，需要很好地了解客户心理状态（见图3-5）。

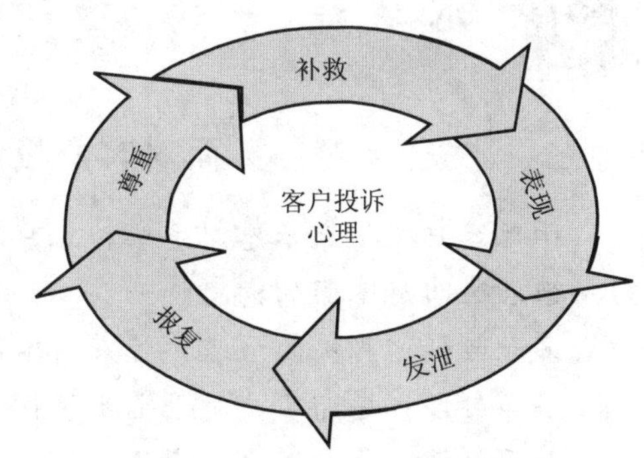

图3-5 客户投诉的心理状态

（一）发泄

客户投诉一个最基本的想法是将自己的不满传递给商家并发泄出来，这样能够使不好的心情得以舒缓，找到平衡。

这个时候耐心地倾听是最好的办法，我们常常发现，当你让客户充分地将不满表达完之后，客户会变得平静许多，也会客观冷静，这样更有利于我们解决其投诉的问题。

（二）报复

自我意识强的客户在遭遇问题时心理感受会比一般客户强烈，如果客户服务人员不能很好地识别这点，会造成沟通失败，当这些客户认为企业对自己构成“伤害”时，往往会不计个人得失，也不考虑后果，他们要让企业尝尝厉害，从而做出一些报复行为。

对于这些客户，一方面，我们要通过各种技巧和方式让沟通在理性的状态下进行；另一方面，也要注意搜集证据，以便在客户做出有损企业声誉的事情时，提醒客户这些证据的存在，使其冷静，降低对企业的报复效果预期。

（三）尊重

所有客户投诉时都希望获得关注和企业对其问题的重视，从而得到心理被尊重的感觉。

客服人员能否在接待中认真倾听、表达歉意、及时回复及采取措施，最后是否在处理后沟通联络都会体现在客户对尊重的心理满足感上。假若是的确因为客户原因造成投诉的，也要让用户获得尊重。

（四）补救

客户投诉是因为其利益受到损害，想要通过投诉方式得到补偿。这种补偿的需求有两方面，一方面是财产方面，另一方面是精神方面。如果确实是企业方面的原因，应该主动提出两方面的赔偿方案，而不是等用户提出来，这样更能体现企业对自己产品和服务负责任的态度，也会给客户精神方面带来平衡的感觉。

（五）表现

我们常常发现一些前来“教导”的客户，他们的投诉往往是潜在的表现心理的体现，他们通过投诉来得到一种成就感。

这些客户希望被人认同，注意自己的形象与“面子”，因此，客户服务人员要注意夸奖客户，引导客户做一个有身份的、理智的人。如果我们用异性服务人员来接待，可以使对方更有风度与修养地体现自己理性、积极的一面。

小看板

面对客户投诉该如何表示感谢？

面对客户投诉表示感谢是维护客户的一个重要手段和技巧，客户服务人员需要说四句话来表达四种不同的意思。

第一句话：再次为给客户带来的不便表示歉意。

第二句话：感谢客户对于企业的信任和惠顾。

第三句话：是向客户表谢意，让我们及时发现自身不足。

第四句话：向客户表决心，让客户知道我们会努力改进工作。

三、处理客户投诉的原则

（一）不与客户争辩

与客户争辩是处理客户投诉的最大忌讳。客户进行投诉，本身已对公司心存不满，若接待人员还与客户争辩，力求分清谁对谁错，客户会觉得自己没有受到应有的尊重，感情上会受到伤害，从而变得更加愤怒。因此，无论是电话投诉还是来人投诉，我们应仔细聆听，理解、尊重客户，充分给予其发泄的机会，即使客户是误解或者故意挑剔，也不与其进行无谓的争辩，我们所要做的只是耐心倾听。

（二）想方设法平息怨气

大多数投诉属于发泄性质，所希望的是得到同情和理解，一旦怨气消除，心理平衡后，事情就容易解决了。此时，诚恳地向他们道歉不失为好办法。因为不管是谁的过错，毕竟是我们工作不够完善或者没有到位，导致了投诉的产生，给客户带来了麻烦。热情地接待可起到很大的作用，如递上一杯热茶、简洁地问候一声。对于不能当场解决的问题，详细记录投诉的全部内容后，复述一遍，使客户确信你已全面知晓投诉的内容，体现公司对其投诉的重视以及对处理投诉的真诚，这样可有效平息抱怨。

（三）快速处理

对客户投诉的问题必须迅速采取行动，不能单纯地表示同情和理解，要迅速地拿出解决方案。能够当场处理的应立刻予以处理；不能当场处理的应告知其大致能够处理的时间；来信投诉还应与其取得联系。前期工作完成后，应对投诉内容稍加整理，然后迅速反馈给职能部门，并组织进行分析研究，提出合理可行的解决方案，最终将处理结果及时告知客户。如果客户对处理方案不能接受，要通过谈判、磋商等方式予以解决，直到客户最终接受。

（四）把握好尺度

让客户得到满意的答复是我们处理投诉所追求的目标，但是在处理投诉时，要把握好尺度。原则性的问题要用委婉的语气明确告诉客户，不能采用迁就客户的方法解决问题，这样做不仅会给今后的工作留下隐患，还有损公司的形象。

（五）进行回访

投诉处理完毕后，公司可以采取电话回访、直接访问等方式与客户进行再次沟通，了解投诉处理的效果如何，同时再次对客户表示感谢。这是处理客户投诉时容易忽视的一个环节。其实，这种“额外”的关照并非多余，它不仅使客户感到公司对其投诉的重视，对公司留下良好的印象，而且还可从中发现是否有新的问题出现，以不断提高公司经营管理水平。

四、处理客户投诉的流程（见图 3-6）

（一）认真倾听，做好记录

通常状况下，企业会有专门的投诉受理记录表，详细记录客户姓名、联系方法、投诉内容、投诉时间和投诉要求等。

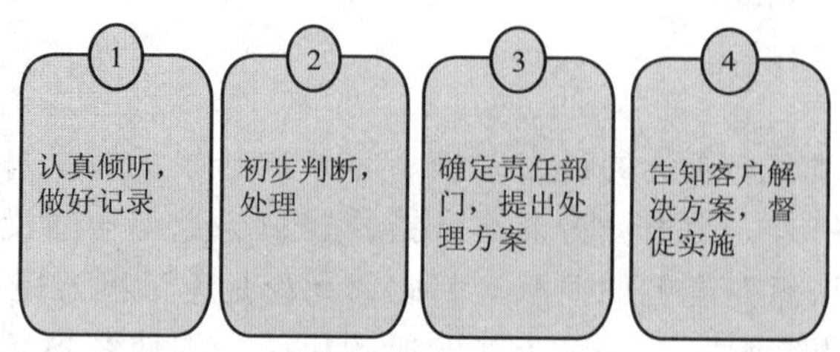

图 3-6 处理客户投诉的流程

（二）初步判断，处理

依据客户投诉情况，初步判断客户的投诉是否成立，是否是企业产品或服务的问题，如果不是，则要用委婉的方式解释给客户，取得其谅解，进而消除误会；如果确实是企业自身产品或服务的问题，则应该与客户沟通，稍后给其电话，告知具体解决方案，进入下一个环节。

（三）确定责任部门，提出处理方案

根据客户投诉内容确定具体责任单位及责任人。例如，包装问题归包装科负责，如是运输装卸问题则要储运部门负责，并且让负责部门在规定时限内给出解决方案，这个方案经审批后会交到客户服务人员手里，由客服人员与客户再次沟通。

（四）告知客户解决方案，督促实施

客户服务人员再次与客户沟通解决方案，争取客户对方案的认可，然后督促方案实施，在过程中持续保持对客户情绪的关注，及时协调，最终能够使客户满意。客户满意才是投诉处理的目标，只有客户满意了，才完成了客户从不满到满意的转变，才是企业立足的根本、沟通的价值所在。

技能训练

案例分析

一天，新客户李先生来银行开立一个新账户。据李先生描述，原先在另一家银行存款人民币 5 万元，由于该行服务质量有问题，所以取出所有储蓄，想存到你所在的银行。这时，你的老客户王小姐也来到你的柜台前。当你看见她时，她也报以微笑，坐到了等候区。刚刚为李先生填完登记表格时，他的儿子突然来到他身旁，李先生的儿子是学生，正在一家企业暑期打工，他把刚领到的 1 000 元钱放到柜台，并询问开户手续，由于他只有二十分钟的用餐时间，所以想尽快办理相关手续，这时候，你注意到王小姐不停地看表，并频繁朝你观望，不一会儿，她断然离去。

第二天上班时，上司把你叫到办公室，说收到一封来自王小姐的投诉信，抱怨你缺乏客户服务精神，对客户不重视。

思考问题：

1. 在这个过程中，你有没有做错？如果有错，错在哪里？为什么？

2. 你对王小姐的投诉有什么看法？请说明理由。

3. 王小姐是否因误解了你的非语言信息而提起投诉？请说明理由。

技能点四　应对不同行为特点客户的沟通技巧

客户群体形形色色，有通情达理、亲切随和的客户，也有素质不高、行为古怪、难以接近的客户，这就要求客户服务人员能够有充足的心理学知识，并且掌握丰富的技巧和各种客户进行良好沟通。

一、与难以接近的客户沟通

客户难以接近，从心理学上讲，通常是由于人的自卫心理引起的，特别是某种交往关系到自身利益得失的时候，这种自卫心理就更加明显。了解了这一点对我们跨越障碍、顺利完成与客户的沟通有重要意义。

不是所有难以接近的客户都是千篇一律，他们也各有特点，要想做到良好沟通，首先要找到他们之间的差异性，而后对症下药，采取针对性手段和方法。

（一）不愿接受约见的客户（见图 3-7）

用户不愿意见你，可能会找很多理由，这些理由往往只是借口，其目的就是摆脱你的“纠缠”。

1. 不愿接受约见的客户的心理特点

（1）恐惧与客户服务人员接触。客户的恐惧可能有其历史渊源，客户可能有过被业务人员欺骗的经历，或者听闻报纸、电视或广播中有类似事件，与客户服务人员接触会让他们心里感到不安。也确实，现在社会上骗子越来越多，手段越来越高明，让你无法辨别真伪，这些故事的流传让整个社会中很多人都有一种排斥业务人员的心态，对其敬而远之。当他们接触客户服务人员时，被害意识就涌现出来，增加了不安，所以他们选择拒绝见面。

（2）不善言谈。不善言谈的客户往往不愿告诉业务人员真实的原因，即使约见成功，他们也不能把自己内心真实的意思完整地表达出来，无法完成良好的沟通。他们可能认为对业务人员说多了没好处，容易被对方抓住自己的弱点。

（3）认为不必见面。这种客户在行业内常常遇到。他们要么在心里打定主意不买，要么认为沟通可以通过电话完成，没有必要见面，对业务人员的约见很抵触，往往比较固执。

2. 对不愿接受约见客户的沟通策略

这类客户的行为特征就是不愿接受约见。他们看上去心意已决，不愿见面，因为他们担心跟你见面以后什么都会变，也许会被你欺骗，从而损害自己的利益。不信任和恐惧感是他们避而不见根本原因。

客服人员要对一切了如指掌，对于这种客户，最重要的一点就是突破其恐惧感，让其对你信任，从而不畏惧与你沟通和交往。绝对不能用那种会触及他们敏感区的推销方式来接近他们。抛弃急功近利的心理，让他们从你朴实的衣着与语言中体会到你的真诚，使他们觉得你值得信赖。

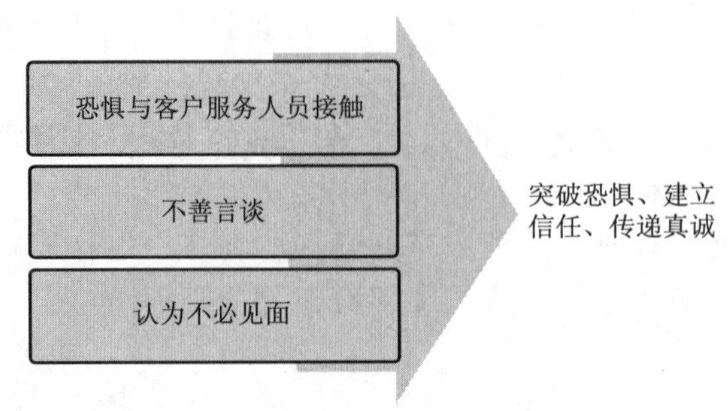

图 3-7 不愿接受约见的客户的心理特点及沟通策略

（二）畏生的客户（见图 3-8）

畏生的客户内心中对欲接近者存在着一种自然的、无法克制恐惧，他们更愿意接触熟人而不是生人。

1. 畏生客户的心理特点

（1）缺乏自信。做事之前，他们都先预设了自己不成功的结果。他们不会把“我不行”的这个心里假设进行转化，时间一长，他们变得害怕与别人接触。

这种心态产生的原因是长期对自己假设“我不行”，长期不相信自己，怀疑自己的能力，久而久之便转化为自卑，性格脆弱，这导致他们尽量减少与外界的接触，心理封闭，不愿与人交往。

（2）害羞。这些客户在心理上将自己表现为儿童，需要你的关怀和照顾。在害羞的心理作用下导致的冷漠并不是他们真的不想活跃，只不过还未给他创造出一个能让他无拘无束、畅所欲言的环境。如果你留心的话就会发现，只要你给予他们一种类似长辈关心小孩似的感觉，他们就会放得开。

（3）逃避。这些客户内心非常自我，一切以自我为中心，一旦你给他们的感觉不舒服，他们会选择立即逃脱，以避免自己继续不快。这类客户不仅仅以产品好坏来决定是否交易，有时候他们的拒绝并不意味着他们对产品不满意，而仅仅是不愿与你交往。

2. 对畏生客户的沟通策略

要与畏生的客户谈生意，难就难在第一面的印象，过了这一关，后面的沟通会比较顺利。

（1）低调接触。对缺乏信心的客户给予鼓励，鼓励要真诚而巧妙，这就要求你善于营造谈话气氛。要尽量抬高客户，不能给对方自己高高在上的感觉。要“缩小自己”，让客户感觉你“一般”“普通”，使他产生一种“我们差不多”“我比你强”的感觉，这样你就比较容易贴近客户，直到客户完全消除了自卑心理，就可以做到愉快沟通了。

（2）关怀。与害羞的客户打交道，要做到热情关怀，满足他们的“儿童心理”，你的照顾会让他们放开手脚，展示本性，可以用“亲切问候”“寻找共同语言”等方法来实现。

对于逃避的客户，要力争给对方留下一个好的印象，不要凡事主动，要注意自己的风度仪表，给对方多留表达机会，不要太急功近利地介绍，要注意对方的感受。

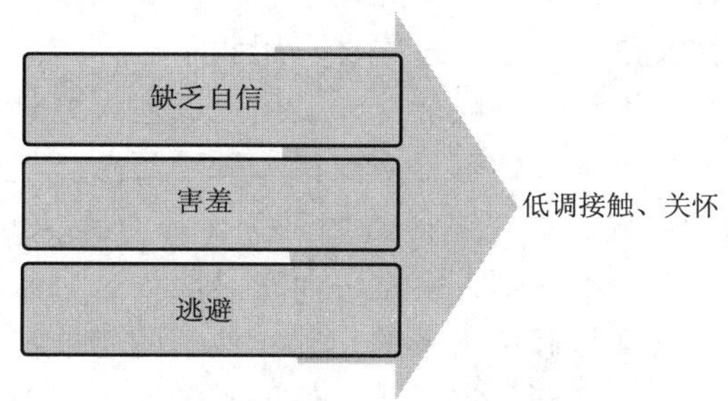

图 3-8　畏生客户的心理特点和沟通策略

客户沟通三种模式

您了解客户所需吗？您懂得与客户沟通的技巧吗？这里有三种不同的沟通模式：礼貌待客式、技巧推广式与个性服务式。

为了更好地理解这三个模式，下面举一个简单的例子。

有一个奶制品专卖店，里面有三个服务人员，小李、大李和老李。

当您走近小李时，小李面带微笑，主动问长问短，一会儿与您寒暄天气，一会儿聊聊孩子的现状，总之聊一些与买奶无关的事情，小李的方式就是礼貌待客式。

大李则采取另外一种方式，他说："我能帮您吗？您要哪种酸奶？我们对长期客户是有优惠的，如果气温高于30℃，您可以天天来这里喝一杯免费的酸奶。您想参加这次活动吗？"大李的方式是技巧推广式。

老李的方式更加成熟老到，他和您谈论您的日常饮食需要，问您喝什么奶，是含糖的还是不含糖的？也许您正是一位糖尿病人，也许您正在减肥？而老李总会找到一种最适合您的奶制品，而且告诉您如何才能保持奶的营养成分。老李提供的是个性化的沟通模式。

哪一种是最有效的方式呢？这三种模式之间的内在联系是什么？

销售人员所使用的非语言服务是否始终与语言服务保持一致？如果二者是一致的，这三种模式就会起到非常好的效果。有些研究表明技巧推广式更能为企业带来效益。

（三）傲慢的客户（见图 3-9）

这种客户往往不言不语，面无表情，如同你的上司，而这就是他们的心理定位。这样的客户难以接近不足为怪。比如，当你和他谈生意时，他表现出一种事不关己的态度；当你转移话题，将说话的内容转到他的兴趣爱好方面，也会使他感到十分厌烦。谈一些层次比较低的，会被他轻视，认为你毫无水平；谈一些层次高的，他也不感兴趣。

1. 傲慢客户的心理特点

（1）自大。这种客户认为自己比别人强，自高自大，这种不切实际的自傲是其一个重要的心理特征。这种心理使他们产生优越感，从而表现得处处要强于别人。

这种心理的深处往往又是自卑感。这些客户用我不比你差的感觉来弥补心理深层的自卑，这种自卑的外在行为表现却是贬低他人，用贬低他人之势来抬高自己。这种客户常常通过放大自己优点，寻找别人的不足来获得一种满足感。

（2）隐藏缺点。有的时候，客户显得傲慢是为了不使别人谈论自己的缺点，他们往往把自己的缺点隐藏起来，不让别人察觉。而正是因为这个原因，这种客户往往给人以冷淡的感觉。这种感觉通常是假装出来的，其实他们的感情特别脆弱，他们以为和别人亲近容易暴露自己的缺点、受到伤害，所以他们时刻摆出一副不让人接近的表情。

人的气质性格与后天因素有很大关系，所处的环境对性格起着很强的影响作用。这类客户害怕自己受伤害，用某种方式进行自我保护，但他们同时也希望引起他人的注意，希望别人给予他们很高的评价。

2. 应对傲慢客户沟通策略

冷淡、自傲的客户多半高傲自视、不通情理、轻视别人，凡事自以为是，自尊心强，不善于与他人交往。要接近这类客户并不容易，但假若你对他们进行研究，你会发现，他们并非无法接近。

初次碰见这种高傲自大的客户，首先必须采用礼让的方式，你抬高他，使他产生一种高贵的感觉，不要对他有偏见。值得注意的是，千万不要把谈话内容引入他的生活方面，引起他的不安，如果这样将会使你前功尽弃。

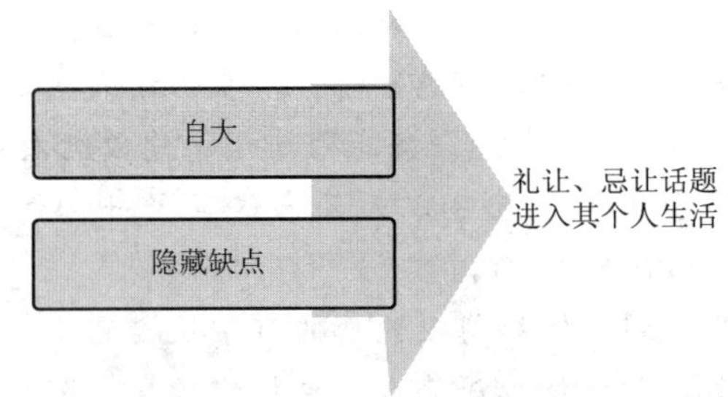

图 3-9 傲慢客户的心理特点和沟通策略

（四）情绪不稳的客户（见图 3-10）

情绪不稳的客户忽冷忽热，变化不定，难以捉摸。这类客户对许多方面都感兴趣，比如工作方面、私人生活方面。他们的思维关注点跳跃很快，一会儿东，一会儿西，让人很难适应。

1. 情绪不稳客户的心理特点

（1）好奇。这类客户对事物感兴趣、好奇心强，这一特点对业务人员有利。比如一旦新产品上市，不管是什么样的，对自己有没有用，他们都想购买，只因为是新产品。因此当发现是新产品的时候，他们往往如获至宝，怎么也静不下来，占有欲望极度强烈。

（2）感情变化快。与好奇心相对应的另一方面是这类客户的感情变化快。他们对某件事情感兴趣时，会全身心投入，完全被其吸引，而对周围的事视而不见，但是不久他对这件事的兴趣就会大幅降低甚至完全失去兴趣，这个时候，往往他又有了新的兴趣点，注意力也随之转移了。

2. 应对情绪不稳客户的沟通策略

这种客户并非不能接近，而是很难揣摩他们的兴趣所在，他们给人的感觉是毫无目的。欲成功地与这类客户交往或达成交易，就要先需了解他们对什么最感兴趣，从而抓住他们的心。如果他们对产品有兴趣，则重点介绍产品的性能、制作工艺、标准等；如果他们对客户服务人员的个人履历有兴趣，则不妨多讲些经历，以加深了解，增强可信度。一旦客户从心理上接受了客户服务人员个人，那么对业务的接受就变得水到渠成了。

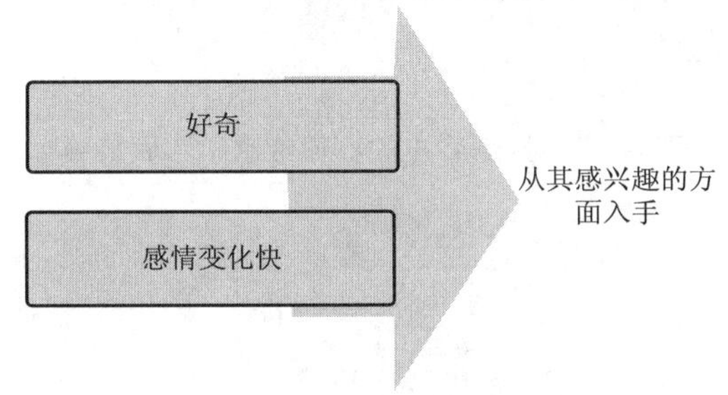

图 3-10 情绪不稳客户的心理特点和沟通策略

二、与难成交的客户沟通

在商业实践中，很少有客户是“好谈”的，他们往往善于谈判，善于和业务人员周旋。他们是难以成交的客户，如果业务人员稍不留心，很有可能被这些客户发现漏洞，找到借口。

（一）挑剔的客户（见图 3-11）

1. 挑剔客户的心理特点

由于性格原因，挑剔的客户无论做任何事情都要找出很多毛病来，特别是在购买商品的时候更是如此，这类消费者不易控制。这些人中有些人曾经有过上当经历，想通过冷嘲热讽对客服人员发泄一下，以求得心理补偿；有些人自以为是，为商品挑毛病是想炫耀自己；还有些人提出异议，并不是不想买，而是想得到更优惠的成交条件。

2. 应对挑剔客户的沟通策略

（1）顺应。这种方法很巧妙。它就是顺着客户拒绝的话，并把这种拒绝转化为一种购买的理由，让客户意识到他需要这种商品。例如，当客户提出“这个商品的价格太贵”时，业务人员可以回答“是啊，品质好的产品都会贵一点，不是吗”？

（2）否定。采用否定的策略来对付挑剔客户时一定要注意条件。一般而言，只有当客户对产品做了错误评价时，我们才用这种方法。直接否定客户的意见需要很高的技巧，运用不当会带来麻烦。因此，销售员使用否定法反驳客户时，态度一定要诚恳，不要让客户从心理上感到被轻视。

（3）抢先。当客服人员发现客户非常挑剔时，可以抢在客户之前把客户提出的问题都说出来。这种方法先发制人，争取主动，避免由纠正客户说法而引起的不必要的争论，而且还能让客户感到客服人员善解人意，了解他想说还没说出来的反对意见，这样客户就没有了很强的表达欲，并且对客服人员产生了信任感。

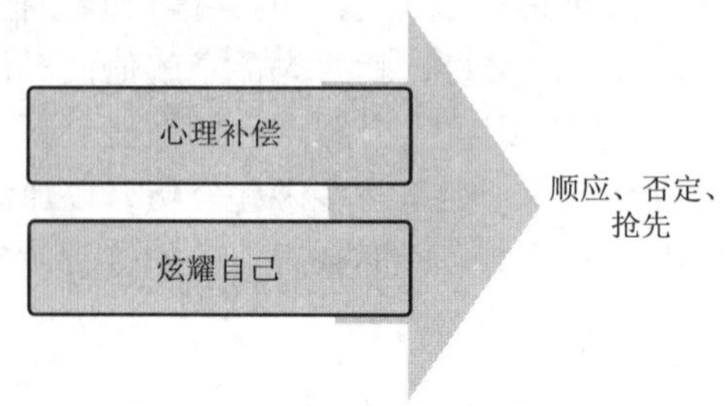

图 3-11　挑剔客户的心理特点和沟通策略

推销大王乔伊·吉拉德

美国推销大王乔伊·吉拉德说：“你真正地爱你的顾客，他也会真心爱你，爱你卖的东西。”乔伊·吉拉德曾在一年内推销出 1 425 辆汽车，然而，就是这样一位出色的推销员，却也曾有过一次难忘的失败教训。

那天吉拉德向一位顾客推荐一款新车，一切进展顺利，眼看就要成交，但对方突然决定不买了。他百思不得其解，这位顾客明明很中意这款新车，为何又突然变卦了呢？夜里 11 点，他终于忍不住给对方打了一个电话，询问他突然改变主意的理由。客户不高兴地说：“今天下午付款时，我跟你谈到了我的小儿子，他刚考上密西根大学，我还跟你说到他的运动成绩和将来的抱负，我以他为荣，可是你心不在焉。”听得出，对方余怒未消。但乔伊对这件事却毫无印象，因为当时他确实没有注意听。话筒继续响着：“你宁愿听另一名推销员说笑话，根本不在乎我说什么，我不愿意从一个不尊重我的人手里买东西！”

这件事使乔伊认识到，要成功地推销商品，首先得要把自己推销出去。只有当顾客认同你的文化、欣赏你的人品、接受你的感情并信赖你的质量，最后才会决定买你的东西。此后，乔伊十分重视与顾客的经常性沟通，并及时了解和处理顾客的意见。尽管他已成为美国首屈一指的汽车推销员，但每月仍习惯地给他的逾 13 000 名顾客每人寄去一封不同大小、格式、颜色的信件，以保持与顾客的联系。

（二）易怒的客户（见图 3-12）

不是所有客户都和颜悦色，许多客户恰恰相反，他们极易发怒，而且经常使客户服务人员摸不着头脑，不知所措。

1. 易怒客户的心理特点

（1）压抑。这种压抑的心理可能是长期不得志或不成功造成的。这类人本来非常渴望做些事，或者想得到一件什么东西，但是他创造一切条件、利用一切机会去达到自己的目的却没能成功。于是他很灰心，发誓把那些愿望都驱逐出大脑，但这是难以达成的。这样情绪强烈地控制着这类客户的感情，心里烦恼却没法摆脱。客服人员上门时，那种古怪的心理又使他不愿吐露真情，心想："跟这些人说也没用，说出来只会使我更苦闷，还是不说吧！"如果客服人员一个劲地追问他怎么回事，他会觉得客服人员不通人情，而将其赶出门外。

（2）后悔。客户可能在与客服人员的沟通中曾经说过错话，或伤害过别人，争论之后总觉得有的话说得太过分，甚至有欺人太甚的感觉，本来是一吐为快想获得心理上的爽快，结果不但没使心情开朗，反而带来了新的烦恼。

2. 应对易怒客户沟通策略

面对易怒客户，一般而言，不管他发多大的火，也一定要非常诚恳地听，把客户的理由听清楚，因为卖方有时也会有不对的地方，所以即使认为这位顾客实在没道理也不要急于反驳，而应先耐心地听。

等客户把自己的心里话或牢骚说完了，他心里就舒畅多了，同时愤怒的心情也得到了缓和，时机一到，顾客还有可能向你道歉呢，接下来谈生意就容易多了。如果这样做客户还是不能完全平静下来，就得再耐心地等两三天再来拜访了。

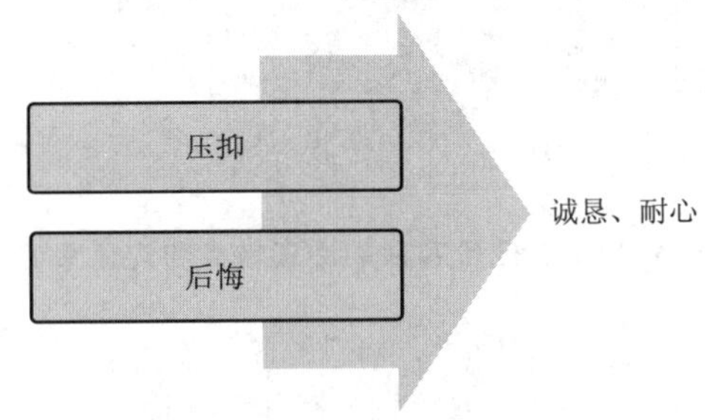

图 3-12 易怒客户的心理特点和沟通策略

（三）压低价的客户（见图 3-13）

价格谈判是业务谈判的重要环节，价格的高低直接影响到双方利益得失，所以任何一方都不会轻易让步。在很多情况下，交易双方在价格问题上的僵持，往往会导致交易最终失败，这种结果不是业务人员想要的。

1. 压低价客户的心理特点

随着生产的发展，商品变得多起来，商人的数量增多导致了强烈的竞争，各地区之间也出现了较大的价格差异。客户都想“少花钱，多办事”，这必然导致了价格谈判的困难。讨价还价现象开始增多起来，直到成为大家购物的行为准则。于是，人们有了一种误解，似乎不论什么商品、在什么地方都可以讲价，不讲价成了缺乏社会经验的行为，所以我们经常遇到客户压低价格，很多时候并非我们的商品或服务有问题，更多的是客户认为讨价还价才是正常的交易。

2. 应对压低价客户的沟通策略

（1）尊重客户。客户的压低价可能会在一定程度上引起客服人员的不快，这是非常正常的。但对于这种客户来说，尊重是非常重要的。一般来说，顾客希望在对方心里有一定地位，尤其是这种自以为了解行情的人，特别想得到他人的认可，因此，客服人员应对他们还价的种种理由耐心听下去，不管说得对与不对，也不要流露出轻视对方的态度。

（2）弄清对方的意图。客户讨价还价可能出于多种原因，比如质量不佳或其余商家价格要低等。这时候，客服人员一定要根据客户的言谈冷静地思考加以判断客户压低价的真正意图是什么。一般而言，因自私心理支配的客户施加的压力最大，他们的目的是使客服人员少赚钱或不赚钱，并且当客服人员同意将价降低一点时就会显得洋洋自得。对这类客户，如果发现他没有购买意图时，客服人员不必浪费过多时间。

（3）适当降价。假若客服人员认为客户的要求不高，可以适当地降价；这样能够迎合客户讲价的心理，促其认可成交。

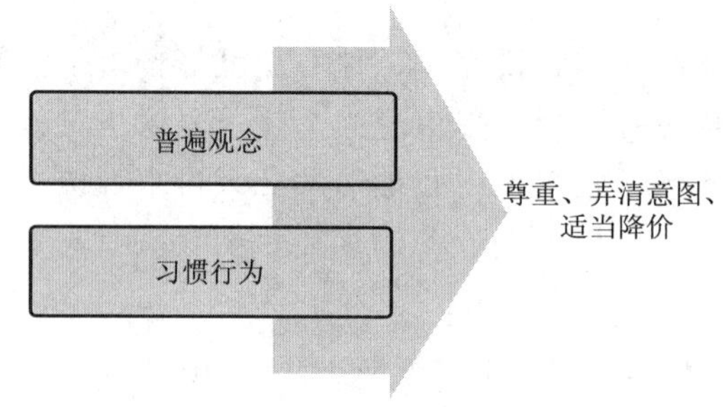

图 3-13　压低价客户的心理特点和沟通策略

小看板

六大技巧快速促成交易

（1）帮助顾客挑选。许多准顾客即使有意购买，也不迅速签下订单，他总是东挑西挑，在产品颜色、规格、式样、交货日期上不停地打转。这时，聪明的推销员就要改变策略，暂时不谈马上是否购买，转而热情地帮对方挑选颜色、规格、式样、交货日期等，一旦上述问题解决，订单也就落实了。

（2）假定准顾客已经同意购买。当准顾客一再出现购买信号，却又犹豫不决拿不定主意时，可采取“二选其一”的技巧。譬如，推销员可以对准顾客说：“请问您是要那部灰色的车还是蓝色的车？”，或者说：“请问是星期二还是星期三送到您府上？”此种“二选其一”的问话技巧，只许准顾客选中一个，其实就是你在帮他拿主意、下决心购买了。

(3) 利用“怕买不到”的心理。人们越是对得不到、买不到的东西，越是想得到它、买到它。推销员可以利用这种“怕买不到”的心理来促成订单。譬如说，推销员可以对准顾客说:“这种产品只剩下最后一个了，短期内不再进货，你不买就没有了。”或者说,“今天是优惠价的截止日，请把握良机，明天买就没有这种折扣价了。”

(4) 先买来试用看看。表现在摩托车终端时候就是试驾体验。准顾客想买你的产品可又对产品没有信心时，可建议对方先试骑，亲自体验感受，这种试用看看的技巧也可以帮准顾客下决心购买。

(5) 反问式的回答。所谓反问式的回答，就是对准顾客问到某款车型，不巧正好没有时，就得运用反问来促成订单。譬如说，准顾客问:“你们有银白色的轰轰烈125车吗?”这时，推销员不要回答没有，而应该反问道:“抱歉，我们没有生产这种颜色的车，不过我们有白色、红色、蓝色的，在这几种颜色里面，您比较喜欢哪一种呢?”

(6) 快刀斩乱麻。在上述几种技巧后都不能打动对方时，你就得使出撒手锏，快刀斩乱麻，直接要求准顾客签单子。譬如，耸耸双肩直截了当告诉他说:“如果你想掏最少的钱买到性能最好的车，就这款了，掏钱吧!”

三、与素质不高的客户沟通

素质不高的客户由于其自身能力和思想上的局限性，往往为人处世方面存在行为缺陷，这种缺陷体现在能力、道德及其他方面。素质不高的客户给我们的客户服务工作出了难题，但这些客户也不能一概而论，他们也有各种区别，需要客服人员区别对待来完成顺利沟通。

(一) 长篇大论的客户（见图 3-14）

这种类型的客户太爱表达，把与你的沟通当成了绝好的表现机会。他们谈话的内容包罗万象，天南海北，他的兴致勃勃使你不忍打断，但他们太过跳跃的话题似乎离业务越来越远。

1. 长篇大论的客户的心理特点

(1) 一吐为快。这些客户往往“卖弄”欲望极强，不管他人是否正在讲话，就屡屡抢白，急于想让别人知道他的见解与众不同。因为他爱显示，所以你一旦提到他觉得可以发挥的方面，他会立即插入，开始卖弄自己的光辉历史，以显示自己博学多才、高人一等。

(2) 好斗。你说一句，他说十句，你越是面红耳赤，他越是眉飞色舞，洋洋自得，直到最后把你“打”得“大败而回”，灰溜溜地离去，更如同给他打了一针兴奋剂，止不住满脸得意，简直像打了一场胜仗。这种客户的心理就是喜欢战胜别人来寻求满足，客户服务人员很自然成了这些人心理上想要击败的对象，业务沟通过程成了他所需要的环境。

2. 应对长篇大论客户的策略

这种客户唠叨不休，一般都会使客服人员产生头痛的感受，觉得对方很难接近，从而更谈不上什么交流协商了，你会觉得什么本事对这种人都用不上，即使用了恐怕也很难奏效。其实你的这种担心与顾虑是不必要的，因为这种貌似很难对付的客户，其实也不是坏人。所以应对这种客户，第一要做到不怕“苦”，任他反驳你、贬低你、讽刺你，始终不露“怯”色，一脸风平浪静；第二要不怕“累”，听他长篇大论很累人，其中有些部分还会令你感到别扭难受，但你要坚持，让他说个痛快，把心里想说的都一股脑儿地说完。那么他在尽吐不快后，他会变得心情舒畅，也就恢复了冷静。

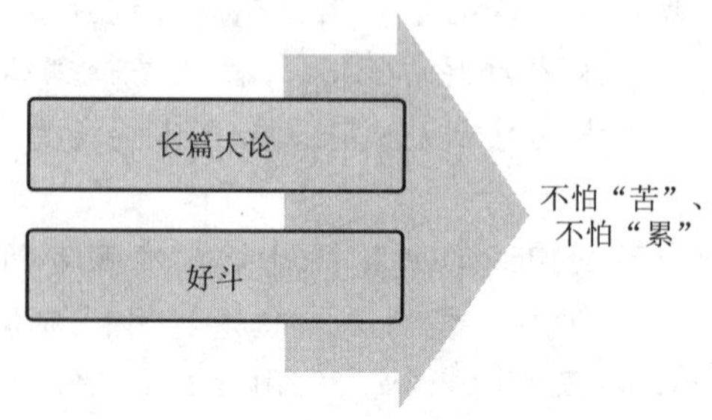

图 3-14 长篇大论客户的心理特点和沟通策略

（二）爱撒谎的客户（见图 3-15）

爱撒谎的客户往往会使客服人员忙活半天却一无所获。他们的撒谎习惯并非故意，它总是在一定的动机支配下发生的。

1. 爱撒谎客户的心理特点

（1）不愿暴露真实意图。这类客户可能有过上当受骗的经历，所以心理上对客户服务人员的判定充满了戒备。对于客户来讲，与客服人员的交往很可能是一场战争。既然潜意识里把客服人员当成了敌人，自然就不愿让客服人员知道他的真实意图。孙子兵法上讲:“兵者，诡道也。”他担心客服人员知道之后会骗他，所以他用谎言来试探客服人员，直到解除了这种戒备，取得了信任，他才会丢弃谎言，选择真实，毕竟谎言是不能成交的。

（2）爱面子。爱面子的客户愿意被客服人员认为“学识渊博”，喜欢受到尊敬、钦佩。然而，一旦发觉客服人员比他们知识多，就会激发他说谎话、占人上风的欲望。

与客服人员沟通过程中，会涉及行情、市场、消费等很多方面话题，如果是他了解的，自然愿意表达，如果碰到他不知道的，他也不愿让客服人员成为主角，这个时候他就可能被虚荣心驱使撒谎。

2. 应对爱撒谎客户的沟通策略

这类客户爱面子，切记不可以用过激的方式激怒他，尤其不要当面戳穿他的谎言而惹怒他，慢功退急火，要慢慢接近他，多方面了解他的心态，做到有备无患。

你大可以装聋作哑，作天真、无邪、无知的样子，这样可以缓和事态，避免激化矛盾，这同样可以使对方打消撒谎的念头。

（三）脆弱的客户（见图 3-16）

客户的心理千差万别，有些客户心理异常脆弱，女性客户尤其突出。女性的感情较为丰富敏感，所以有时业务人员随口而出的话都有可能伤到她的心，使她受到很大的伤害和刺激。

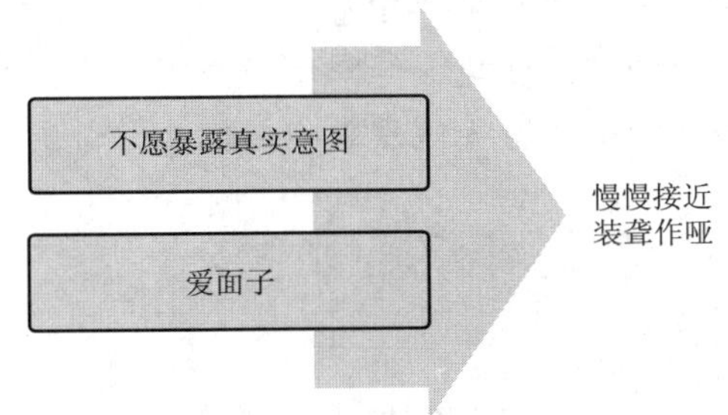

图 3-15　爱撒谎客户的心理特点和沟通策略

1. 脆弱客户的心理特点

（1）自尊心强。这类客户具有很强的自尊心，强烈要求保持个人尊严不受侵犯，当遇到不体面的情况时，这种要求变得更为强烈，稍微遇到一些鸡毛蒜皮的、不顺心的小事就会发作，倘若被客服人员无意中触痛了这些伤口，更会受到极大的刺激，反应也更强烈，自然会对业务人员态度强硬。

事实上，自尊心越强的人，越是努力维持尊严，就越容易感到自尊心受伤，而且受到的伤害也越严重，发作起来越猛烈；感觉越敏锐，想象力就越丰富，就越容易为了些没意义的小事而烦恼，伤害到自尊心。

（2）自责。这类客户还有一个心理：当他发现客服人员没有遵守诺言欺骗他时，并不会怪罪业务人员，他认为业务人员必然是极力维护其自身的利益，违背诺言是可以理解的，而自己太相信客服人员，自己才是傻瓜。

客户之所以有这种自责心理，主要有两种原因：一种是独立决策购买，无法推卸责任，承认自己不好是唯一办法；另一种是已经犯了错误，被指责的遭遇是难以逃避的了，如果干脆坦白承认，即在别人责难之前先自己骂自己一顿，借此逃避别人对自己的伤害。

2. 应对脆弱客户的沟通策略

这类客户倾向于感情用事，很少理智地面对需要。固然，客服人员由于个人魅力可能容易成功，但一不小心也可能会触动客户某个隐痛，使客户觉得感情受到伤害，所以对这类客户必须谨慎从事。首先，必须注意听他说话，并做出积极的反应，使他觉得自

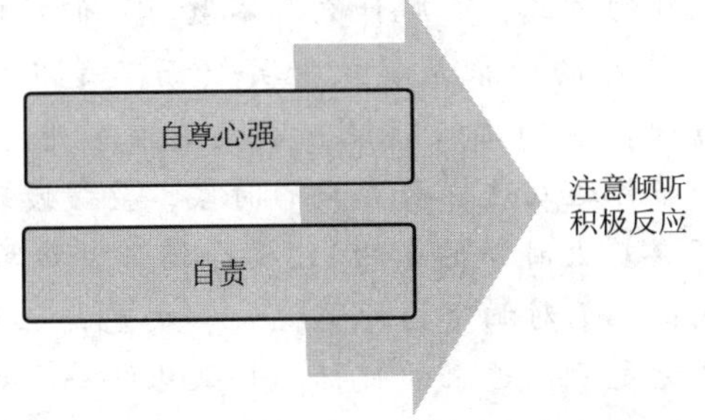

图 3-16　脆弱客户的心理特点和沟通策略

己受到重视；同时，在选择辞令时必须禁用感情化的言辞；最后，在谈话中谈到别人一定要谨慎，要充分留意客户的神态变化，绝对不可忽视客户的感情。总之，一个好的业务人员应该具有丰富的生活阅历，善于观察客户的内心并做出相应的反应，这样才能与客户进行良好的沟通。

资料卡

行为模式简介

“狮子”的行为模式：有领导才能，很强的自我意识，喜欢挑战，别人越是说做不了的事情，他就越要去尝试；喜欢有变化的工作和生活，讨厌一成不变，喜欢追求目标（有成就感）。在压力下，不太关心别人的感觉，比方说在工作中，如果“狮子”的压力太大，就会对底下的人要求格外严格。“狮子”是一个行动者，对他人的要求很高，给人的感觉比较严厉，当你看到这样的人的时候往往会有一点恐惧感，会觉得他比较有“攻击性”。如果你跟这样人打交道，比方说向他推销一个产品，你一定要在三句话之内就切入正题，否则他就会变得不耐烦。在穿着方面，他会根据不同的场合来着装，在正式场合他一定会穿正装。

孔雀们的行为模式：这个类型的人很乐观，喜欢跟人打交道，有人缘，好交际，当他们受到表扬的时候会非常开心。不过在压力下，他们比较容易手忙脚乱。当他们觉得压力大的时候，会不自觉地去找别人聊天，借此来排解自己的压力。这种人不论对他人还是对自己，要求都不太高。性格开朗外向，喜欢哈哈大笑，爱讲话。如果你是个推销员，当你与“孔雀”们打交道的时候，要先花一半的时间跟他拉家常、聊闲天儿，然后再切入正题。孔雀型的人在穿着方面总是非常时髦的，穿衣风格比较休闲，在着装上很抢风头；如果你收到孔雀型的人写的报告，会发现表面文章做得很好，报告写得漂漂亮亮，但是里面具体有用的内容恐怕就不会太多。

树袋熊的行为模式：他们的表现始终如一，在团队里是很好的伙伴，受团队的利益所驱使。他们乐于接受一成不变的生活和工作，不喜欢改变，维持现状对他们来说是再好不过了。典型的树袋熊型的行为模式是做了妈妈的家庭妇女，她们心甘情愿、日复一日地做着重复性的工作，把家庭成员的利益和荣誉放在第一位，压力越大，她们就越能默默地做出更多的奉献。如果遇到突如其来的压力（比方说来自工作或学习上的），树袋熊型的人往往采取睡大觉的方式，干脆什么都不做。他们对自己的要求很高，但是对别人的要求却不高。他们给人的印象是喜欢微笑（而不是孔雀式地哈哈大笑），有耐心，乐于倾听。在穿着方面，他们比较随便，不太追求穿着，往往一件衣服一直都不换。如果你是个推销员，当你遇到这样的客户的时候，要缓慢地切入正题，同时不要介绍新产品给他（因为他不喜欢太时新的东西），要介绍“升级换代”的产品给他。

猫头鹰型的行为模式：他们对细节格外重视，喜欢完成一件复杂的工作，受任务的驱动，正确性和优异的质量是他们追求的目标。如果你给一个猫头鹰型的人写报告，那一个标点都不要错，否则他一定会给你指出来的，他们就是这样追求细节。在压力下，他们对自己和别人都会非常严格，这一点与狮子不一样，狮子只对别人严格，对自己倒不太严。猫头鹰型的人对细节非常挑剔，追求正确性和准确性。如果你收到一份猫头鹰型的人写的报告，你会发现表面看起来平平淡淡，但是细细读下去，就会发现里面有大量的有用信息和精确的数据。如果他们在工作和学习上遇到压力，会好好地利用自己的时间转移一下注意力，比如说去看电影，去湖边散步，读读书等。在穿着方面，他们很注意整洁，对衣服的细节很挑剔，猫头鹰型的男士无论公司是否要求，他们都会天天打着领带。如果你向一个猫头鹰型的人推销产品，那你事先一定要做足准备，带好足够的数据和资料。

资料来源：blog. sina. com. cn.

技能训练

一、性格测试训练

（一）以下一共有18组问题，每组问题的分数为6分，请你将6分按照你的判断进行分配，填在后面的括号里。每组题只要加起来是6分就可以。可以是把6分分成0和6、1和5、2和4或是3和3。

1A. 我通常喜欢与人接触，愿意了解别人，并与他们建立关系。（ ）

1B. 我通常不太喜欢与人接触，不太耐烦去主动了解别人，并与他们建立关系。（ ）

2A. 我通常反应慢而且会看细节。（ ）

2B. 我通常反应快而只看大局。（ ）

3A. 我通常对别人占用我的时间存有戒意。（ ）

3B. 我通常对别人占用我的时间表示宽容。（ ）

4A. 我通常在社交聚会上做自我介绍。（ ）

4B. 我通常在社交聚会上等别人向我介绍他们自己。（ ）

5A. 我总是喜欢跟人谈天，经常谈到有兴趣的人或事，让自己忘了手头正要做的事情，只好开夜车或加班来补足。（ ）

5B. 我总是爱谈与工作项目、事务、生意或手头要办的事情有关的话题。（ ）

6A. 我通常说话不武断，并且对慢节奏会很有耐心。（ ）

6B. 我通常说话武断，并且对慢节奏会没有耐心。（ ）

7A. 我总是在了解了事实或根据的前提下才做决断（ ）

7B. 我有很多时候是凭感情、经验或人际关系做决断。（ ）

8A. 我总是经常参与大家的谈话。（ ）

8B. 我总是很少参与大家的谈话。（ ）

9A. 我通常更愿意与别人一起共事或通过他们办事，只要可能就向他们提供支持。（ ）

9B. 我通常更愿意做事独来独往或把人也当成是事情的一部分。（ ）

10A. 我提问题或说话总是吞吞吐吐，很少直截了当。（ ）

10B. 我说起话来总是快人快语或直截了当地表达自己的观点。（ ）

11A. 我总是看重思想、观念或成效。(　　)

11B. 我总是看重人、人际关系和感情。(　　)

12A. 我总是爱用手势、面部表情和抬高声调来强调我要阐述的观点。(　　)

12B. 我通常不用手势、面部表情或抬高声调来强调我要阐述的观点。(　　)

13A. 我通常会接受别人的观点（想法、感情和诸如此类的事）。(　　)

13B. 我通常不接受别人的观点（想法、感情和诸如此类的事）。(　　)

14A. 我通常对冒险和变革总是抱小心谨慎的态度。(　　)

14B. 我通常对冒险和变革总是抱积极的态度。(　　)

15A. 我总是喜欢把个人的感情和想法闷在肚子里，只有愿意时才讲给别人听。(　　)

15B. 我总是觉得向别人袒露自己的感情是件自然的和轻松的事。(　　)

16A. 我总是去追寻新的或不同的人生经历，去适应不同的环境。(　　)

16B. 我通常只能适应我熟悉的或有着类似的环境和人际关系的氛围。(　　)

17A. 我通常对别人的大小事情、兴趣所在和牵挂什么很敏感。(　　)

17B. 我通常只关心我自己的日程表、兴趣所在和自己牵挂的事。(　　)

18A. 我通常对争执反应迟钝。(　　)

18B. 我通常对争执反应敏捷。(　　)

（二）请把刚才填完的数值按照对应关系填到表 3-3 中（注意 A 和 B 的位置，不要填错）。

表 3-3　　测试汇总表

P 列	T 列	F 列	S 列
—	—	—	—
1A	1B	2B	2A
3B	3A	4A	4B
5A	5B	6B	6A
7B	7A	8A	8B
9A	9B	10B	10A
11B	11A	12A	12B
13A	13B	14B	14A
15B	15A	16A	16B
17A	17B	18B	18A

（三）将纵列的数值加起来。

总分：P 列________　T 列________　F 列________　S 列________

如果你的 P 列得分最高，P 的意思是人（PEOPLE），用孔雀来代表，表示的是一种以“互动性和影响性”（Interactive and Influence）为核心的行为模式。

如果你的T列得分最高，T的意思是任务（TASK），用猫头鹰来代表，表示的是一种以“严谨”（Conscientiousness）为核心的行为模式。猫头鹰像是戴着眼镜的样子，在西方文化中是一种有学问的动物。

如果你的F列得分最高，“F”的意思是快速（FAST），用狮子来代表，表示的是一种以“主导”（Dominance）为核心的行为模式。

如果你的S列得分最高，S的意思是缓慢（SLOW），用树袋熊来代表，表示的是一种以“稳定”（Steadiness）为核心的行为模式。

二、案例分析

某公司的客户服务中心窗明几净，美丽整洁，客户服务代表正在接待客户，客户边抽烟边谈业务，不时将烟灰随手掸在地上，快谈完的时候还随口把痰吐在干净的地毯上，地毯上出现一片污渍。

问题：作为客户服务代表你该怎么办？

学习情境四　演讲沟通

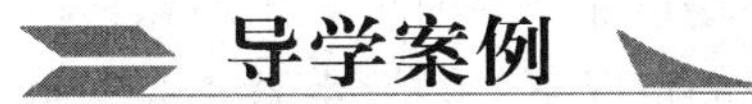

导学案例

一次失败的演讲经历

那次演讲比赛失败的窘迫与羞辱，小王一辈子也忘不了。

虽然他把演讲稿背得滚瓜烂熟，但比赛那天他心里仍十分忐忑，心想：要是万一忘了词或出了其他洋相可怎么办呀，那岂不颜面尽失？

但箭在弦上，不得不发。主持人报出他的名字后，他离座上台，瞬时感觉两条腿走起路来软绵绵的；无数双眼睛望着他，如芒刺在背。这是他第一次在这么多人的场合上台，感觉心跳骤然加快，呼吸也快了起来。

"亲爱的同学们——"他开口的第一句话在寂静的会场响开。他的声音很小，通过麦克风传出去，再进入他的耳朵，连他也感觉陌生，怎么不像自己的声音了呢？此时，他的心就跳得厉害，手心出汗，无论如何也平静不下来，心虚得很。身子轻起来，他不敢面对听众的眼睛，本想深呼吸一下平定自己的紧张情绪，可却半天说不出话来。又想讲一个笑话来缓和气氛，但是听众却没有笑，只是看着他。他感到自己就像个小丑，硬着头皮背讲稿，干巴巴的自己都觉得没劲，只想尽早背完下台了事。更让人难堪的是，背到中间时，原来那么熟悉的讲稿竟然一下子记不起来了，头脑里一片空白，重复了好几遍上句话，就是接不下去，台下开始出现窃笑声，开始议论……他终于中途退场，红着脸走下了演讲台。

案例分析：

上述案例中小王这种情况在演讲比赛中并不少见，几乎每一个初学者都会面临这样一种考验，几乎所有人都会有类似的经历，而成功的演讲者都是从这种羞辱和失败中走出来的。例如，美国著名讽刺小说家、演讲家马克·吐温刚开始练演讲时，一上讲台，两只膝盖碰得喀喀响，嗓子里像塞了棉花团；西塞罗是古罗马最著名的演讲家，但他也曾在一次演讲后说："演讲一开始，我就感觉到自己面色苍白，四肢和整个心灵都在颤抖。"

我们认为，小王至少犯了两个初学者常犯的通病。

第一，他不明白演讲不是演戏，不是按导演事先规定好的台词照本宣科地表演。

为什么说演讲不是演戏呢？演讲对于演讲者的要求到底在哪里呢？演讲时直接面对听众加观众，必须是一气呵成。而演戏面对的是摄像机，可以随时中断，随时由导演调整、指正、修改每一个细节之后再开始，即使演得不好，还可以通过剪辑选录以达到最佳影视效果。演讲的即时性很强，所有的调整都得在演讲者头脑里完成，而且还必须应对各种意想不到的情况。听众是活的，演讲者也是活的，生硬地表演事先设计好的动作、表情，或生硬地背诵讲稿都是不可取的。

第二，他不知道一个成功的演讲者必须学会站着思考。

学会站着思考又是什么意思呢？无论何时我们都不能停止大脑的思考，不管是上台之前，还是上台之后，思考必须贯穿于整个演讲的全过程。成功不会降临在一个没有准备的人身上，成功也同样不会降临在一个仅仅只会事先准备的人身上。灵活应对，把握当下的每一刻，才是一个真正的思考者的本色。

行为科学家认为：从坐着封闭思考到站着开放演讲是一场革命，平时说话想问题谁都能轻而易举地办到，在众人紧盯着的目光下，在你内心紧张的情况下，在发生紧急意外事故的时候，你还能保持头脑的清醒和灵活才是真正的能力，这就是站着思考的能力。

罗斯福曾说："冷静的头脑，是可以通过练习得到的，必须用反复的练习来控制自己，使自己养成一种习惯，使自己的脑子在众目睽睽之下也可以完全受自己控制，从容地思考。只要方法得当，每一次练习都会增强一分自我控制的能力，从而进入坦然自若的境界。"平时抓住每一个公开演讲的机会，平时多"抛头露面"几次，让自己习惯在压力下举重若轻，除此之外，没有其他的终南捷径。

学习训练目标

- 理解演讲的概念。
- 掌握准备演讲稿的方法。
- 了解演讲前的预讲工作。
- 掌握演讲过程中的语言和非语言沟通技巧。
- 了解会场的准备与设备使用技巧。

导学知识　演讲沟通的概念理解

一、演讲的概念

演讲作为人类的一种社会实践活动，必须具备五个条件：演讲者、听众、沟通二者的媒介、时间和环境，缺乏其中任何一个条件都不能构成演讲。演讲的传达手段包括有声语言、态势语言与主体形象。

（1）有声语言是演讲活动最主要的表达手段。它由语言与声音两种要素构成，以流动的声音运载思想与情感，直接诉诸听众的听觉器官。有声语言要求吐字清楚、准确、声音清亮、圆润、甜美，语气、语调、声音、节奏富于变化。

（2）态势语言就是演讲者的姿态、动作、手势与表情，是用变化的形体动作辅助有声语言运载思想与感情，直接诉诸听众的视觉器官。它要求准确、鲜明、自然，协调。

（3）主体形象是指演讲者的体形、容貌、衣冠、发型、举止神态等。主体形象的美与丑、好与差，直接影响着演讲者思想感情的表达。主体形象要求演讲者在符合演讲思想感情的前提下，注重装饰朴素得体，举止、神态、风度潇洒、优雅、大方，给听众一个美的外部形象。

必须指出，演讲如果只有“讲”而没有“演”，只作用于听众的听觉器官而不作用于听众的视觉器官，就会缺少动人的主体形象与表演活动；二者相辅相成，缺一不可。但是，“演”与“讲”的和谐必须是以“讲”为主，以“演”为辅，“演”必须建立在“讲”的基础上，否则便失去了演讲的意义。

现在，可以给演讲的本质下一个定义：它是演讲者在特定的时境中，借助有声语言与态势语言等艺术手段，针对社会的现实与未来，面对广大听众发表意见，抒发情感，从而达到感召听众并促使其行动的一种现实的信息交流活动。演讲构成公式：

演讲=演讲者+听众+沟通媒介+时间+环境

资料卡

10—20—30 原则

这是 Guy Kawasaki（美国旧金山湾区著名的风险投资家，同时也是位充满激情、睿智和幽默的演讲家）提出的一个幻灯片制作和演讲原则，即一个 Powerpoint 不能超过 10 张幻灯片，演讲总长不能超过 20 分钟，而且幻灯片的字体要大于 30 号。他说，不管你的想法是否能够颠覆世界，你必须要在有限的时间里，用较少的幻灯片和精练的语言将你想法的精华传达给听众。

二、演讲的分类

演讲的分类一般有三种。

（一）按演讲内容

大致分为：（1）政治演讲（包括竞选演说、就职演说、施政演说、会议辩论、集会演说等）；（2）教育演讲（包括知识讲座、学术报告等）；（3）宗教演讲；（4）经济演讲（包括商业广告演讲、投标介绍演讲等）；（5）军事演讲。

（二）按演讲的目的

大致分为：（1）娱乐性演讲；（2）传授性演讲（或称学术演讲）；（3）说服性演讲；（4）鼓动性演讲；（5）凭吊性演讲（或称葬礼性演讲）。

（三）按演讲场所

大致分为：（1）游说性演讲；（2）街头演讲；（3）法庭演讲（或称司法演讲）；（4）课堂演讲；（5）大会演讲；（6）宴会演讲；（7）巡回演讲；（8）广播演讲和电视演讲。

三、演讲的特征（见图 4-1）

（一）现实性

演讲属于现实活动范畴，不属于艺术活动范畴，它是演讲家通过对社会现实的判断与评价，直接向广大听众公开陈述自己主张与看法的现实活动。

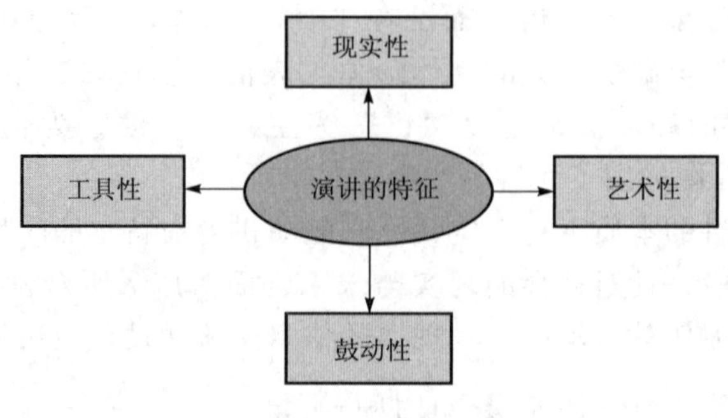

图 4-1 演讲的特征

（二）艺术性

演讲的艺术性在于演讲中的各种因素（语言、声音、表演、形象、时间、环境）形成一种相互依存、相互协调的美感。演讲具备着戏剧、曲艺、舞蹈等艺术门类的某些特点，并将其与演讲融为一体，形成具有独立特征的演讲活动。

（三）鼓动性

没有鼓动性，就不成为演讲，政治演讲也好，学术演讲也好，都必须具备强烈的鼓动性。这是因为：

（1）一切正直的人们都有追求真善美的渴望，演讲者传播了真善美，自然会引起共鸣，激励与鼓舞听众。

（2）演讲者以自己炽烈的感情去引发听众的感情之火，容易达到影响听众的目的。

（3）演讲者的形象、语言、情感、态势以及演讲词的结构、节奏、情节等均能抓住听众。

（4）演讲的直观性使其与听众直接交流，极易感染与打动听众。可以说，鼓动性是演讲成功与否的一个标志。

（四）工具性

演讲是人们交流思想的工具。任何思想、任何学识、任何发明与创造都可以借助演讲这个工具来传播。可以说，演讲是最经济、最实用、最方便的传播工具，任何人都可以利用它。

宽泛意义的演讲，不单只限于站在讲台上对着话筒的演讲，当我们跟领导汇报、跟同事们开会、跟客户沟通和演示产品、召开新闻发布会等时其实都是在各种环境下、带有各种目的的演讲表达，能否通过表达实现沟通目的，达到较好的工作业绩，跟我们演讲沟通的效果质量有着紧密的关系。

以上谈了演讲的本质与特征。在现实的演讲活动中，有以下两种倾向很值得注意。

一是有的演讲者只“讲”不“演”，只注重演讲的实用性而忽略了演讲的艺术性，使演讲不伦不类，干巴枯燥，因而削弱了演讲的效果。

二是有的演讲者一味过分地“演”，追求相声、评书、朗诵、故事等其他艺术表演技巧，冲淡了演讲的现实性、实用性与严肃性，显得滑稽、夹生，起不到演讲应有的作用。

这两种倾向都必须认真加以克服。

小看板

眼神交流

销售人员都知道，你不能把所有的注意力都盯在做决定的人身上，因为秘书和助理也在一定程度上影响老板做决定，而且总是将注意集中在一人，会让对方感到不舒服。

技能点一 准备高质量的演讲稿

在所有能够克服紧张心理的方法中，有一个方法特别突出，那就是充分周全的准备。如果演讲前没有做好充分的准备，其紧张情绪自不待言。这种紧张感是下意识的，就像做学生时经常做的噩梦：考试时间快到了，却突然发现自己的脑子里还是一片空白。但是对于胸有成竹的演讲者而言，却知道其中并没有什么可怕的。他能领悟到准备工作是成功演讲的根基和纲领。事前做足工夫，演讲即可十拿九稳。准备工作能驱散心头的紧张，将你的演讲打磨成一部精雕细琢的杰作。

演讲稿的准备包括如下内容（见图 4-2）。

图 4-2 演讲稿的准备过程

一、确定演讲目标

演讲的目标指的是演讲者希望在听众脑海里留下哪些演讲的内容，以及听完讲话后他们会采取的行动。你演讲的目的是传递信息、还是说明情况或者是唤起听众采取行动？每一次演讲都会有自己的主题和存在的理由。大部分演讲的目标都符合下列四种主要类型（见图 4-3）。

（一）传授性演讲（或称学术演讲）

传授性演讲的演讲者把自己所掌握的知识或内容讲授给别人，或把某些消息传播给听众，一般用于讲课、讲座或企业的市场营销推广活动等场合，虽然不会与听众发生争辩，但这种演讲也绝不能做成单项沟通，那样效果一定不好，还是需要互动。例如教育演讲，包括知识讲座、学术报告、产品推广演讲展示会等。

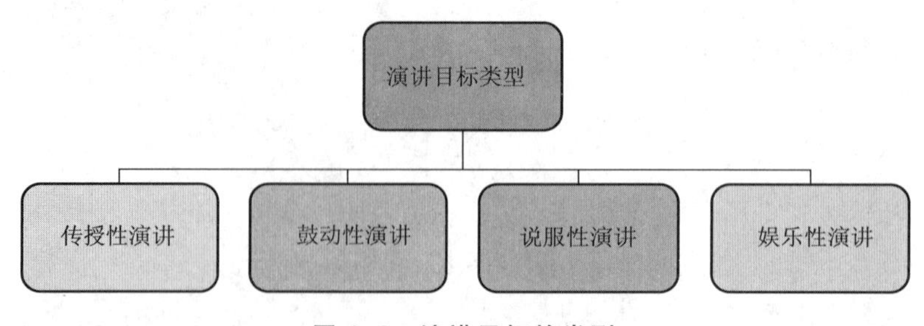

图 4-3　演讲目标的类型

（二）鼓动性演讲

这类演讲是用热情的语言把听众的情绪鼓动起来，使之向着既定的目标奋斗，希望与听众产生共鸣，激发出听众内心深处最强大的力量。注意这种演讲不是空喊口号，给听众“打兴奋剂”，而一样是要给客户解析演讲内容，告诉听众这其中有怎样的利益获得、为什么要跟随你的演讲思路等，这样听众的心就被你俘获了，而不是只听到了你的声音而已。

例如，奥巴马总统竞选的获胜演讲是鼓动性演讲，激情四射，富有感染力。美国历史上出现过多个优秀的政治家，如林肯、肯尼迪和马丁·路德·金，他们成功的第一步都源自热情奔放、富有号召力的演讲。在传媒日益发达的当代，这一点尤其重要，因为演讲直接关系到能否感动选民、取得共鸣，奥巴马的演讲，既激情四射、振奋人心，又格调高雅、富有感染力。如演讲中使用了多组长排比句，他将大选人们排长队投票的场景，将全社会各层次人们全部列举出来向所有人宣告：美国在发生改变，美国会因为他的当选而发生改变，美国仍然充满希望和活力，美国因为所有人的融合而强大。而其中的“我们是，我们永远是美利坚合众国”是极度富有感染力的，演讲在这里达到第一个高潮。能在开篇就引导出一个高潮是成功演说的开始。这样的演讲开篇是很有力量和感染力的。此外，他高度赞扬了自己的竞选对手美国共和党总统候选人麦凯恩参议员，而且是极其诚恳和足够力度的评价，不带半点讽刺。我们不仅能看到这些赞扬，更能看到他的风度与尊重，当然，这么完美的对手同样可以起到肯定自己的作用。

（三）说服性演讲

这类演讲通过综合运用逻辑、证据和情感来说服听众愿意接受演讲者的提议。说服型演讲是就某个有争议的问题提供解决方案，并使用大量推理逻辑、事实论据和情感诉求，以争取听众的认同。例如，总统竞选演讲、销售人员跟客户的沟通演讲、公司老板对员工的演讲等。此种演讲需要事前充分准备，对要演讲的内容精通，且烂熟于心，对心理学要有研究，能够根据对方的细微变化找到对方的“软肋”，一举攻破，成功说服。

（四）娱乐性演讲

演讲者不可能单纯为了取悦观众而演说，但是演讲者必定渴望能够通过某种轻松有趣的方式来传达主题和信息。这类演讲最基本的特征就是生动活泼的语言和真挚热忱的情感。例如在庆祝和纪念活动中，节目主持人作为演讲者，为了让听众能够心情愉快所说的幽默风趣的演说词即属此类。

那么，演讲者该如何提出自己的目标呢？这首先要判断演讲的大致类型。你的演讲是为了取悦听众还是传递信息？或者你需要在传递信息之外进行说服，甚至是唤起听众的行动？你的讲话极有可能综合了以上几种功能，那么哪一种在其中占据了主导地位呢？

尽管我们已经讨论过四种主要的演讲目标，但其中最突出的一个目标是：说服。在传递信息的过程中，更多的是要说服听众，并使听众认同你的观点。

小看板

TED（技术、娱乐、设计）演讲特点有三个：

1. 时间控制在10~20分钟。

2. 内容真实，新颖，前卫。

3. 来自各个阶层不同人群的演讲，要么是真理传递，真情，要么是最新领域，专业领域下的演讲。

二、确立演讲主题

演讲的主题就是演讲的中心思想。演讲，首先要确立主题，只有确定了主题，才好根据主题的需要，搜集和选择适当的材料。不然的话，就会盲目地准备材料，或者是搜集的材料用不上，或者是需要的材料没有搜集到。确定主题时应注意以下几点。

（一）演讲主题应集中

一般来说，一篇演讲只能有一个主题，演讲者必须围绕这个主题展开论述。

例如你要针对“在21世纪公司如何实现领导力”发表演讲，此时若你把它当作演讲的目标对待，那么你肯定会感到惊慌失措。

首先，类似主题其实只是一个泛泛的议题而已，你的目的却是通过丰富的案例、趣闻轶事和翔实的数据，就“领导力”的某一点，甚至是某个公司的具体管理发表意见。

其次，在这一演讲中，你的目标既可能是告知听众“在公司内部获取领导力的必需技能”，也可能是说服人们“为进入21世纪做准备而转换领导角色、实行领导力的变革”。

在这一主题上进行拓展的可能性是无限多样的，因此必须制定非常明确和具体的目标。你的发言越是重点突出、越具体，你就越有可能引起听众的共鸣。

（二）主题要求鲜明、正确、新颖、深刻

（1）鲜明是指演讲主题要贯穿于全篇，能够给听众留下深刻的印象，并引起强烈的反响。

（2）正确是指其观点见解具有积极意义，使听众受到教益，取得良好的社会效应。

（3）新颖是指见解独特，给人以清新之感，对听众具有诱惑力和吸引力，能引起听众的兴趣和注意。

（4）深刻是指提出的主张和见解能揭示事物的本质，能使听众受到启迪，从感性认识上升为理性认识。而要做到这些，必须在选定角度和挖掘深度上下功夫，做到立意深远。

（三）搭建架构

正式写演讲稿之前最好先搭建好演讲架构：一是要决定大纲和主要内容；二是要做好时间分配。

有了架构，再往上添加素材和内容就容易多了。有了良好的架构，就能吸引听众的注意力，帮助听众理解，同时让自己所传递的信息能更深刻地印记在听众的脑海中。

三、搜集演讲资料

演讲材料就是供演讲使用的各种情况和资料，是演讲观点和主题赖以成立的依据。因此，要想演讲成功，必须广泛地搜集材料，精心地选择材料。

（一）搜集的内容——演讲者希望了解的问题

下面列出了一些你可能希望了解的问题，无论邀请你发表什么类型的演讲，这些资料都是非常基本的。

1. 可询问有关这次活动的这样一些问题

（1）这次会议的主要目的是什么？

（2）会议是一次例会还是一次特殊的活动？

（3）会议是一次正式的会议还是非正式的会议？

（4）会议的气氛怎样——严肃还是轻松愉快？

2. 有关形式要问的一些问题

（1）那天的会议安排是怎样的？

（2）你的演讲应该采用什么形式？

① 一个概括会议的综述？

② 一个在会间休息时的娱乐项目？

③ 在座谈小组讨论时的发言？

④ 在进餐之前、之后还是之中？

（3）你演讲的开始时间？

（4）你将演讲多长时间？

（5）除了你之外还有没有其他的演讲者？

（6）其他的演讲者在什么时候发言？

（7）其他的演讲者将演讲什么主题？

（8）在其他的演讲者中有没有演讲的主题是反对你的观点的？

（9）在你演讲之前有什么活动？

(10) 在你演讲之后会安排些什么呢?

3. 对演讲的地点要问以下几个问题

(1) 你将在哪里演讲?

① 室内还是室外?

② 房间的类型是:宴会厅、会议室、礼堂或者什么别的类型。

(2) 房间将怎样布置?

(3) 有哪些设备可以供你使用?

4. 对听众你要问的一些问题

(1) 听众的数量有多少?

(2) 听众是不是必须要求参加?

(3) 听众是专门为听你的演讲而来还是有其他原因?

(4) 他们对你演讲的主题了解多少?

(5) 他们是不是急于离开?

(6) 在你演讲时他们可不可以喝东西?

(7) 在你演讲时他们可不可以走进走出?

(8) 他们曾经对其他演讲者是怎么反应的?

(9) 他们曾经听说过哪些演讲者?

(10) 他们希望从你这里获得什么?

(二) 搜集要领

了解了这些问题之后,就要针对这些主题和情况来搜集材料了。下面是搜集材料的几大要领。

1. 搜集二手资料

在搜集材料的过程中,别出心裁、独具慧眼是非常重要的。同一篇命题演讲,在相同的时间里让不同的人去搜集材料,有的人举出的事例就新颖独特,耐人寻味;有的人却只能举出那些老掉牙、陈芝麻烂谷子的事例。

对于大多数初学者来说,平时要多留心一下报纸、杂志、书籍和互联网线上的资料,还有别人整理好的演讲论据,汇编也可以用,但要注意资料时间不要太陈旧,最好是近期的资料时间不要早于近 3 年。

2. 搜集一手资料

演讲中要多用原材料、第一手材料,因为可以从中发现更生动鲜活的人和事,避免人云亦云,而从别人那里转引来的内容总是不可靠的,尤其是涉及数字的地方,一旦错了会闹出大笑话。

要自己搜集一手材料,广泛应用各种渠道,如互联网、人际关系网络、充分的市场调研等,多从亲身经历、耳闻目睹的事情中找出适合用的材料充实进去,这些一手资料更有说服力,而且亲身经历的调研资料对演讲者而言基本上不用背稿了。

3. 不要往原材料里掺水

搜集材料、使用材料一定要准确,每个材料或事例都可以分为两部分,可以称作"硬件"和"软件"。硬件是那些客观存在的数据或事实,是不能随便改动的;软件是你自己对这些事例进行的评价和感想，是可以随你的理解而升华的。也有人活用材料不当，为了达到宣传效果，不顾事实真相，添油加醋，结果不足以让人信服，适得其反。

4. 寻求典型新鲜材料

典型即要有代表性，要能说明问题，要具有说服力才行。一个好例子摆在那里胜过演讲者自己喋喋不休地强调许多遍。古今中外的演讲大师们深明此理，他们成功的演讲总有十分典型的事例做支撑，给人留下深刻的印象。

运用材料典型化要注意三点：典型环境、典型人物、典型行为。

而新鲜是从效果上讲，只要别人不知道，你说出来，对他而言就是新的；二是从时间上讲，是最近发生过的一些焦点事件，效果必然是令人振奋的。

总之，你可以用各种各样的事例来支撑你的论点，如成功事例、亲身经历、幽默故事、令人吃惊的故事等。

四、组织演讲材料

（一）设计精彩开场白

1. 一段精彩的开场白有三种作用

（1）吸引听众的注意力，激发听众的好奇心。

（2）概述你演讲的主要内容。

（3）向听众阐明听你演讲的必要性。

2. 开场白的三种开头方式

（1）引人入胜型。开场白的主要目的就是赢得听众的注意。由于听众对演讲的第一印象会很快形成，如果开场白不能吸引他们，那么其他部分就只会白白浪费掉了。

例如，这样一段开场白：想象一下现在是 2050 年，你已经 65 岁了。你刚刚收到一封来信，打开信封，里面是一张 10 万美元的支票。不，不是你赢了什么彩票。当意识到在过去的 40 年中自己的少量投资的策略现在终于有了可观的收益时，你不禁喜上眉头。它可以吸引你听下去。

（2）概述要点型。在开始演讲后的几秒钟内，听众应该对你要谈到的内容有一个很好的了解。不要因为讲了几个笑话或例证导致离题万里，而把根本目标抛到了脑后。

例如，这样开场很简明：今天我来回答三个问题，这三个问题有助于你理财：第一，如何挣钱；第二，如何投资；第三，小钱如何生大钱。

（3）阐明理由型。即便你已经抓住了听众的注意力，也阐明了演讲的话题，你还也必须告诉听众为什么要接着听下去，向听众阐明听你演讲的理由。

例如，弄清这三个问题的答案的确可以带来意外的收益。你只需要很少的投资，严谨的态度，挣得 10 万美元不在话下。

3. 开场白的技巧

演讲的开场白只需几句话就行，长一点的演讲则需几段。如何在几分钟内有效地做到吸引听众、引出话题、建立信任、介绍要点呢？下面这六个技巧屡试不爽，不妨一试（见图 4-4）。

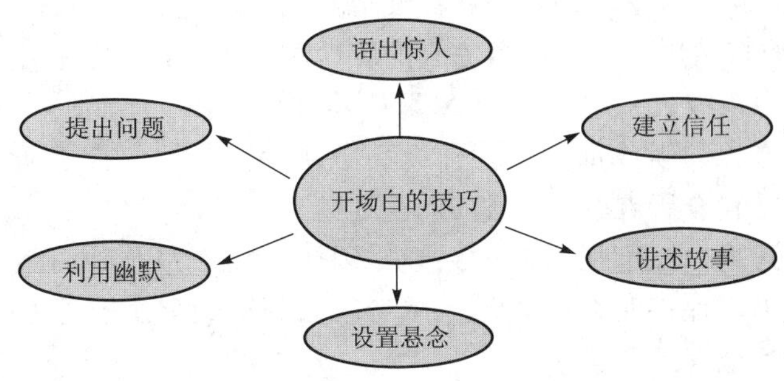

图 4-4　开场白的六种技巧

（1）语出惊人。如果你想迅速吸引你的听众，那么开场白一开始就要语出惊人。你可描绘一个异乎寻常的场面，透露一个触目惊心的数据，或者栩栩如生描述一个新颖的问题。听众自然会凝神细听，更多地寻求你的讲话内容，探询你演讲的原因。

例如，每 11 分钟就有一个美国人死于这种病，这个数量是死于谋杀犯罪案人数的两倍。今年有 4.6 万人死于这种病，而 8 年越南战争的死亡人数也不过是这个数字。在近十年里，美国人死于这种病的人数是死于艾滋病人数（13.3 万）的 3 倍。这种病将使你、我和其他美国人，今年在医疗费用上花费掉超过 60 亿美元并失去劳动能力，更不用说我们所遭受到的生命损失了。我所说的就是乳腺癌，这种疾病可能会直接袭击我们在座的每一个人。

（2）提出问题。你可以通过提出与中心思想相关的问题，来使听众投入于你的开场白。

例如，看到这张美钞了吗？它对你有什么用呢？你可以用它来投资，可以省下来买更贵的物品，或者干脆花掉。很显然，这里不想让听众真的来回答问题。只想引发他们对演讲话题进行思考。

（3）利用幽默。幽默如果运用得恰当，在吸引听众注意力上能取到很好的效果。它有助于缓和现场气氛，使他们愿意继续听你的演讲。下例演讲者以幽默的语气用他自己的故事作开场白，来表达他对被邀请做演讲的感谢。

三位公司主管试图给“名声”这个词下个定义。

第一个主管说:“名声就是白宫邀请你去与总统会面。”

第二个主管说:“名声就是白宫给你发出邀请，当你在那儿时电话响了，但是总统却不接。”

第三个主管说:“你们俩说的都不对。名声就是你被邀请到白宫拜见总统，这时总统的热线电话响了，他接过来听了听，然后说找你的!”

今天我应邀在这里演讲就如同在白宫有电话找我。

（4）设置悬念。一位演讲家名叫丽贝卡·威特，就读于圣路易斯州的密苏里大学。她曾做过演讲的开场：

我是一个由七个字母构成的单词。我破坏了友情、亲情、邻里之情、同学之情。我是当今青少年中最大的杀手。我并非酒类，也并非可卡因，我的名字叫自杀。

威特的开场白激起了听众的好奇心，促使他们继续听下去以便找到答案。于是，为了保持听众的兴趣，威特引用了一些触目惊心的统计数据，又提出了两个令人深思的问题。

一是为什么高中没有针对“自杀”采取措施呢？

二是作为日常课程的组成部分，为什么高中缺少强制性的自杀防范纲要？这些问题都很重要，这也正是我今天在这里做演讲的原因。

起初，威特的开场白激起了听众的兴趣，因此，在一两分钟内就吸引住了他们。但是在头两句话之后仍旧保持听众的兴趣，威特就必须继续努力。通过引用数据，提出问题，她确保了她的听众兴致不减。

（5）讲述故事。只要与你演讲的主题相关，动人的故事人人都会喜欢。不论哪种类型的演讲，以故事开篇都会给人留下深刻的印象。一位大学生用下面这个故事开始了他的演讲。

加利福尼亚急诊护士提姆成了一位英雄，不是因为他成功地抢救了一位病人，而是因为他勇敢地营救了一位急诊医生。一个不满的患者在没有任何征兆的情况下枪击三位急诊科医生，造成两人轻微受伤，一人中弹——正中头部和胸部。护士提姆猛扑向持枪者，救出了重伤的医生，并将其迅速送往急诊手术室。

（6）建立信任。听众之所以倾听你的演讲与你的可信度密切相关。你得让你的听众明白：你有资格站在这里阐述这个话题。约翰 · F. 富格逊部长在华盛顿的一所中学举行的老兵节集会上讲话时，他在开场白中就获得了听众对自己的信任：

“我们齐聚一堂，向服过兵役的美国男人和女人，尤其是那些参加过越战的老兵，表示敬意。我是他们中的一员。1967 年我在美国海军陆战队中服役。我是反间课第 15 组的成员，就在非武装区之外活动。我们组原来是情报军事行动部队的一小部分，现在叫作凤凰计划。”

约翰 · F. 富格逊向听众说明他曾亲自参加了“越战”。他并没有自吹自擂，夸大其词；他只阐明了他那时的任务是什么。他的经历与战争老兵的主题以及学校集会的目的直接相关，因此，对听众来说，他显得更为可信。

（二）主体要环环相扣、层层深入

这是演讲稿的主要部分。在行文的过程中，要处理好层次、节奏与衔接等几个问题。

1. 层次

根据听众以听觉把握层次的特点，显示演讲稿结构层次的基本方法。

第一，可以在演讲中树立明显的有声语言标志，以此适时诉诸听众的听觉，从而获得层次清晰的效果。

第二，演讲者在演讲中反复设问，并根据设问来阐述自己的观点，就能在结构上环环相扣，层层深入。

第三，演讲稿用过渡句，或用“首先”“其次”“然后”等语词来区别层次，也是使层次清晰的有效方法。

2. 节奏

节奏是指演讲内容在结构安排上表现出的张弛起伏。演讲稿结构的节奏主要是通过演讲内容的变换来实现的。演讲内容的变换是在一个主题思想所统领的内容中，适当地插入幽默、诗文、轶事等内容，以便听众的注意力既保持高度集中，又不因为高度集中而产生兴奋性抑制。

3. 衔接

由于演讲节奏的变换，需要适时地变换演讲内容，因而也就容易使演讲稿的结构显得零散。演讲稿结构衔接的方法主要是运用同两段内容、两个层次有联系的过渡段或过渡句将两部分内容连接起来。

（三）如何设计结尾

演讲稿怎样结尾要由文势的趋向而定，一般可遵循以下四种方法（见图 4-5）。

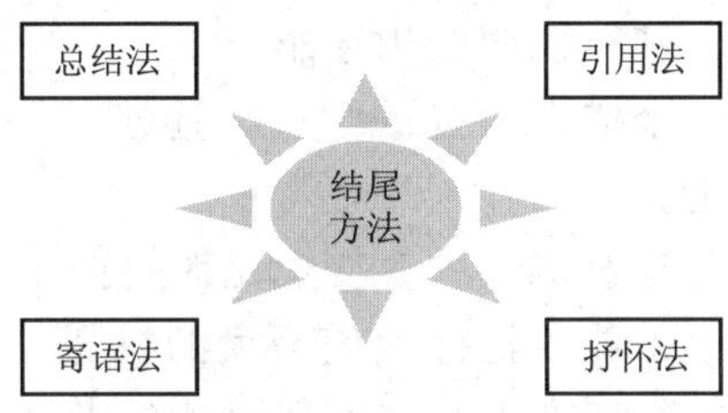

图 4-5　演讲稿结尾的方法

1. 总结法

在结尾处用简练又深刻的言词呼应开头，总结全文，使整个演讲浑然一体。

例如，著名数学家华罗庚在 1981 年回母校时做了题为“在困境中更要发奋求进”的演讲，结尾是这样的：“有的同志要我谈谈这方面的体会，我想：（1）自学最起码的一条要踏实，从自己水平出发，不好高骛远；（2）自学要有周密的计划，要经常检查；（3）在自学过程中要多想多练；（4）要以长期性、艰苦性克服自学中遇到的困难。要知难而进、锲而不舍。我曾写过这样四句话：‘埋头苦干是第一，发白才知智叟呆。勤能补拙是良训，一分辛苦一分才’。”

用四点体会和四句诗总结自己一生的学习体会，巧妙地收拢全篇，使整篇演讲首尾呼应、浑然一体。

2. 引用法

在结尾处引用名人名言、警句格言或蕴涵深刻的诗句等，掀起听众心底的情感波澜，使整个演讲有尽而意义无尽。

例如，在第二次世界大战期间丘吉尔多次发表演讲，鼓励人民积极投身反法西斯的斗争，在一次演讲中，他引用了英国诗人克拉夫的著名诗句结尾：当那疲乏无力的浪花向岸边空白冲击/仿佛是寸步难进的时候/远远的，通过小河小湾的流灌/已静静地汇成一片汪洋/当晨光初照人间/那光芒岂止透过东窗/太阳在前缓缓地上升/多么缓慢啊！/但是请看西边/大地已是一片辉煌。

丘吉尔用蕴涵深刻的诗句告诉人民，黑暗即将过去，光明就在前头，只要团结战斗，胜利必将属于英雄的人民。这给了英国人民极大的鼓舞。

3. 寄语法

在结尾处提出希望和要求，同样也能振奋听众的精神，给听众以极大的鼓舞和鞭策。但要避免大话、空话、套话、俗话，同时也要注意到演讲者的身份。

例如，扎克伯格 2017 年哈佛大学毕业演讲中说道：我看到了今天毕业的 Agnes Igoye，（对现场说，你在哪里，Agnes?）她在乌干达的冲突地区度过童年时期，现在她在训练数以千计的执法人员来维持社区的安全。

我看到 Kayla 和 Niha，也是今天毕业，他们发起了一个非营利组织，将患有疾病的人与社区内愿意帮助他们的人联系起来。

我看到了 David Razu Aznar，今天从肯尼迪政治学院毕业（对现场说，David 站起来）。他是前墨西哥市的议员，他成功领导了一场运动，使墨西哥城成为第一个通过婚姻平等法案的拉丁美洲城市，甚至比旧金山还早。

这也是我自己的故事。一个宅在宿舍的学生，连接了一个社群，然后始终维护它，直到有一天我们连接了整个世界。

改变源于我们的身边。甚至全球性的改变也是源自微小的事物。在我们这一代，我们的努力能否连接更多人和事，能否把握我们最大的机遇，都归结于这一点 —— 你是否有能力搭建社群并且创造一个所有人都能有使命感的世界。

2017 届的校友们，你们毕业于一个无比需要使命感的世界，而怎么去创造它由你自己决定。那么现在，你可能在想：我真的能做到吗?

在你们最后一次走出校门之前，当我们坐在纪念教堂前的时候，我想起了一段祈祷，Mi Shebeirach，每当我面对挑战时我都会说的，每当我把女儿放进婴儿床里想象着她的未来都会唱到的：愿力量之源，庇佑着我们，帮助我们找到面对生活的勇气，也祝福着我们的生活!

我希望你们也可以找到属于自己的勇气，使你们的生命成为一个祝福。

恭喜你们，2017 届的同学们！祝你们好运!

4. 抒怀法

在演讲的结尾向听众真实地袒露胸怀，讲真话、抒真情来感染听众、唤起共鸣，可收到理想的演讲效果。

例如，战斗英雄史光柱的演讲词“当战场上的勇士，做生活中的强者”，其结尾是这样的:“首长和同志们，我决心在今后的生活中，战胜伤残，尽自己最大的努力，多做一些对我们的社会、对我们党的事业有意义的事情，用实际行动感谢党和人民的关怀、鼓励。”

史光柱伤残之后自强不息，争做生活强者的可歌可泣的英雄事迹已深深地打动了听众，但他仍真诚地向听众表述自己内心深处的决心和谢意，这更是催人泪下。

小案例

在莎士比亚的名著《恺撒大帝》里，伯鲁特斯对市民演讲他刺死好友恺撒全是为国为民时，结尾就用了总结全篇的方法。

“临了，我要告诉诸君一声，为了罗马帝国，我不得不刺杀我的好友恺撒，刺死恺撒的便是我、便是这把短剑。假使他日我的行动和恺撒一般，请诸君就用这把短剑来刺我吧！要是大家的行为也有和恺撒一样的，那么这把短剑终是不肯饶过你的。请诸君认清这把短剑，请诸君认清卖国贼，认清爱国的好汉。”

伯鲁特斯的结尾不过短短十几句话，却完全包涵了他整个演讲的意思，而且表现出了他的热情。

技能训练

一、下面一段演讲词写得很蹩脚，一是口语化注意不够；二是套话太多，有的用词不当；三是观点不鲜明，也比较陈旧。请先做修改，然后根据它所表达的中心，确定一个题目，重说一遍。

我们已近而立之年，倘不好自为之，且不说能否有所作为，找到自己人生幸福的支点，就说‘四个现代化’，能够指日可待吗？放眼世界，时代的洪流滚滚向前，神州大地一派生机，多少个陈景润在夜以继日地攻关，多少个步鑫生在费尽心机使企业摆脱困境，多少个海外赤子回到祖国效力，又有多少楼群在崛起！在这样一派大好形势下，我们不能袖手旁观了，我们要扬起理想的风帆，驶向幸福的彼岸！

二、请针对下面的各题目分别书写出一份 3 分钟的演讲词。

要求：从观点、材料、语言风格等方面显示你的个性。

1. 如果你见人语塞，你有勇气去做销售吗？
2. 如果你大学生毕业自主创业，你打算干些什么？
3. 假如你有 100 万元，你将如何使用？
4. 假如你能回到入学前，你会如何安排这几年的大学时光？
5. 假如你是本校的校长，你最想为同学做什么？

技能点二　演讲前的预讲工作

一、做好听众的分析

（一）分析你的听众

演讲者应该做好听众分析，分析的问题及答案，就可决定演讲的结构和内容。

1. 人口统计类型信息

（1）听众的规模。听众的规模决定演讲的表达方式。如果听众规模大致 200 人以上，演讲恐怕难以做到互动；如果听众规模在 100 人以下，可以考虑演讲并不一定是规矩地站在讲台上，也可以走下来，与听众简单互动，这样演讲效果会更好。

（2）听众们的自然情况。听众相互之间是什么关系？他们都是来自同一个组织吗？他们有同样的兴趣吗？他们为什么要坐在下面听你的演讲？你的演讲能给对方带来怎样的收获？对他们来讲，你演讲的核心内容和他们每天的工作生活有着怎样的联系和利益纽带？请不要忽视这些，这将决定你的这场演讲是否真正成功，听众是否真正愿意思考您所说的话！

（3）听众们的人口统计数据。要了解听众的年龄、性别、教育程度、经济状况、宗教信仰、职业、种族、党派、文化背景等。你可以想办法来利用这些信息，你演讲内容的组织很大程度上受听众的职业和教育背景等信息的影响。

（4）听众对演讲内容的了解程度。演讲者所犯的最大两个错误就是演讲内容过于简单或超出听众的理解范围。那么你最好了解一下听众们究竟知道多少。

2. 在演讲之前需要问自己的问题

（1）对于听众们来说，你演讲的主题有多熟悉？

（2）听众中间有专家吗？

（3）他们以前听过别人讲同样的话题吗？

（4）他们为什么会对你的话题感兴趣？

（5）他们能听懂和你话题相关的术语吗？

（6）他们了解和你话题相关的基本概念吗？

（7）他们认为自己很了解你的话题吗？

（8）他们关于你话题的信息是从哪里得来的？

（9）他们了解你对话题的态度和处理方式吗？

这些问题的答案在你组织演讲内容时会起到很关键的作用。听众们了解的程度决定了你所需要提供的背景知识的多少，决定了你能引用的例子。

（二）如何了解听众

你了解的听众的信息越多越好。你如何去获得这些信息呢？

从图 4-6 中我们可以看出，了解听众信息的渠道有多条：主办方的联系人；主办方的其他官员、工作人员和机构；主办方的出版物；电话访问部分听众；主办方的公关人员（前提是主办方要有公关部）。

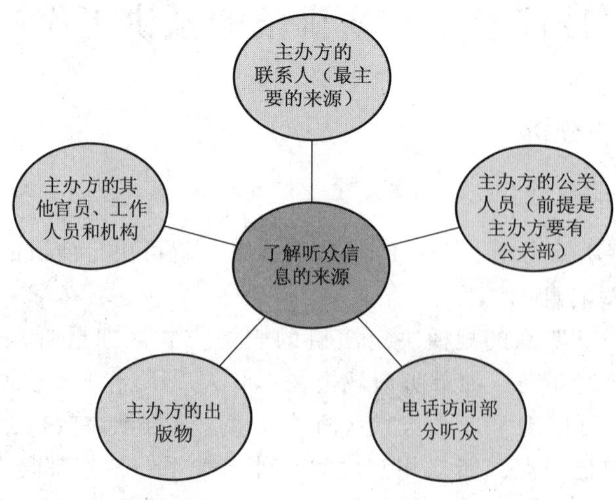

图 4-6　了解听众信息的来源

（三）强调对听众有用的信息

无论你怎样吹嘘你的演讲，听众们只需要你回答一个问题:“里面什么对我有用，为什么要听你的?”成功地回答这个问题，可以很好地帮助你和听众建立良好的关系。为了能回答成功，你需要知道听众们需要什么，然后告诉他们你将如何提供这些内容。

曾经看到过一名世界著名的经济学家对着 3 000 名听众做演讲，他使用晦涩难懂的半导体产业的术语，但没有一个听众是来自半导体产业的，也没有人关注这些。一个小时后，人们开始拿出杂志……

所以，你要搞清楚他们究竟为什么来听你的演讲。他们对你的话题感兴趣吗？他们是被迫来的吗？他们希望能学到、听到或看到什么？他们希望你说些什么？

小练习

教师可自拟题目要求学生来准备一场某企业新产品发布会的演说词，要求学生结合自己举例产品的突出卖点和特色，分析下面听众的组成，来进行演讲前的准备。

同时要确保听众们可以从你的演讲中有所收获，亦可借助幻灯片生动、醒目地把演讲精髓展示给听众。

（四）创造和谐气氛的技巧

和听众们建立联系的主要目的就是要创造和谐的气氛，这样会让你的演讲达到更好的效果，会让听众从主观上更愿意接受你所表达的观点。下面是几种创造和谐气氛的方法。

1. 体谅并感谢听众

看看听众是不是在又热又挤的房子里满头大汗？是不是想去别的地方却不得不来听你的演讲？在演讲开头时就提到这些，否则它们会成为你和听众之间的定时炸弹。

2. 缓解听众的忧虑

绝大多数听众会担心没有什么有价值的东西可听、讲得太快、不和他们视线接触等。所以，你要运用你的本事控制好场面，向听众示意，让听众们明白不用担心这些，你已经为他们考虑得很周到了。

3. 和听众共享你的个人信息

在听众和演讲者之间，消除隔阂最快的办法就是分享一些私人的东西，告诉他们一些可以让他们了解你的事情，比如你可以说：

（1）一段不寻常的经历。分享一段不寻常的经历，可以帮助你和听众建立一种有形的联系。这样会让听众把你当成一个真实的人，而不是“管理交流学”专家。

（2）你的个人准则或信仰。如果你和他们分享你的信仰，听众们就能理解你来自何方，他们就能更客观地评价你的言论。

（3）你的业余爱好。你在工作之余喜欢做些什么？这些可以很好地说明你的特点。提供这些信息能让听众们感到很了解你，与你之间距离很近。

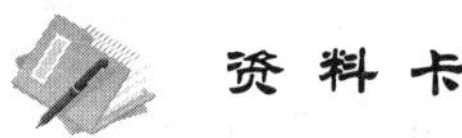

20—20 原则

20—20 原则是幻灯片制作的另外一条原则。这条原则指的是，演讲中你要有 20 张幻灯片，并且每张幻灯片只演讲 20 秒。其目的就是敦促你做到简练，避免听众产生耐烦的情绪。

二、克服怯场心理

登台演讲，怯场是一种常见的现象。产生怯场心理的原因是多方面的，下面就一些常见原因进行分析。

（一）剖析恐惧紧张的原因

1. 自卑——缺乏自信心

自卑是指自我评价偏低、自愧无能而丧失自信，并伴有自怨自艾、悲观失望等情绪体验的消极心理倾向。

自卑是人们生活中的大敌，也是演讲中的敌人。在实际的演讲中这样的例子很多，演讲比赛的时候，一旦前面出场的选手表现得很优秀，就会直接影响到在他后面出场的人，会给后面的选手一种压力，而这种压力就是由自卑感转化而来的。

消除自卑就要对自己的力量感到满足，要客观地评价自己，相信自己的力量，发挥自己的长处。

2. 准备不够充分

若演讲者心里总是觉得自己的演讲准备得不充分，觉得有“出丑”的可能，这种自我保护意识很可能会出卖他。总是强调准备不够充分会使自己没有自信，造成思路断线，心里发慌，加剧紧张的程度。准备包括精神的准备和材料的准备，上台前不妨问一下自己。

（1）是不是非常自信？

（2）对自己所讲的内容是否很了解？还是只是死记硬背下来的？

（3）现在的精神是否最饱满的？气势是否最高昂的？

（4）看看自己的道具是否准备齐全？

（5）自己的演讲稿是不是在大脑中有一条很好的提纲主线？

3. 存在评价忧虑

有些演讲者当众说话就会怯场，表现为：

（1）轻度情况：心跳加快、呼吸急促、颜面赤热。

（2）中度情况：手脚发软、肌肉抖颤、小便频繁。

（3）重度情况：当场晕倒。

这一切都是因为太在意听众的看法，担心听众评价不好，这种现象叫作评价忧虑。评价忧虑是造成怯场心理的最主要因素。在演讲中，由于评价是单向的，也就是说听众在“裁判”演讲者，所以演讲者的忧虑更多、心理负担更重。很多人在演讲时，不是想着我要把什么问题讲清楚，而是想着会给听众留下什么样的印象，听众会如何评价自己之类的问题。

4. 听众人数

听众的多少会直接影响演讲者的心理。一般人都愿意在“小范围”内讲话。如果听众人数很多，演讲者便会倍加谨慎。因为他们觉得一旦出错或表现不佳，“那么多人”一下子就全知道了。过分的小心谨慎往往加大了怯场的可能性和程度。

（二）克服演讲中怯场心理的方法（见图 4-7）

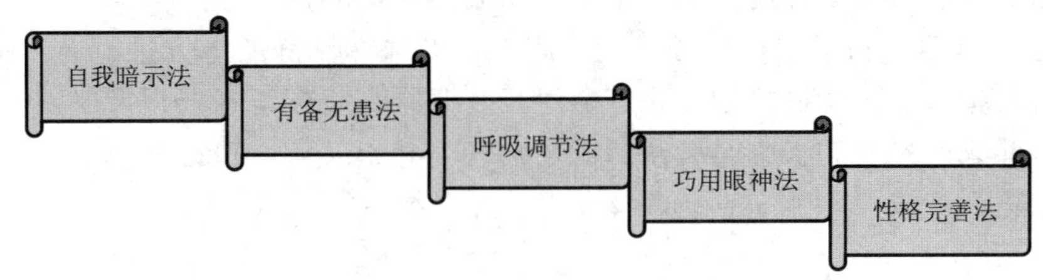

图 4-7　克服演讲中怯场心理的方法

1. 自我暗示法

自我暗示法是指演讲者在演讲中通过自我暗示解除思想负担和心理压力、及时调整心境和情绪、树立起必胜信心的演讲技巧。

对演讲者来说克服怯场心理，保持轻松心境就显得尤为必要。首先，演讲者要对演讲及自身有一个客观评判，不能过高估计演讲效果，也不能过分贬低自己。

假若演讲者在临场前过多考虑，可能导致演讲失败，例如，“我忘词了怎么办？”“听众嘲笑我怎么办？”

这种负面的自我暗示，往往会打破演讲者的平静心态，随之产生窘迫不安的心理。

在这种情况下，演讲者可用带有强烈鼓励性的语言反复暗示、刺激自己：“只要勇敢地走上讲台就没事了！”“我已做好了充分的准备，不会出错的”“潇洒地去表达吧，我会成功”。甚至必要时暗示：自己的听众“一无所知”。

2. 有备无患法

《中华成语大辞典》对“有备无患”是这样诠释的：备，准备；患，祸患。事先做好准备，就可以避免灾祸。要想真正不怯场，使演讲获取最后成功，就得在演讲的诸多环节上做好充分准备。

（1）熟悉听众。要获取良好的演讲效果，演讲者在演讲前要尽可能熟悉听众，充分了解听众的人数、年龄结构、性别比例，了解听众的知识修养文化层次、心理特征、兴趣爱好等，这直接关系到演讲者应该向听众提供什么信息，输出多大信息量，把问题阐述到什么程度为宜等重大问题。

（2）熟悉演讲稿。俗话说：“熟能生巧”。演讲者对讲稿烂熟于胸，就能形成稳定的心理定势。熟悉演讲稿并不是提倡机械背诵，机械背诵不仅会耗蚀大量的时间，而且容易形成演讲的心理麻痹。实际演讲过程中，一旦因怯场、听众骚动、设备故障等突发性事件打断了演讲者的思路，机械背诵的链条就往往会被截断，演讲者脑海中形成空白，导致演讲被迫中断。

正确的做法是将演讲的主题、论点、事例和数据等整理成较详细的演讲提纲，演讲过程中必要时以该提纲作为提示记忆的依据。

（3）深刻理解演讲主体内容。初学演讲者很难在演讲中不紧张、不忘词，只要演讲者能对所要传达的内容、主旨、主题思想十分理解，能够把演讲稿内容按照自己的理解做到完全阐述，那么，即使在演讲中忘了词，也照样能够按照自己的语言完成演讲，并且保证下面听众能够容易理解、明白演讲者所要表达的内涵。

（4）预讲练习。为了纠正语音错误，演讲者可选择僻静的地方进行有目的的演练，或者用录音机把自己的预讲录制下来，通过反复听录音发现语音错误及时纠正。必要时还可邀请一些亲朋好友充当临时听众，既增加现场感，又可在口语和体态语方面听取亲朋好友的意见和建议。

3. 呼吸调节法

呼吸调节法就是利用深呼吸增加氧气供应来焕发精神，缓解紧张、烦闷的情绪。吸气时扩展胸腔、压迫小腹；呼气时放低胸膈肌，反复数次深呼吸动作基本上能抑制焦躁不安的心理。呼吸调节法有两种处理方式。

（1）临场情绪低落、萎靡不振时采用长吸气与有力呼气的练习，能达到情绪亢奋的效果。

（2）临场情绪紧张、激动、呼吸短促时需要微闭双眼、全身放松，采用缓慢吸气和缓慢呼气的腹式深呼吸练习。同时，随呼吸节奏心中默念“1—2—”，这样可以使血液循环减慢，达到心神安定、放松情绪的目的。

4. 巧用眼神法

初学演讲者由于怯场，往往害怕与听众进行眼神的交流，不是把目光投向窗外，就是仰望天花板或俯视地板。这种明显回避“睽睽众目”的做法在很大程度上影响了演讲的总体效果。巧用眼神法可以使缺乏经验的演讲新手利用目光调整心态，克服演讲伊始出现的窘迫与不安。

（1）寻找熟悉面孔。演讲者不妨在听众中寻找一张熟悉或和善的面孔，目光凝视一处进行演讲。这样可以使演讲者摆脱置身于陌生情境的恐惧，产生恍若在熟悉的环境中与老朋友侃侃而谈的感觉。但凝视时间不宜太长，否则会对听众形成压力。

（2）前视法。把视线落点放在最后一排听众的头顶部位。这样既可以避开与听众目光直接交流，起到稳定情绪的作用，又有利于演讲者保持端正美好的体态。

（3）虚视法。演讲者的目光可在会场缓缓流动，好像看着什么地方、什么听众，但实际上什么也没看。这种眼神可以暂时切断演讲者与外界的信息交流，克服演讲者分神、紧张的心理，同时又能表露彬彬有礼、落落大方的神态，在听众心目中留下良好印象。

5. 性格完善法

有些演讲者产生怯场心理，是由于性格内向、不善言辞，尤其羞于大庭广众之下抛头露面。现代职场商场中，几乎没有一个岗位不需要与人沟通交流，即使你是搞技术的，也避免不了要与公司业务、主管领导等各个部门的沟通协调，所以在日常学习、工作中要尽可能抓住各种机会锻炼自己，例如，多给自己创造社会兼职机会，多与社会接轨、与真实工作岗位接轨，不断接受各种挑战，解除自己内心的小屏障，相信你会更加自信，性格上也会有很大改变。

例如，著名演说家和心理学家爱德华·威格恩先生曾经非常害怕当众说话和演说。在他读中学时，一想到要起立做5分钟的讲话，就惊悸莫名。但他经过努力之后，却克服了畏惧，成为世界著名的演说家。完善性格首先要走出个人闭锁的圈子，多参加集体和社交活动，做个开朗、坦率的人，在心理上成熟起来。

三、演讲前的预讲工作

（一）预讲的必要性

依据一般经验，台上演讲1分钟，需要你在台下付出1小时的练习时间，要训练自己适应在不同的环境和不同的时段练习演讲。可以站在镜子前面练习，或者将演讲录入磁带，再或者为一大群朋友或任何愿意花时间倾听的人演练一场。

例如，曾任微软全球副总裁的李开复先生，他刚开始演讲的时候，就要求自己每个月做两次演讲，而且每次都要请一个朋友去旁听，之后给他提出意见。他对自己承诺，不事先排练三次，决不上台演讲。

（二）预讲的方法

要想演讲成功，预讲练习可以从以下几个方面入手（见图4-8）。

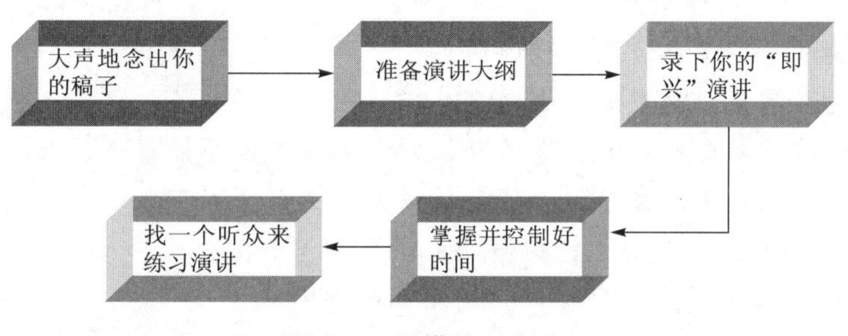

图4-8 预讲练习方法

1. 大声地念出你的稿子

可以把你要演讲的东西事先录入磁带，这样便于调整、纠正一些问题，直至满意，再来做第二步。

2. 准备演讲大纲

即使你在准备演讲稿时已经解决了大量问题，你还是不能照本宣科。因为没有什么会比这样更快地让听众睡着了。应该准备简单的演讲笔记，字体要醒目，以便在你演讲的过程中快速地扫视。在讲台上放一块手表，这样便于掌控时间、把握速度、调整内容，让你准时结束演讲。

3. 录下你的“即兴”演讲

演练时录下你的演讲，之后回放录音带，找出重复使用的词，如“啊”或“呃”等。反复演练、修改演讲内容，直到满意。

4. 掌握并控制好时间

在演练时必须计算出演讲所需要的时间，再看看它是否过长或过短。大部分演练的时间都比正式演讲时要慢，一般来说，演讲时间要比演练时间快 25%~50%。

5. 找一个听众来练习演讲

至少寻找一个或多个听众来听你的演讲练习，询问他们：明白你演讲的内容吗？你讲的内容有连贯性和逻辑性吗？你讲的速度是快还是慢？等等。然后根据他们的意见来进一步修改演讲的内容。

小看板

你和好口才只差一个手势的距离

基本式一：目视听众。无论在讲什么，无论听众有多少人，看着听众演讲都是必需的，这表达的是自信和坚定。

基本式二：脚齐肩宽站立，频繁踱步，膝部弯曲，脚掌并拢站立。这些都出卖了你的紧张，最好的做法就是两腿分开约肩宽，根据演讲节奏而走动。

技能训练

自我技能测试——演讲技能自我评估

题目：你是否具有初学演讲者的通病

当你上台演讲或者在公共场合讲话时，你是否具有以下症状或反应？如果你具有以下所列的心理特征或表现，说明你心理素质较差，需要努力克服。

1. 上场前一天晚上，你是否特别激动，甚至睡不好觉？
2. 走进赛场，你是不是立即有一种被绷紧的感觉？
3. 当你看到前面的演讲者表现精彩时，心里会不会有点发虚，觉得自己希望不大？
4. 越快轮到你上场，你是不是心里越没底，总觉得准备还不够充分？
5. 前面的选手演讲时，你是认真听他们演讲，还是自己背稿？
6. 越接近你上场，你是不是看演讲稿越勤？并且不论怎么看还是觉得记不住？
7. 你会不会中途出场，找个地方再把演讲稿背一遍？
8. 上场前你会不会心里不停地安慰自己。别人越安慰你，你是否感到越紧张？
9. 当你上一位选手上场时，你是否觉得心跳急剧加快？
10. 当你走上讲台时，你是否感到心跳急剧加快？
11. 快到你上场时，你会不会有放弃的想法？它是否很强烈？

12. 演讲的时候，你是不是总觉得自己进入不了演讲的内容，注意力老在听众和评委身上？

技能点三　演讲过程中的语言和非语言沟通

一、演讲的语言表达技巧

演讲表达的主要特点是“讲”，对演讲者来说，写好了演讲词，不一定就讲得好，正如作曲家不一定是演唱家一样。“讲”需要从口语表达练起，以下是口语表达的要求。

（一）发音正确、清晰、优美

1. 最佳语音效果

（1）准确清晰，即吐字正确清楚，语气得当，节奏自然。

（2）清亮圆润，即声音洪亮清越，铿锵有力，悦耳动听。

（3）富于变化，即区分轻重缓急，随感情变化而变化。

（4）有传达力与穿透力，即声音有一定的响度和力度，使在场听众都能听真切，听明白。

2. 演讲语言在语音方面常见的毛病

（1）声音痉挛颤抖，飘忽不定。

（2）大声喊叫，音量过高。

（3）音节含糊，夹杂明显的气息声。

（4）声音忽高忽低，音响失度。

（5）朗诵腔调，生硬呆板。

所有这些，都会影响听众对演讲内容的理解。

3. 达到最佳语音效果要做到的事项

（1）字正腔圆。字正，是演讲语言的基本要求，要读准字音，读音响亮，送音有力；腔圆，即声音圆润清亮，婉转甜美，富有音乐美，发音响亮。严格避免地方音与误读，如将“鞋子”说成“孩子”等，读错、讲错字音会直接影响听众对一个词、一个句子甚至整篇内容的理解，也影响演讲者的声誉与威信。

（2）分清词界。词分单音节与多音节。单音节词一般不会割裂分读，而多音节词则有可能割裂分读，引起歧义。例如，“一米九个头的人伫立在空荡荡的山谷里”这句话中的“一米九个头”本意是“一米九的个头”，如果词界划分不当，很容易弄成为“一米——九个头”，因而产生歧义。

（3）讲究音韵配搭。声调能产生抑扬急缓的变化，本身就富有音乐美。好的演讲，平仄错落有致，抑扬顿挫，显得悦耳动听。

① 双音节化。古代汉语的词以单音节为主，现代汉语的词则以双音节为主。单音节词表达意义复杂、深刻，不易理解，如果能改成双音节就明白、通俗些。例如，在单音节词的前面或后面加上一个单音节语素，使之成为双音节词，如“鼠——老鼠”“石——石头”；有的则是将两个意义相关相近的语素或单音节词组合成双音节词，例

如“窗户”“朋友”“牙齿”“干净”。

② 注意押韵。所谓押韵，就是把同韵的两个或更多的字放在同一位置上。一般总是把韵放在句尾（押韵的位置一般在句子的末一字），所以又叫“韵脚”。如果在适当的地方有意押韵，更能产生一种声音的回环美与和谐美，讲起来上口，听起来悦耳，似有散文诗的风韵。

（二）词句流利、准确、易懂

听众通过演讲活动接受信息主要诉诸听觉作用，所以，演讲者借助口语发出的信息，听众要立即能理解。因此，演讲的口语词句需满足如下特点。

（1）句式短小。演讲不宜使用过长的句子。

（2）通俗易懂。要使用常用词语与一些较流行的口头词语，使语言富有生气与活力。

（3）不过多地做某些精确的列举，特别是过大的数字，常用约数。

（4）较多地使用那些表明个人倾向的词语，诸如“显而易见”“依我看来”等，并且常常运用“但是”“除了”等连接词，使讲话显得活泼、生动、有气势。

（三）语调贴切、自然、动情

1. 语调的表达方式

语调是口语表达的重要手段，它能很好地辅助语言表情达意。同样一句话，由于语调轻重、高低长短、急缓等的不同变化，在不同的语境里，可以表达出种种不同的思想感情。

（1）表达坚定、果敢、豪迈、愤怒的思想感情，语气急骤，声音较重。

（2）表达幸福、温暖、体贴、欣慰的思想感情，语气舒缓，声音较轻。

（3）表示优雅、庄重、满足，语调前后弱中间强。

2. 语调的抑扬顿挫

所谓抑扬顿挫，指的是在语言表达中语句的停顿、语速的快慢、音量的大小、声调的高低等因素对语言表情达意效果的修饰，以达到应有的作用。

停顿一般分为语法停顿、感情停顿和特殊停顿。

（1）语法停顿一般用标点符号表示出来，按标点停顿。但有时为了强调某一观点或突出某一事物，虽然没有标点符号，也可做适当停顿。

（2）感情停顿是为表达复杂或微妙的心理感情，常常以拖长音节发音、欲停不停或适当延长时间来表现，并且常常辅之以体态语言，使感情表达得更加自然清楚。

（3）特殊停顿是为了加强某些特殊效果或应付演讲现场的某些特殊需要而采用的停顿。最著名的例子是英国政治家赖白斯在伦敦的一次参事会上就劳动问题演讲时中途突然停顿 72 秒的事例。英国政治家赖白斯曾在伦敦参事会演讲劳工情况，讲到一半，他突然停顿下来，取出了表，站在那儿一声不响地看观众达 72 秒之久，其他参事员坐在椅子上很奇怪，互相看来看去，不知发生了什么事？后来大家一致认为：赖白斯忘了演讲词！就在这时，赖白斯突然大声地讲道：“诸位适才所感觉的局促不安的 72 秒的长时间就是每个普通工人垒起一块砖所用的时间。”这里，赖白斯巧妙地利用了逻辑停顿，让其他参事员领略了普通工人劳动的辛苦，突出了演讲的主题。但需要特别提出的是：这种特殊停顿方法不是随便可以使用的，大多是经过演讲者的充分准备，能使之产生特殊效果时才使用的。

（四）语速适中、不快不慢

如果是正式的演讲，速率不能太快，一是听众难以听懂，二是容易使人误认为演讲者怯场。当然，讲话也不能太慢，太慢就显得拉腔拖调，给人以愚笨、迟钝的感觉。

初次上场的演讲者容易犯的错误是速度太快，像“放鞭炮式的噼里啪啦”，一个调子，一个速度。当他们提醒自己“慢些”后，又趋于慢得平坦，没有变化。所以，演讲不能总是一个速度，要做到急缓有致。

演讲的速率一般可分为快速、中速、慢速三种。具体应用如表 4-1 所示。

表 4-1　演讲的速率

语速	内容	环境	心理情绪	句段
快速	叙述事情的急剧变化	质问斥责，雄辩表态，刻画人物机智、活泼、热情的性格，欢快，紧急命令，行动迅速，热烈争执	急促、紧张、激动、惊惧、愤恨、欢畅、兴奋	应用于不太重要的句段
中速	一般性说明	叙述感情变化不大，感情平静	平静、客观	一般句段
慢速	抒情、议论，叙述平静、庄重的事	幽静、庄重	安闲、宁静、沉重、沮丧、悲痛、哀悼	重要句段

演讲者思想感情起伏变化，结构的疏密松散，语调抑扬顿挫、轻重缓急及举止等要素有秩序、有规律、有节拍地组合，便形成了演讲的节奏。

常见的演讲节奏有轻快型、持重型、平缓型、急促型、低抑型（见表 4-2）。

表 4-2　演讲的节奏

节奏类型	主要特点	适用范围
轻快型	轻松、欢快、活泼、语速较快	欢迎词、祝酒词、贺词
持重型	庄重、镇定、沉稳、凝重、语速较慢	理论报告、工作报告、开幕词、闭幕词
平缓型	平稳自如、有张有弛、语速一般	学术演讲、座谈讨论

续表

节奏类型	主要特点	适用范围
急促型	语势急剧、慷慨激昂、语速快	紧急动员、反诘辩论
低抑型	声音低沉、感情压抑、语速迟缓	悼词、纪念性演讲

二、演讲中的非语言沟通

（一）展示你的外表

演讲者在与听众见面之前一定要认真地修饰一下自己的“形象”，做到仪态万方、尽显风采是十分必要的。怎样才能给听众留下一个良好的印象呢？主要表现在仪表和礼仪两个方面。

1. 仪表方面

仪表的概念是比较宽的，这里着重介绍一下服装和面容的修饰。

（1）服装。演讲者的服装与演讲内容构成一体，成为演讲者气质、风格的外在表现。

演讲者服装的标准，并非要求人人西装革履、衣冠楚楚，更主要的是讲究着装的整洁、合身、朴素、大方；着装要讲究“适度”，给人以自然得体的印象，不可装饰过度，这样会分散听众的注意力。

参加演讲或出入职场需要与客户交流见面最简单经典的服饰是：一身深蓝色或黑色西装，内配白衬衣，男士附加领带，脚穿黑皮鞋。这样一身搭配给人你很职业、对听众和交流对象很尊重的印象，这样你的演讲成功概率会提高不少，交流对象可能会给你意想不到的机会。

要记住：演讲者登台前最好照一照镜子，或者请别人看一看，有什么不适宜的地方要及时修正，以免贻笑大方。

（2）面部。面部是仪表的中心，和服装一样也需要修饰一下。男士要刮刮胡子、梳梳头，不然胡子拉碴、头发蓬乱会显得很不雅观；女士可略施淡妆，给人以精神焕发、整洁一新的感觉，这些都是必要的。

如果一出场就给人一种邋遢的感觉，会让听众从一开始就很反感你，听众会持怀疑你的态度，认为你没有能力，也就不会认真地听你讲的内容；如果形象很好，他们就会很信任你，对你的讲话也感兴趣。因此，在上台之前，一定要先把自己的形象打理好。

2. 礼仪方面

在注意仪表的同时，还要注意在台上的礼仪，做到得体、到位。下面就按一般的规律一一加以介绍。

（1）进入会场的时候应该雍容大方、态度谦和，不要东张西望、躲躲闪闪、忸怩作态，或者装腔作势、高傲轻慢。

（2）就座前，态度要尊敬、诚恳，落座时不要过多推让。坐在位子上，更不要左顾右盼、夸夸其谈，要稳坐静思。

（3）当主持人介绍到自己的时候，要起身微笑示意，不要忸怩畏缩、得意忘形。

（4）轮到自己上台时，要向主持人点头或握手、拥抱致谢。

（5）站定后，向听众敬礼，做一次快速的眼神交流，然后开始演讲。站在舞台中央或讲台前，目光要适时扫视全场，不能只盯着一部分或者一个听众，更不可低头或看天花板等。

（6）演讲结束要向听众敬礼、致谢，向主持人致谢。

（7）离开会场时要回应听众的鼓掌，举手或挥手致意，表示答谢。

对礼仪的训练是一个长期的过程，更是一个人素质成长的过程，需要在今后的日子和实际生活中不断实践。

（二）注意身体语言——手势的运用

演讲语言表达时，除了面部表情之外主要就是依靠各种姿势，其中最主要的就是手势。这时一定的手势能够帮助你准确地表达出你心中的想法和观点。

手势的运用没有什么固定模式，完全是由讲话人的性格、所要表达的内容以及讲话者当时的情绪支配的，因人而异、随讲而变。

但是，如果在正式的场合进行演讲，对于手势运动的区域有约定俗成的范围。

1. 演讲手势运动区域的划分

按演讲者的身材可分上、中、下三个部位。

（1）上位。上位是指肩部以上，常在演讲者感情激越或大声疾呼、发出号召、进行声讨或强调内容、展示前景和未来的时候运用；

（2）中位。中位是指从腹部至肩部，常在心绪平稳、叙述事实、说明情况、阐述理由的时候运用；

（3）下位。下位是指在腹部以下，这个部位的手势除指示方位、列举数目以外，多用于表达厌恶、鄙视、不快和不屑一顾的情感或介绍、评说反面的事物。

2. 手势运用的必要性

（1）形象。手势是语言的形象化表达。例如，拍大腿表示赞叹、捶胸顿足表示悲痛、声嘶力竭表示愤怒等。

（2）点缀。如果一个人呆若木鸡地站在一个地方喋喋不休地讲个没完，肯定不受欢迎。因为他除了嘴就没有散发活力的地方，仿佛是个僵化的人。适当地加一些手势会对他的讲话起到一些点缀的作用，不至于让人们觉得呆板枯燥。

（3）点睛。一个恰当的手势会对讲话者的主题或内容起到点睛的作用。例如，当阐述海洋或雨的问题时，加一个鱼儿游动的手势，会起到点睛的作用，使主题内容更加清晰。

（4）吸引。通过手势的不断变化，可以吸引人们的视觉注意力，以期达到引导听众跟着你的讲话内容同步行进的目的。

（5）互动。通过手势的不同动作，引导或带动听众的动作，会使听众有一种参与感，进而达到身心的互动。

（6）节奏。在演讲的过程中语言发生快慢变化的时候，配之以适当的手势会使演讲的节奏更加鲜明。

（7）语气。在需要重点强调的地方加上一个手势，会起到加强语气的作用。如说

“我们一定要完成今年的任务”的时候，加上一个挥拳的动作，即表示了决心的坚定。

（8）强化。对一个问题做肯定或否定的时候，多次反复地做同样的手势，会起到强调和强化的作用，使听众牢记不忘。

手势的运用大可不必有一个什么样板或标准套路，如果那样的，一定是如同木偶。可自己在准备演讲时根据内容设计动作，发挥个人特色。

3. 手势运用要注意的问题

（1）手势的频率要适度。所谓适度，就是当你的感情、情绪或语言需要特别强调或增强表现力的时候，就顺其自然地做一些恰如其分的动作即可，不要动作过多，手舞足蹈；也不要一动不动，呆若木鸡。另外，手势动作的快慢也要根据讲话人的感情或内容需要，快慢有致。语速快，动作也要快；语速慢，动作也要相应慢下来。

（2）手势的幅度要适度。

① 一般情况下，场面大、人数多的时候，动作就要尽量大一些，这样一方面表现你的大气，同时也给听众一个比较清楚的观感。

② 人数少、场面小的时候动作可以小一点，这时如果动作太大，显然和周围的环境不相适应，给人作秀之感。

③ 当表现一个人在说悄悄话的状态时，动作就要小一点，以表示神秘感。

④ 当表现一个人在气愤或激动时，动作就可以大一点，以表示他的情绪状态。

（3）手势的动作要美观大方。大家都知道，演员、运动员、时装模特都要进行形体训练，这些都是为了实现身体协调和动作美观的。我们可以借鉴他们的动作姿态，使做出的动作给人一种美感、节奏感。

（4）手势的动作要与眼睛、表情及身体相协调，讲话、手势、眼神、表情、身体姿势这些都是一体的，无论哪一方面没能做到协调一致，都会给你的讲话带来影响。

例如，当讲到高兴的事情的时候，你的表情是痛苦的，你的眼神是呆滞的，你的肢体是萎缩的，那该有多么难看，也根本不能将你的感情正确地表达出来。一般情况下，眼要跟着手势走，身要跟着手势动。

下面主要讲演讲中的手势运用，以达到“演”的效果。所以，在对下面的范文进行练习的时候，一定要结合文章的内容编排相应的动作，将“演”与“讲”有机地结合起来。

 **资料卡**

演讲手势

（1）仰手式。仰手式暗示这是件好事，表示赞美和欣赏；其效果是带动听众情绪，搞活气氛。

（2）下切式。下切式暗示着果断和坚决，一定要这样；其效果是让听众否定你所否定的事情。

（3）指捏式。指捏式暗示这个细节很重要；其效果是使听众留心你正在讲的观点。

技能训练

一、演讲口才基本功训练

相信很多人都有这样一种感觉：早晨刚刚起床的时候，说话没有下午或者晚上轻松。那是因为，嘴部肌肉休息了整整一夜没有运动，所以不太灵活。因此，适当地做做口腔体操，可以帮助我们更好地使自己的嘴巴灵活、快捷。具体方法如下。

1. 开合练习

动作：张嘴像打哈欠，闭嘴如啃苹果。开口的动作要柔和，两嘴角向斜上方抬起，上下唇稍放松，舌头自然放平。

目的：解决口腔开度的问题

2. 咀嚼练习

动作：张口咀嚼与闭口咀嚼结合进行，舌头自然放平。

目的：解决两腮肌肉运动问题。

3. 双唇练习

动作：（1）双唇闭拢向前、后、左、右、上、下以及左右转圈；

（2）双唇打响。

目的：解决双唇的运动问题，对美唇也有帮助。

4. 舌头练习

动作：

（1）舌尖顶下齿，舌面逐渐上翘。

（2）舌尖在口内左右顶口腔壁，在门牙上下转圈。

（3）舌尖伸出口外向前伸、向左右、上下伸。

（4）舌在口腔内左右立起。

（5）舌尖的弹练，弹硬腭、弹口唇。

（6）舌尖与上齿跟接触打响。

（7）舌根与软腭接触打响。

目的：做这个练习，有助于舌头的灵活运动。

5. 绕口令练习

绕口令练习要由慢到快，循序渐进，以吐字清晰、字音准确为目的，不要盲目图快，否则事倍功半，养成错误的发音习惯再改就更难了。

（1）双唇音训练：抱笨奔波罢保班，标蹦包饼必冰边，报崩不别兵帮扁，毕鼻补不便驳斑。

（2）牙前音训练：京家金景境揪坚，君将聚集就绝绢，嫁鸡决九江接减，节锦焦急叫驹见。

（3）子舌尖音训练：叮咚当丁到刁单，低督都当定丢颠，大刀吨斗歹多断，达堆登动导迭端。

（4）舌面音训练：哥挎瓜筐过宽沟，光顾过沟瓜滚沟，隔沟够瓜瓜筐扣，瓜滚筐空哥怪沟。

（5）综合训练：山上五株树，架上五壶醋，林中五只鹿，柜中五条裤，伐了山上树，取下架上醋，捉住林中鹿，拿出柜中裤。

（6）绕口令一：

哥哥弟弟坡前坐，坡上卧着一只鹅，坡下流着一条河，哥哥说：宽宽的河；弟弟说：白白的鹅。鹅要过河，河要渡鹅。不知是鹅过河，还是河渡鹅。

（7）绕口令二：

八十八岁公公门前有八十八棵竹，八十八只八哥要到八十八岁公公门前的八十八棵竹上来借宿。八十八岁公公不许八十八只八哥到八十八棵竹上来借宿，八十八岁公公打发八十八个金弓银弹手去射杀八十八只八哥，不许八十八只八哥到八十八岁公公前的八十八棵竹上来借宿。

（8）绕口令三：

小牛放学去打球，踢倒老刘一瓶油，小牛回家取来油，向老刘道歉又赔油，老刘不要小牛还油，小牛硬要把油还给老刘，老刘夸小牛，小牛直摇头。你猜老刘让小牛还油还是不让小牛还油。

二、演讲手势范文练习

海燕——高尔基

在苍茫的大海上，狂风卷集着乌云。在乌云和大海之间，海燕像黑色的闪电在高傲地飞翔。

一会儿翅膀碰着海浪，一会儿箭一般地直冲云霄，它叫喊着……

在这鸟儿勇敢的叫喊声里，乌云听到了欢乐。

在这叫喊声里，充满着对暴风雨的渴望！在这叫喊声里，乌云感到了愤怒的力量、热情的火焰和胜利的信心。

海鸥在暴风雨到来之前呻吟着，——呻吟着，它们在大海上面飞蹿，想把自己对暴风雨的恐惧，掩藏到大海深处。

海鸭也呻吟着，——这些海鸭呀，享受不了生活的战斗的欢乐，轰隆隆的雷声就把它们吓坏了。

愚笨的企鹅，畏缩地把肥胖的身体躲藏在峭崖底下……

只有高傲的海燕，勇敢地、自由自在地，在翻起白沫的大海上面飞翔。

乌云越来越暗，越来越低，向海面直压下来，而波浪一边歌唱，一边冲向空中去迎接那雷声。

雷声轰响。波浪在愤怒的飞沫中呼啸着，跟狂风争鸣。看吧，狂风紧紧抱起一层层巨浪，恶狠狠地扔到峭崖上，把这大块的翡翠摔成晨雾和碎末。

海燕叫喊着，飞翔着，像黑色的闪电，箭一般地穿过乌云，翅膀掠起波浪的飞沫。

看吧，它飞舞着像个精灵——高傲的、黑色的暴风雨的精灵，——它一边大笑，它一边号叫……它笑那些乌云，它因为欢乐而号叫！

这个敏感的精灵，从雷声的震怒里早就听出困乏，它深信乌云遮不住太阳，——是的，遮不住的！

风在狂吼…… 雷在轰响……

一堆堆的乌云像青色的火焰，在无底的大海上燃烧。大海抓住金箭似的闪电，把它熄灭在自己的深渊里。闪电的影子，像一条条的火舌，在大海里蜿蜒浮动，一晃就消失了。

——暴风雨！暴风雨就要来啦！

这是勇敢的海燕，在闪电中间，在怒吼的大海上高傲地飞翔。这是胜利的预言家在叫喊：

——让暴风雨来得更猛烈些吧！……

三、语调范文练习

第一场雪——峻青

这是入冬以来，胶东半岛上第一场雪。

雪纷纷扬扬，下得很大。开始还伴着一阵儿小雨，不久就只见大片大片的雪花，从彤云密布的天空中飘落下来。地面上一会儿就白了。冬天的山村，到了夜里就万籁俱寂，只听得雪花簌簌地不断往下落，树木的枯枝被雪压断了，偶尔咯吱一声响。

大雪整整下了一夜。今天早晨，天放晴了，太阳出来了。推开门一看，嗬！好大的雪啊！山川、河流、树木、房屋，全都罩上了一层厚厚的雪，万里江山，变成了粉妆玉砌的世界。落光了叶子的柳树上挂满了毛茸茸亮晶晶的银条儿；而那些冬夏常青的松树和柏树上，则挂满了蓬松松沉甸甸的雪球儿。一阵风吹来，树枝轻轻地摇晃，美丽的银条儿和雪球儿簌簌地落下来，玉屑似的雪末儿随风飘扬，映着清晨的阳光，显出一道道五光十色的彩虹。

大街上的积雪足有一尺多深，人踩上去，脚底下发出咯吱的响声。一群群孩子在雪地里堆雪人，掷雪球，那欢乐的叫喊声，把树枝上的雪都震落下来了。

俗话说，“瑞雪兆丰年”。这个话有充分的科学根据，并不是一句迷信的成语。寒冬大雪，可以冻死一部分越冬的害虫；融化了的水渗进土层深处，又能供应庄稼生长的需要。我相信这十分及时的大雪，一定会促进明年春季作物，尤其是小麦的丰收。有经验的老农把雪比做是“麦子的棉被”。冬天“棉被”盖得越厚，明春麦子就长得越好，所以又有这样一句谚语：“冬天麦盖三层被，来年枕着馒头睡。”

我想，这就是人们为什么把及时的大雪称为“瑞雪”道理吧。

技能点四　会场的准备及设备使用技巧

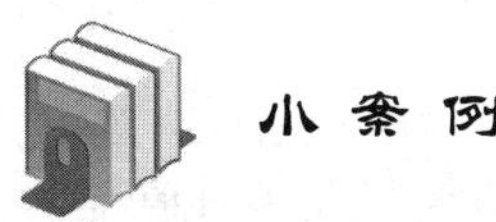

小案例

演讲正在进行中——点一份凤尾鱼

任何人都可能在演讲中遇到尴尬。我知道的一次最尴尬的经历是由喜剧导演约翰·坎图引起的，他邀请他的一个朋友做一次生动幽默的演讲，地点在一所大学学生会的比萨餐厅中。不幸的是没有人为演讲者想到准备一套独立的音响设备，学校的管理人员只好将演讲者的麦克风直接插到餐厅的音响设备上使用，这套音响设备是用来点餐的，而不是专门为演讲者准备的。

学生们按时来到了餐厅参加演讲会，主持人介绍完演讲者的情况后，演讲者接过麦克风开始了他的演讲。“今天晚上我非常高兴能够来到贵校进行演讲，贵校名气是由于……”这时从音箱中传出这样的声音：“外加两大盘蔬菜！”演讲者很讶，但是必须将演讲进行下去。“学生问题和性别问题可能是每个人考虑的全部问题，但是你还花费了很多时间去思考社会问题、政治，还有……”“所有的肉菜”，“无论你如何分配你的时间，你都会……”“来一头大蒜”，“非常感谢你们能够参加我的演讲，你们真是……”“意大利辣香肠”……

一、会场的准备工作（见图 4-9）

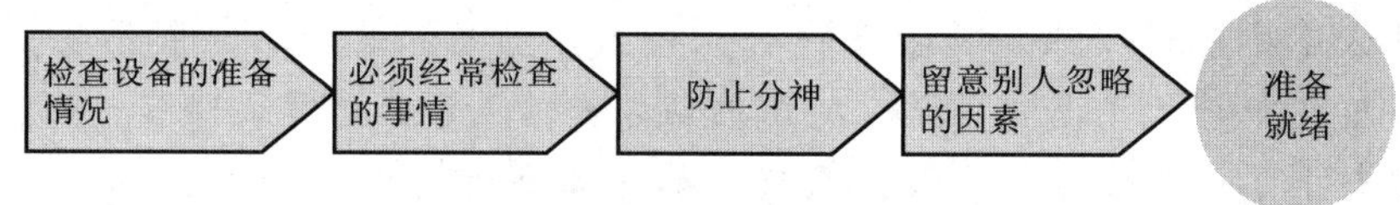

图 4-9 会场的准备工作

（一）检查设备的准备情况

在设备问题上我们要遵守一个重要原则：就是只能相信自己，不能轻易相信别人。因为那些答应你对设备保证达到某些要求的人不会认为这些事是个大问题。一旦这些设备到时不能正常工作，如上述案例中的约翰·坎图先生，没有人为他演讲准备一套专门的音响设备，演讲者就可能处于一种狼狈不堪的状态。

（二）必须经常检查的事情

要提前检查所有的设备，确保设备都能正常工作。在开始演讲之前必须检查以下诸事。

1. 音响系统

（1）要检查音响系统是否能够正常工作。

（2）要将音量调整好，使得房间里的每个人都能听到演讲。

（3）要知道如何打开、关掉麦克风，要在任意位置上都能调试麦克风，防止变换位置时麦克风发出刺耳的鸣叫声。

（4）不同的麦克风会以不同的方式采集、放大你的声音信号，因而要反复试验，直到符合现场要求。

2. 视频设备

（1）当你摆好幻灯机或投影仪时，一定要检查从房间的各个角度是否都能看清楚屏幕，由于听众所坐的位置及屋内光线反光的缘故，一部分听众的位置可能会存在盲区。

（2）如果演讲者自带笔记本电脑，要注意是否携带了相关的数据转接线，保证笔记本电脑内容能正常展示。

（3）演讲者还要注意如果需要 PPT 展示，需注意 PPT 的制作版本，如果是 Office2013 版本以上，备讲设备 Office 版本较低，无法展示，就会使演讲者很被动；其次，如果演讲中需要播放视频，要注意视频文件的格式，例如，从腾讯视频上下载的 .qlv 视频文件，目前很少能够找到适合的转换软件进行格式转换，电脑上必须下载腾讯播放器才能播放等。

（4）看演讲过程中是否需要上网，房间的网线接口及网线是否可以正常上网连接，正常使用；若是无线上网，看无线的网络连接及下载速度如何，保证演讲的正常进行。

3. 电源

要弄清楚房间里的电源插座安在哪里、是否够用、插座是两相还是三相等问题。为了防止意外，要准备一个多头电源插座和一些导线。

4. 休息室

要提前熟悉休息室的情况，因为它是你演讲前准备工作的场所，对于稳定你的情绪非常重要。这方面你需要注意几点。

（1）休息室在哪里?

（2）是否有水?

（3）是否有餐巾纸?

（4）是否有充足的卫生纸，卫生间是否可用?

这些虽然是一些琐碎之事，但是它们却很重要。特别是当你很紧张时，你无法确定你什么时候会突然想去休息室。

（三）防止分神

1. 不用看得见风景的房间

如果你的演讲被安排在餐厅、饭店或者办公大楼中，而这些地方的会议室恰好有大玻璃窗，透过玻璃窗，人们可以看到迷人的景观，听众会将注意力放在窗外的景致上。所以，要尽量在一个没有窗户的房间里举行演讲，如果实际条件不允许，就挂上窗帘。

2. 从听众的角度来审视

你可以坐在听众席的不同部分来感觉，前面、后面或是侧面，观察是否有东西阻碍听众的视线，坐在各个部分的听众是否都能够看到屏幕。

你可以请一个人站在房间的前面扮演演讲者的角色，你来充当听众，来发现可能分散注意力的因素。比如，你可能会发现，在他身后有一盆装饰用的盆景恰好从他的头上伸出来，看起来像是一棵树从他的头上长出来了，你就可以马上调整。

仔细检查舞台的背景，如果你身后的幕帘是黑色的，你就要避免穿黑色的衣服；如果你身后是带花纹的玻璃窗，就要避免穿花色的衣服。

3. 从讲台的角度审视

你需要提前站在讲台上，环视房间，看看是否有干扰你的东西。你可能会发现房间后墙上的镜子恰好反光在你的脸上、能够看到墙上的画像等，你即可将这些干扰因素排除掉。

4. 消除噪声

最容易干扰听众集中注意力的因素就是噪声，它会淹没你的声音，直接干扰你所要传达给听众的信息。即使你所做的演讲是有关于如何成为百万富翁、如何治疗癌症的，也不会引起听众的注意。你需要做的事情是发现并控制房间内外所有的噪声源。尽量选用那种隔音效果好的房间作为你的演讲地。

（四）留意别人忽略的因素

1. 到达现场

（1）保证顺利到达。你需要了解演讲地点在哪里，如何到达，需要多长时间到达。目的在于防止走错地方以及有时间来熟悉环境，稳定一下情绪。

（2）相关的交通问题。不能只是粗略地估计到达会议现场的时间，应该详细地规划你的行程。通常情况下你花费 30 分钟就可以到达，但是如果恰好碰到交通的高峰时间，你要花费更长的时间，这一点一定要事先规划好。

（3）停车问题。你要提前熟悉停车的地点，作为演讲者，你有权利要求为你准备一个专门的停车地点，以免无处停车。

2. 四个提前到场的理由（见图 4-10）

图 4-10　四个提前到场的理由

（1）稳定情绪。有时候环视一下演讲所使用的房间，看一看房间的布局和你演讲时所处的位置，都可以让你得到放松，消除无名的恐惧。你能够明显地感觉你的恐惧在一点点地消失。

（2）憧憬成功。你可以站在演讲台上憧憬演讲的成功，你的感受越真切，这种憧憬就越有效。

（3）亲自感受。你可以坐在听众席中感受，这样会帮助你发现分散听众注意力的因素，并抑制这些干扰因素。

（4）相互交流。将你自己介绍给听众，和他们熟悉起来，这样在你演讲时听众会感觉很熟悉、很亲切。同时通过与听众的互流，你也能够随时修改你的演讲。

3. 温度和通风问题

房间里的“天气情况”——温度和通风，对听众的影响会比你的演讲词的影响还要深刻。如果让听众坐在一个闷热的或者冰冷的房间中听演讲，这种滋味很不好受，听众根本不愿听你在说些什么。如果房间里很闷热，让维修人员打开空调；如果房间里很冷，打开暖风。不要认为听众会被你的演讲词激动得热血沸腾，可以抵御冰冷的寒气。

二、设备使用技巧——有效使用视觉辅助工具

有这样一句俗语:“一图抵千言。”的确是这样，一段 20 分钟的演讲可以压缩为两张幻灯片，我们只要花 40 秒的时间看看幻灯片就可以了。但是，并不是所有的图片都能抵得上 1 000 个词，只有在某些特定的情况下图片才能发挥这种特别功效。

（一）使用视觉辅助教具的作用

演讲的三个基本要素包括演讲者、听众以及环境。一般而言，这三个要素在演讲中所占的重要程度分别是：看占 75%；听占 13%；闻、尝、触等占 12%。由此可知，在一次演讲中，视觉效果不容忽视，因此演讲者一定要精心制作视觉教具。

视觉教具包含了很多内容，比较常用的有幻灯片、投影片、图表、活动挂图和道具等。有些演讲者将一大串要点写在幻灯片上，然后依次读一遍，但收效不好。

演讲者只有在讲述复杂问题、不使用视觉教具就无法讲明白的情况下使用它才更合适，如关于 DNA 检测的演讲可能需要用到视觉教具。

怎样让视觉教具起到正面效果呢？就是了解视觉教具的优缺点。

（二）视觉教具的优缺点

1. 视觉教具的优点

在进行演讲时，使用幻灯片、道具、录像等辅助工具有如下益处（见图 4-11）。

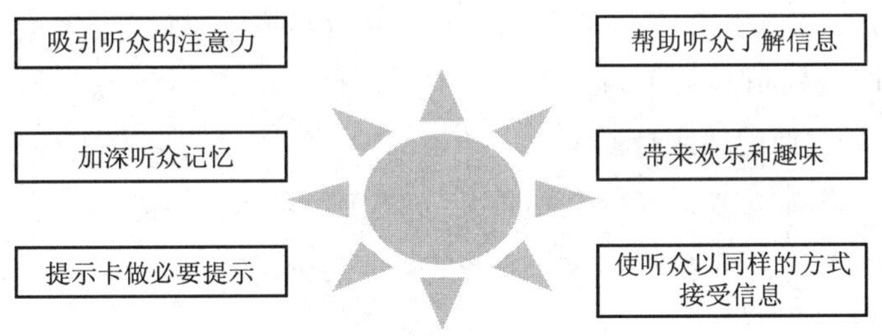

图 4-11　视觉教具的优点

（1）吸引听众的注意力。如果演讲时声音单调，就会立刻失去听众的注意力。不过只要你在幻灯片上加入一些生动形象的展示内容，就可以在瞬间唤起听众的兴趣，并将其注意力集中到你身上。就像一道原本无味的菜加进了合适的调味品，立刻就变得美味可口了。

（2）帮助听众了解信息。话语并不是最有效传递信息的方式，如果我们能用图片或照片来传递信息的话，效果会更佳。所以演讲中所用到的 PPT 制作质量要尽可能高，不仅要有美妙的图片信息布局，最好还是有各种动画、动作穿插在里面。

（3）加深听众记忆。对一般人而言，看到的事物往往比听到的事物更容易长驻心中，如果能够使听众接触到或者直接操作道具的话，那就更容易在他们心中留下深刻的印象，这就是我们常说的“百闻不如一见，百见不如体验”。

（4）带来欢乐和趣味。几乎每一个人都喜欢以图形或照片作为表达方式，经过良好设计的辅助工具可以带给听众不少欢乐与趣味，尤其当把色彩的运用发挥到极致时，这种效果更为显著。

（5）提示卡做必要提示。另外还可以做一些提示卡，以便在演讲时给自己以必要的提示；当需要描述时，视觉教具还能节省大量时间。例如，当你讲到在家附近的十字路口的布置——停止标志在哪里、交通隔离栅栏在哪里等，放一张交叉路口的幻灯片图片就能节省很多时间。

（6）使听众以同样的方式接收信息。例如，你要讲一起交通事故，这场交通事故使一辆汽车损坏了，这时听众就会在头脑中构思一幅汽车损坏的照片。如果你将现场的照片放一下，那所有人就都知道损坏的情况是怎样的了。

2. 视觉教具的缺点

演讲者最容易犯的两大错误：第一就是教具做得太小，视觉效果不好，以至于听众根本看不清；第二就是完全用教具来代替演讲，而不是支持演讲。第二个问题正在成为一种趋势。这样做的弊端在于：

（1）扰乱了听众。即使视觉教具没有使演讲完全失败，但是它仍然转移了听众对演讲主要内容的注意力——尤其是当它制作或使用不当时。

（2）对着教具讲。许多演讲者演讲时会对着教具而不是听众。即使你的后背是你身体中最美的部分，听众还是希望和你有一些目光接触。

（3）为设备焦虑。使用视觉教具意味着要为设备焦虑。幻灯片和投影仪会像预想的那样正常工作吗？房间的布置适合使用幻灯片吗？即使像活动挂图那样的简单教具都可能使演讲者紧张，（标志会不会掉了？）所有的这些负担都会或多或少地使你忽略你的主要任务——做一场精彩的演讲。

（三）视觉辅助工具的使用技巧

辅助工具的种类有很多，可以是幻灯片、DVD、图片、模型。下面分类介绍各种辅助工具在使用时需要注意的问题：

1. 制作幻灯片的要点

制作幻灯片时应掌握以下几个关键点。

（1）主题突出、内容正确。幻灯片的内容一定要突出重点，因为幻灯片是辅助教学的，而不是发给听众的讲义，它只起一个提纲挈领的作用。

（2）内容和画面与主题契合。幻灯片要与图片、照片、文字材料等相配合，同时一定要与主题吻合。

（3）文字简洁清晰，图片色彩鲜艳和谐。一张幻灯片不要挤入太多的字，每张幻灯片上最多可出现 20~25 个字。同一张幻灯片上出现的颜色最好不要超过三种，颜色不要过于鲜艳，应注意色彩的合理组合，保持一种柔和度。

（4）可以使用列举、比较、图表、数字等多种方法，达到言简、直观的效果。有句话说得好：文不如数，数不如表，表不如图。

2. 使用图标和曲线图

图表和曲线图通常用来描述数据，还可以用来描述一些非数字的关系，图表和曲线图常见种类有条形图、流程图、线图、组织结构图、饼图、数据列表等。

使用图表和曲线图应注意几个问题：（1）控制数据的使用；（2）饼图的表示要准确；（3）要绝对保证数字正确；（4）精心装饰。

3. 使用活动挂图

活动挂图是挂在黑板上的纸质大图画，它在商务会议中使用得非常普遍。因为活动挂图的适用性很强，体现在：演讲时可以在上面写字；不必去找电源开关、插座，总能正常工作；易于运输，价格便宜。它的缺点是：当听众超过 50 人时，使用它的效果不好，坐在后面的听众会看不清挂图上的内容。

使用活动挂图时应避免的常见错误有：（1）文字太多；（2）不要占满整张挂图，把内容限制在挂图的上 2/3 处；（3）字迹太小；（4）字迹潦草；（5）使用难以看清的颜色；（6）颜色太多。

如果条件允许，最好室内能有能触摸的大屏幕，这样可以把重点内容触摸放大或在面板上用电子软件写字、标重点等，让坐在远处的听众能看得更清楚，展示效果会更好。

4. 制作精彩的视频、音频制品

视频制品是一种非常有效的视觉工具，那么我们为什么不用听众喜爱的媒体——视频来吸引他们的注意力呢？

（1）利用录像片。录像是一种强有力的视觉工具，在演讲中不能用得太多，否则它会喧宾夺主，使你的演讲显得乏味无趣，但用小段视频来突出关键点很能激起听众的兴趣。

（2）利用声音。无论你的演讲内容是什么，音乐和音响效果都能增强你演讲的效果。它们可以活跃听众，营造气氛，用来强调要点。可以用音乐来营造气氛；也可以为幻灯片放映配节拍。配上一些伴有欢快节拍的响亮音乐，能使人们感到振奋，情绪激昂，能使放映片的情景显得更真实。

（3）填充听众思考或记录的间隙。在听众思考或记录时，屋内太安静会令人感到压抑，这期间播放一段音乐，会感觉很好。

技能训练

沟通案例分析——奥巴马的演讲细节

今天终于在科罗拉多州普韦布洛亲眼看到了奥巴马本人。与从电视上看相比，奥巴马比我原先想象的要稍显老态一些，可能是舟车劳顿所致。不过这是很其次的东西了。通过现场看奥巴马的演讲，我觉得自己看到了他能笼络到如此多选民的原因。

我必须说，奥巴马是一个很聪明的人，从他的肢体语言就能看出来。从入场开始，奥巴马就一直保持着小跳步的姿态，这让他显得充满了活力；他与选民的握手也并不是毫无停留，而是有足够时间让人真切感觉到他的存在。

等到了演讲台上，天啊！请让我们注意他的手指！每当他说到“改变”这个词，他总是伸出食指，卷曲着指向人群，同时向内的手指也意味着指向的还包括自己。此外，他在挥舞手臂的时候，总是摊开手掌，或者是手指微拢，而不是像麦凯恩一样，动不动就挥舞拳头，充满了侵略性。

再说说他选择的上场时间。初冬的下午 4 点，太阳正在西斜，阳光正好能照在他的脸上，不留任何阴影。另外，根据一些演讲名家所说的，下午 4 点到 6 点这段时间，人的心理防线是最为脆弱的——希特勒就经常选择这个时间发表演说——不过我并没有将奥巴马比喻成希魔的意思。

此外，如果各位留意的话，每次奥巴马和麦凯恩相遇握手时，奥巴马总是刻意保持眼睛朝下看的神态，这也给人一种占优势的感觉。也许就是因为这些小小的细节上的占优，奥巴马最终可能赢得大选。

请问：你从奥巴马的演讲细节上看，能否得出他能成功演讲的原因？

学习情境五　求职面试沟通

导学案例

如何展现自己的职场沟通优势

王岚是一个典型的北方姑娘，在她身上可以明显地感受到北方人的热情和直率，她喜欢坦诚，有什么说什么，总是愿意把自己的想法说出来和大家一起讨论，正是因为这个特点，她在上学期间很受老师和同学的欢迎。今年，王岚从西安某大学的人力资源管理专业毕业。她认为，经过四年的学习，自己不但掌握了扎实的人力资源管理专业知识，而且具备了较强的人际沟通技能，因此她对自己的未来期望很高。为了实现自己的梦想，她毅然只身去了广州求职。

经过将近一个月的投简历和面试，在权衡了多种因素的情况下，王岚最终选定了东莞市的一家研究生产食品添加剂的公司。她之所以选择这家公司是因为该公司规模适中、发展速度很快，最重要的是该公司的人力资源管理工作还处于尝试阶段，如果王岚加入，她将是人力资源部的第一个人，因此她认为自己施展能力的空间很大。

但是到公司实习一个星期后，王岚就陷入了困境中。有些时候，王岚会感觉到她性格中的直爽在公司里好像不太适用；同一办公室的同事跟她的关系也是忽冷忽热；直属上级有时在安排工作时故意冷落她等等，使得王岚内心里很纠结：自己的能力为什么发挥不出来呢？

从这个案例中能很明显地看出，是王岚在工作中的沟通出现了问题。

学习训练目标

- 正确地认识自己，把握自己的特点。
- 理解性格、气质、情商与职业选择的关系。
- 树立正确的职业目标。
- 掌握个人简历及求职信的写作。
- 掌握面试各个环节的正确沟通方式。

技能点一　认识自我——求职从自我开始

认识自我也就是从自身出发，了解自身的一些特点，例如性格、气质、情商等，目的是为了在社会中与各类人士打交道时能够扬长避短，展示自身的优势及魅力所在。

一、认识自我

在选择职业时，认识自我格外重要。就像要成功地推销商品一样，在了解商品的特点及性能的基础上，才能适时地推销出去。求职的过程也是推销自己的过程，只有对自己有一客观的、准确的评价，才能结合自身特点进行职业定位，发挥个人优势。

（一）性格

1. 性格的内涵

性格（Character）是指人在现实的稳定的态度和习惯化的行为方式中所表现出来的心理特征，是一种与社会相关最密切的人格特征，表现了人们对现实和周围世界的态度，并体现在他的行为举止中。

性格表现一个人的品德，受人的价值观、人生观、世界观的影响。这些具有道德评价含义的人格差异，我们称之为性格差异。性格是在后天社会环境中逐渐形成的，是人的核心的人格差异。性格有好坏之分，能最直接地反映出一个人的道德风貌。

资料卡

性格和本性的区别

性格是后天所形成的，比如腼腆的性格、暴躁的性格、果断的性格和优柔寡断的性格等。

本性是人天生所具有的、不可改变的思维方式。本性是先天所形成，比如自尊心、虚荣心、荣誉感等。人的本性包括有求生的本性、懒惰的本性和不满足的本性。

2. 性格与职业选择

当选择职业时，应该尽可能地使自己的性格与职业特点相适合，这样工作起来自己也有一种找到了归宿的感觉，与自己共事的同事也会感到亲切和自然。但是性格与职业之间并没有固定的搭配方式，表 5-1 所列出的是六大类性格特征与职业选择的关系，仅供参考。

美国职业指导专家霍兰德认为，每个人都是这六种类型的不同组合，只是占主导地位的类型不同。而每一种职业的工作环境也是由六种不同的工作条件所组成，其中有一种占主导地位。一个人的职业是否成功、是否稳定、是否称心如意，在很大程度上取决于其个性类型和工作条件之间的适应情况。

表 5-1　六大性格与职业的关系

类型	特　点	职业
现实型	喜欢与“物”打交道而不喜欢与“人”打交道；传统、保守，缺乏良好的人际关系和言语沟通技巧；有毅力、勤勉，缺乏创造性和原创性；喜欢用熟悉的方法做事并建立固定模式，考虑问题往往比较绝对	机械师 工人

续表

类型	特　　点	职业
探索型	必须了解、解释和预测身边发生的事；对于喜欢做的事能够全神贯注，心无旁骛；具有创造性，常有新鲜创意，往往难以接受传统价值观；在社交场合常会感到困窘，缺乏领导能力和说服技巧；在人际关系方面拘谨、刻板，不太善于表达情感	数学家 生物学家
艺术型	不喜欢高度规范化和程序化的任务；喜欢通过艺术作品表现事物，表现自我，希望得到众人的关注和赞赏，对于批评很敏感；处事比较冲动，比较情绪化且心思复杂；主要通过艺术间接与别人交流以弥补疏离感	作家 音乐家
社会型	能洞察别人的情感和问题，喜欢扮演帮助别人的角色；喜欢当焦点人物并乐于处在团体的中心位置；和别人相处融洽并能自然地表达情感，待人处事圆滑，给别人以仁慈、乐于助人的印象	记者 老师
管理型	支配欲强，对管理和领导工作感兴趣；善于辞令，总是力求使别人接受自己的观点，具有劝说、调配人的才能；缺乏从事细致工作的耐心	法官 企业主
常规型	喜欢做抄写、计算等遵守固定程序的活动；倾向于保守和遵循传统，习惯于服从、执行上级命令；有自制力并有节制地表达自己的情感，避免紧张的人际关系，喜欢自然的人际关系；喜欢有计划地做事，不喜欢打破惯例	会计 出纳

（二）气质

气质对于求职者在选择职业类型方面十分重要，在求职前，如果先能了解自己的气质类型，则在一定程度上可以根据自己的气质特点选择职业，并且在平时可以有意识地培养和发展气质积极的一面，抑制消极的一面，使自己在职业的发展上能够顺利前行。

1. 气质的内涵

气质是人的个性心理特征之一，是指在人的认识、情感、言语、行动中，心理活动发生时力量的强弱、变化的快慢和均衡程度等稳定的动力特征。气质主要表现在情绪体验的快慢、强弱等方面，因而它为人的全部心理活动表现染上了一层浓厚的色彩。

气质无好坏优劣之分，只有心理特征和表现方式的区别，气质不标志着一个人的智力发展水平和道德水平，不决定一个人的社会价值和成就的高低。气质可以影响人的感情和行为，进而影响人的活动效率和对环境的适应。

古希腊医生希波克拉底提出“四体液学说”，认为气质取决于人体内的四种液体，即血液、黏液、黄胆汁、黑胆汁的混合比例，并以何种体液占优势而把人的气质分为多血质、黏液质、胆汁质和抑郁质，如表 5-2 所示。

表 5-2　　气质类型的四种分类

序号	气质类型	气质特征
1	胆汁质（兴奋型）	直率、热情、精力旺盛、情绪易于冲动、心境变换剧烈
2	多血质（活泼型）	活泼、好动、敏感、反应迅速、喜欢与人交往、注意力容易转移、兴趣容易变换
3	黏液质（安静型）	安静、稳重、反应缓慢、沉默寡言、情绪不易外露，注意力稳定但又太难于转移，善于忍耐
4	抑郁质（抑制型）	孤僻、行动迟缓、体验深刻、善于觉察别人不易觉察到的细小事物

人的气质类型可以通过一些方法加以测定，但属于某一种类型的人很少，多数人是介于各类型之间的中间类型，即混合型，如胆汁—多血质、多血—黏液质等。

2. 气质与职业选择

各种不同气质类型的人们，他们所适合从事的职业类型也有所区分。胆汁质类型的人适于从事反应迅速、动作有力、应激性强、风险大、难度高而费力的工作；多血质类型的人适于从事社交性、文艺性、多样化、要求反应快捷的工作；黏液质类型的人适于从事有条不紊、刻板平静、重复性强的工作；抑郁质类型的人适于从事需要兢兢业业、持久、耐心、细致的工作。

资料卡

不同气质类型人的不同表现

苏联心理学家达维多娃曾描述了四种基本类型的人在同一情境中的不同行为表现。四个不同气质的人去看戏，但都迟到了，他们有不同的行为表现。多血质的人立即明白，检票员是不会放他进剧场的，但上楼容易，就跑到楼上去了；胆汁质的人和检票员争吵，企图闯入剧院，他辩解说，戏院里的钟快了，他进去看戏并不会影响别人，并且企图推开检票员进入剧院；黏液质的人看到不让他进入剧院，就自我安慰地想，“第一场戏总是不太精彩，我可以在小卖部等一会儿，在幕间休息时再进去”；抑郁质的人会说，“我运气不好，偶尔看一场戏，就那么倒霉”，接着就回家去了。

3. 如何在求职中体现“气质美”

性格开朗、潇洒大方的人往往表现出一种聪慧的气质；性格开朗、温文尔雅，多显露出高洁的气质；性格爽直、风格豪放的人，气质多表现为粗犷；性格温和、风度秀丽端庄，气质则表现为恬静……无论聪慧、高洁，还是粗犷、恬静，都能产生一定的美感。相反，刁钻奸猾、孤傲冷僻或卑劣萎靡的气质，除了使人厌恶以外，绝无美感可言。

一个人的真正魅力主要在于特有的气质，这种气质对同性和异性都有吸引力，这是一种内在的人格魅力。

气质美主要表现在以下几个方面（见图 5-1）。

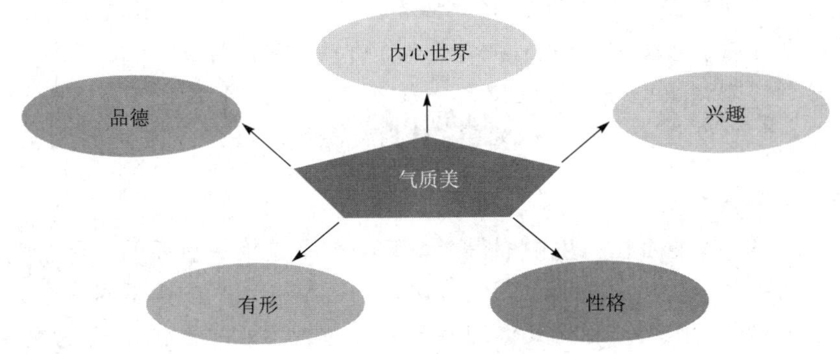

图 5-1 气质美的表现

(1) 丰富的内心世界。有理想是内心丰富的一个重要方面，因为理想是人生的动力和目标，没有理想的追求，内心空虚贫乏，是谈不上气质美的。

(2) 看似无形，实为有形。气质是通过一个人对待生活的态度、个性特征、言行举止等表现出来的。气质外化在一个人的举手投足之间。热情而不轻浮，大方而不傲慢，就表露出一种高雅的气质；狂热浮躁或自命不凡，就是气质低劣的表现。

(3) 开朗的性格。这就涉及平素的修养。开朗的性格往往透露出大气凛然的风度，更易表现出内心的情感。富有感情在气质上当然更添风采。

(4) 高雅的兴趣。例如，爱好文学并有一定的表达能力、欣赏音乐且有较好的乐感、喜欢美术而有基本的色调感等。

(5) 高贵的品德。为人诚恳，心地善良的品德也是气质美的另一重要方面。能展现气质美的人大多能成为对社会做出重大贡献、品德高尚的人，也容易成为某一职业领域的能手或专家。

资料卡

性格与气质的联系及区别

联系：

(1) 气质可以影响性格的表现方式，使同一性格特征带上某种独特的色彩。

(2) 气质可以影响性格形成和发展的速度。

(3) 性格在一定程度上可以调控、掩蔽和改造气质，使气质的消极因素得到抑制，积极因素得到发展，以便服从于生活实践的要求。

区别：

(1) 气质主要是先天的，更多地受人的生理特点、主要是神经过程及体液特点的制约；性格则主要是后天的，更多地受社会生活条件的影响。

(2) 气质在社会意义的评价上没有好坏之分，不能笼统地说某种气质是积极的或消极的，不管哪种气质类型的人都可能取得杰出成就；性格特征则是品德和世界观的表现，在社会意义的评价上有了好坏之分，它对事业的成功与否有明显的影响。

（3）气质的表现范围较窄，局限于心理活动的速度、强度、稳定性等方面；性格的表现范围较广，几乎包含了人的全部心理活动的一切稳定特点。

（4）气质的可塑性较小，变化较慢，一般不需培养；性格则可塑性较大，变化较快，虽然具有一定的稳定性，但较易改变，特别需要加以培养。

（三）情商

以往认为，一个人能否在一生中取得成就智力水平是第一重要的，即智商越高取得成就的可能性就越大。但现在心理学家们普遍认为，情商水平的高低对一个人能否取得成功也有着重大的影响作用，有时其作用甚至要超过智力水平。图 5-2 为情商的 12 项能力。

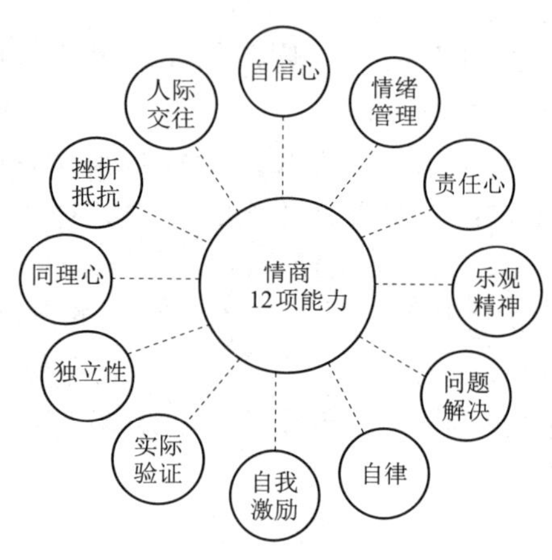

图 5-2　情商的 12 项能力

1. 情商的内涵

美国心理学家认为，情商包括以下几个方面的内容：一是认识自身的情绪，因为只有认识自己，才能成为自己生活的主宰；二是能妥善管理自己的情绪，即能调控自己；三是自我激励，它能够使人走出生命中的低潮，重新出发；四是认知他人的情绪，这是与他人正常交往，实现顺利沟通的基础；五是人际关系的管理，即领导和管理能力。

2. 情商与智商的区别

正确认识这两种心理品质（见表 5-3）之间的差异和联系，有利于更好地认识人自身，有利于克服智力第一和智力唯一的错误倾向，有利于培养更健康、更优秀的人才。

表 5-3　情商与智商

类型	英文简称	含　义
智商	Intelligence Quotient 简写成 IQ	用以表示智力水平的工具，也是测量智力水平常用的方法，智商的高低反映着智力水平的高低
情商	Emotional Quotient 简写成 EQ	表示认识、控制和调节自身情感的能力，情商的高低反映着情感品质的差异

情商对于人的成功起着比智商更加重要的作用。智商和情商都是人的重要的心理品质，都是事业成功的重要基础。

（1）智商和情商反映了两种性质不同的心理品质。

智商主要反映人的认知能力、思维能力、语言能力、观察能力、计算能力、律动的能力等，也就是说，它主要表现人的理性的能力。情商主要反映一个人感受、理解、运用、表达、控制和调节自己情感的能力以及处理自己与他人之间的情感关系的能力。情商反映个体把握与处理情感问题的能力。情感常常走在理智的前面，是非理性的。

（2）智商和情商的形成基础有所不同。

情商和智商虽然都与遗传因素、环境因素有关，但是，它们与遗传、环境因素的关系是有所区别的。智商与遗传因素的关系远大于社会环境因素。人的情感则容易受到社会环境的影响，人总是有着根深蒂固的从众心理。

资料卡

智商与情商

据英国《简明不列颠百科全书》“智力商数”词条载：“根据调查结果，70%～80%的智力差异源于遗传基因，20%～30%的智力差异系受到不同的环境影响所致。”情商的形成和发展，先天的因素也是存在的。

（3）智商和情商的作用不同。

智商的作用主要在于更好地认识事物。智商高的人，思维品质优良，学习能力强，认识深度深，容易在某个专业领域取得杰出成就，成为某个领域的专家。调查表明，许多高智商的人成为专家、学者、教授、法官、律师、记者等，在自己的领域有较高造诣。

情商主要通过影响人的兴趣、意志、毅力，加强或弱化认识事物的驱动力。智商不高而情商较高的人，学习效率虽然不如高智商者，但有时能比高智商者学得更好，成就更大，因为锲而不舍的精神使勤能补拙。另外，情商是自我和他人情感把握和调节的一种能力，因此，与人际关系的处理有较大关系。其作用与社会生活、人际关系、健康状况、婚姻状况有密切关联。情商低的人人际关系紧张，领导水平不高；而情商较高的人，通常有较健康的情绪，有良好的人际关系。不同程度情商的特征如表5-4所示。

表5-4　不同程度情商的特征

程　度	特　征
高情商	尊重所有人的人权和人格尊严；不将自己的价值观强加于他人；对自己有清醒的认识，能承受压力；自信而不自满；人际关系良好，和朋友或同事能友好相处；善于处理生活中遇到的各方面的问题；认真对待每一件事情
较高情商	是负责任的“好”公民；自尊；有独立人格，但在一些情况下易受别人焦虑情绪的感染；比较自信而不自满；较好的人际关系；能应对大多数的问题，不会有太大的心理压力
较低情商	易受他人影响，自己的目标不明确；比低情商者善于原谅，能控制大脑；能应付较轻的焦虑情绪；把自尊建立在他人认同的基础上；缺乏坚定的自我意识；人际关系较差

续表

程　度	特　　征
低情商	自我意识差；无确定的目标，也不打算付诸实践；严重依赖他人；处理人际关系能力差；应对焦虑能力差；生活无序；无责任感，爱抱怨

二、明确职业目标，收集就业信息

（一）职业目标

确立职业目标对于求职者来讲是今后取得事业成功的关键，明确职业目标不仅可以为你指明求职的方向，而且还能够鞭策你为职业成功不断努力。如果你不清楚自己的职业目标，通常会原地踏步，就像大海中的航船、空中的飞机，没有目标无法前行。

一生的职业发展要有明确的目标，学业和专业都要与职业目标协调一致。如果没有目标，事业随时有可能陷入停滞状态，这时就要善于盘点，自己清楚地知道自己想做什么、适合做什么、能做什么。这主要涉及的是个人的能力、个人的兴趣与爱好、个人的性格与气质、个人的学识水平、个人的技能，进而综合评价职业自我。

（二）就业信息的收集

1. 收集的原则

就业信息的收集应力求做到“早”“广”“实”“准”。

（1）早：信息要及时，早做准备，不能临时“抱佛脚”。

（2）广：信息面要宽，广泛收集各类信息。

（3）实：信息要具体，对招聘单位的基本信息掌握得越具体越好。

（4）准：信息准确无误，不能似是而非。

2. 收集的渠道

（1）各学校招生就业处。毕业生通过就业信息网、就业信息栏、辅导员直接通知等途径可以获得相关的就业信息，而且通过这个途径获得的信息是比较安全准确的，几乎每一所高校都设有这样的招生就业处。

（2）学校组织的各类招聘会。各类的招聘单位来到学校内部进行校园招聘，这样的招聘目的性很强，作为招聘单位能招聘到优秀的毕业生，毕业生也能够针对自己的具体需求找到适合的单位。

（3）各类人才市场招聘或提供实习岗位。各大城市均设有人才招聘市场，求职者可以直接进入市场寻找目标单位，并与招聘单位的招聘人员直接面谈。

（4）新闻媒体的招聘广告。通常有电视、广播、报纸、杂志等媒体有大量的招聘广告，这也是人们获取求职信息最常用的渠道，而且它们具有直接、迅速、时效性强、影响面广的特点，但能真正求职成功的概率并不大，因为信息太容易得到。

（5）计算机网络。网络求职已成为众多求职者关注的求职途径，而且已成为仅次于报纸的第二大获取就业信息的渠道。许多网站还提供免费上传个人简历及求职信的服务，进一步方便了求职者的求职。

（6）教师、亲戚朋友的介绍等。这一类的信息通常是属于招聘单位的内部信息，准确率极高，而且录用率也很高，因此如果求职者通过这种渠道能获得就业信息的话，应该好好把握机会通过面试被录用。

资料卡

毕业生应该知道的网上就业信息渠道

北方人才网：www. tjrc. com. cn.

中华英才：www. chinahr. com.

智联招聘：www. zhaopin. com.

前程无忧：www. 51job. com.

数字英才：www. 01hr. com.

学信网：www. myjob. edu. cn.

应届生求职网：www. yingjiesheng. com.

中国专业人才网：www. djob. com.

（三）就业信息的筛选

事实上在不少情况下，对于求职者来讲，找工作时最难的不是看不到求职信息，而是面对太多的求职信息和渠道不知该如何选择适合自己的岗位。如果你搜集了很多的就业信息，那一定要注意进行筛选，而且筛选的过程非常重要。

1. 合理定位，明确目标

在利用任何渠道找工作前，有两点需要先行考虑：一是自己想找什么样的工作，二是自己能够做什么样的工作。切忌抱着“我什么工作都可以干”的想法，这只能说明你对自己的求职没有做过仔细的思考和规划。

2. 结合自身，明确渠道

要寻找最适合自己求职的渠道。例如，想应聘销售岗位的同学可以多参加招聘会，通过现场招聘会与企业面对面交流的机会，将自己的表达能力和自我推销能力发挥到极致；而应聘设计类岗位的同学可以选择网络求职，通过网络，可以把自己的作品和简历一起发送给用人单位让他们鉴别；若觉得自身求职能力不足，又不善表达的，则可以通过公益性的职介机构接受专门指导。

3. 运用技巧，事半功倍

在找工作过程中有几项技巧是你必须学会的。

（1）学会“看”岗位。在甄别一个岗位是否适合自己时，应首先把岗位工作内容作为第一要件进行考虑，其次是了解企业的规模和文化，然后再看一下自己的学历和其他技能条件是否符合要求，最后关心的才应该是工资待遇。

（2）学会分析岗位。这是能否猎取到岗位的根本要素，若某岗位需要求职者拥有良好的英语口语能力，而你又拥有相应的证书，那么请努力地应聘这类岗位，优秀的口语能力会成为你求职的筹码。

（3）学会合理分析成本。若是大学生应聘，由于没有收入来源，若求职成本过高会影响理性判断，所以应该把有限的时间和金钱投入到希望较大的岗位和渠道上去。

（4）学会归纳和总结。每次参加完面试后都要总结得失，回顾面试问题，寻找最佳答案，以备下次使用。

（5）要善于使用信息筛选引擎。在网络求职时，输入的关键字要简短、恰当。

因此，求职者对收集到的需求信息，应结合自己的实际情况加以筛选处理，去粗取精、去伪存真，有目的、有针对地进行排列、整理和分析。筛选需求信息的过程要做到：善于对比、掌握重点、了解透彻、适合自己。

技能训练

一、自我技能测试——国际标准情商测试题

这是一组欧洲流行的测试题，可口可乐公司、麦当劳公司、诺基亚分司等世界500强众多企业，曾以此为员工EQ测试的模板，帮助员工了解自己的EQ状况。该测试共33题，测试时间25分钟，最大EQ为174分。假如你已经预备就绪，请开始计时。

- 请从第1—9题的问题中，选择一个和自己最切合的答案。

1. 我有能力克服各种困难。（　　）

A. 是的　　B. 不一定　　C. 不是的

2. 如果我能到一个新的环境，我要把生活安排得（　　）。

A. 和从前相仿　　B. 不一定　　C. 和从前不一样

3. 一生中，我觉得自己能达到我所预想的目标。（　　）

A. 是的　　B. 不一定　　C. 不是的

4. 不知为什么，有些人总是回避我或冷淡对我。（　　）

A. 不是的　　B. 不一定　　C. 是的

5. 在大街上，我常常避开我不愿打招呼的人。（　　）

A. 从未如此　　B. 偶然如此　　C. 有时如此

6. 当我集中精力工作时，假使有人在旁边高谈阔论，（　　）。

A. 我仍能用心工作　　B. 介于A、C之间　　C. 我不能专心且感到愤怒

7. 我不论到什么地方，都能清晰地辨别方向。（　　）

A. 是的　　B. 不一定　　C. 不是的

8. 我热爱所学的专业和所从事的工作。（　　）

A. 是的　　B. 不一定　　C. 不是的

9. 气候的变化不会影响我的情绪。（　　）

A. 是的　　B. 介于A、C之间　　C. 不是的

- 请如实回答第10—16题。

10. 我从不因流言蜚语而气愤。（　　）

A. 是的　　B. 介于A、C之间　　C. 不是的

11. 我善于控制自己的面部表情。(　　)

A. 是的　　　　B. 不太确定　　　　C. 不是的

12. 在就寝时，我常常（　　）。

A. 极易入睡　　　　B. 介于A、C之间　　　　C. 不易入睡

13. 有人侵扰我时，我（　　）。

A. 不露声色　　　　B. 介于A、C之间　　　　C. 大声抗议，以泄己愤

14. 在和人争辩或工作出现失误后，我常常感到震颤，精疲力竭，而不能继承安心工作。(　　)

A. 不是的　　　　B. 介于A、C之间　　　　C. 是的

15. 我常常被一些无谓的小事困扰。(　　)

A. 不是的　　　　B. 介于A、C之间　　　　C. 是的

16. 我宁愿住在僻静的郊区，也不愿住在嘈杂的市区。(　　)

A. 不是的　　　　B. 不太确定　　　　C. 是的

• 在第17—25题中，每一题请选择一个和自己最切合的答案。

17. 我被朋友、同事起过绰号、讥讽过。(　　)

A. 从来没有　　　　B. 偶尔有过　　　　C. 这是常有的事

18. 有一种食物使我吃后呕吐。(　　)

A. 没有　　　　B. 记不清　　　　C. 有

19. 除去看见的世界外，我的心中没有另外的世界。(　　)

A. 没有　　　　B. 记不清　　　　C. 有

20. 我会想到若干年后有什么使自己极为不安的事。(　　)

A. 从来没有想过　　　　B. 偶尔想到过　　　　C. 经常想到

21. 我常常觉得自己的家庭对自己不好，但是我又确切地认识到他们的确对我好。(　　)

A. 否　　　　B. 说不清楚　　　　C. 是

22. 天天我一回家就马上把门关上。(　　)

A. 否　　　　B. 不清楚　　　　C. 是

23. 我坐在小房间里把门关上，但我仍觉得心里不安。(　　)

A. 否　　　　B. 偶尔是　　　　C. 是

24. 当一件事需要我做决定时，我常觉得很难。(　　)

A. 否　　　　B. 偶尔是　　　　C. 是

25. 我常常用抛硬币、翻纸、抽签之类的游戏来猜测凶吉。(　　)

A. 否　　　　B. 偶尔是　　　　C. 是

• 请按实际情况如实回答第26—29题，仅需回答“是”或“否”即可，在你选择的答案旁打“√”。

26. 为了工作我早出晚归，早晨起床我常常感到疲劳不堪。

是__________ 否__________

27. 在某种心境下我会因为困惑陷入空想，并将工作搁置下来。

是__________ 否__________

28. 我的神经脆弱，稍有刺激就会使我战栗。

是__________ 否__________

29. 睡梦中我常常被噩梦惊醒。

是__________ 否__________

• 本组测试共4题（第30—33题），每题有5种答案，请选择与自己最切合的答案，在你选择的答案下打“√”。

题目后面的数字1—5分别代表：

1	2	3	4	5
从不	几乎不	一半时间	大多数时间	总是

30. 工作中我愿意挑战艰巨的任务。1 2 3 4 5

31. 我常发现别人好的意愿。1 2 3 4 5

32. 能听取不同的意见，包括对自己的批评。1 2 3 4 5

33. 我时常勉励自己，对未来充满希望。1 2 3 4 5

参考答案：

计分时请按照记分标准，先算出各部分得分，最后将几部分得分相加，得到的那一分值即为你的最终得分。

第1—9题，每回答一个A得6分，回答一个B得3分，回答一个C得0分。计__________分。

第10—16题，每回答一个A得5分，回答一个B得2分，回答一个C得0分。计__________分。

第17—25题，每回答一个A得5分，回答一个B得2分，回答一个C得0分。计__________分。

第26—29题，每回答一个“是”得0分，回答一个“否”得5分。计____________分。

第30—33题，从左至右分数分别为1分、2分、3分、4分、5分。计____________分。

总计为____________分。

计分评估：

测试后如果你的得分在90分以下，说明你的EQ较低，你常常不能控制自己情绪，你极易被自己的情绪所影响。很多时候，你会轻易被激怒、动火、发脾气，这是非常危险的信号——你的事业可能会毁于你的暴躁，对此最好的解决办法是能够给不好的东西一个好的解释，保持头脑冷静，使自己心情开朗，正如富兰克林所说：“任何人生机都是有理的但很少有令人信服的理由。”

如果你的得分在90~129分，说明你的EQ一般，对于一件事，你不同时候的表现可能不一，这与你的意识有关，你比前者更具有EQ意识，但这种意识不是常常都有，因此需要你多加注重、时时提醒。

如果你的得分在 130~149 分，说明你的 EQ 较高，你是一个快乐的人，不易恐惊担忧，对于工作你热情投入、敢于负责，你为人更是正义正直、同情关怀，这是你的长处，应该努力保持。

如果你的 EQ 在 150 分以上，那你就是个 EQ 高手，你的情绪稳定，不但不是你事业的阻碍，还更是你事业有成的一个重要前提条件。

二、问答题

1. 要正确认识自己可以从哪几方面入手？在心理学上，人的性格和气质分别是指什么？

2. 如果你正在求职，你觉得在收集求职信息资料方面应涉及哪些渠道？应该注意哪些技巧？

技能点二　如何写好个人简历和求职信

个人简历是对求职者背景、成就、技能、个人资料等信息的简洁概括，是针对特定的工作岗位写的，而且个人简历主要叙述的是求职者的客观情况，它浓缩了自己的精华部分。

一、个人简历的种类、设计原则

（一）不同类型个人简历的特点及建议

1. 中文简历

特点：常常包括政治面貌、性格及身高体重等信息。

建议：性格是主观的东西，可写可不写，而且不是硬性的东西，不像学历、技能。

2. 港式简历

特点：要求年龄、婚否、工资现状及预期工资。

建议：这些虽然都属于隐私问题，但港式简历中应该提到，美式简历则不要求提供这些信息。

3. 英式简历

特点：很接近港式，但个人资料没有港式说得那么多。

建议：尽可能地突出自身的工作经历及经验的获得。

4. 美式简历

特点：美式简历往往只有一张纸，并且不需要提供年龄、婚否、工资现状及预期工资等个人隐私内容。

建议：国际大公司中比较流行美式简历，是求职者应聘美资企业时应该重点参考的样式。

（二）个人简历的设计原则

1. 真实体现，量身打造

每个人都会有不同的经历和学历，那么如何在众多的求职者中凸显出自己？首要的是真实体现，在简历中虽然也要显现出独特的个性，但所传递给用人单位的信息应该是真实可靠的；还有就是量身打造，要不拘泥于固定格式，在不脱离现实的情况下，将自身的优势放大、突出。

2. 挖掘潜力，彰显自信

在简历的写作中，一定要注意强调自身潜力和自己的工作热情，这样有利于弥补其他方面不足所带来的弱势。例如刚刚走出校门的毕业生，缺乏丰富的社会实践经验是必然的，但毕业生们所拥有的热情及内在蕴藏的潜力却是极为宝贵的，这样求职者就可以以彰显自信的方式说服对方，并且提升自己的未来价值。

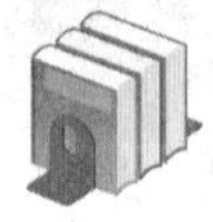

小案例

大学生求职简历关键在准　高价包装不可取

据招聘会上调查发现，自 2009 年后，毕业生求职成本在大幅上升，平均花费达上千元。调查中，求职投资主要集中在简历制作、形象包装、各种职业培训证书以及交通通信费用等方面，其中简历的投入占比重最大。2007 年《京华时报》与其他媒体推出的“毕业生就业成本调查”显示，仅简历一项支出就占了求职总成本的 20%。但 76% 的简历未获有关专家认可，学生自己却看不出一点问题，78% 的学生都给自己的简历打了 80 分以上。

参与此项研究的专家指出，毕业生简历存在很多问题，包括累赘信息过多、缺少有针对性的求职意向、工作经历填写不完整、自我评价过高等。

所以，毕业生求职不妨先“换位思考”，从做一份恰当的简历开始，高价包装不可取。

小看板

简历与招聘人员

据统计，招聘人员阅读一份简历的时间平均不会超过 2 分钟。因此，一份好的简历需要在这 2 分钟内吸引住招聘人员的“眼球”，向应聘单位很好地推销自己，进而获取下一步面试的机会；而一份差劲的简历则会给人留下不好的印象，以致招聘人员在还没有看完前就把它扔进了废纸篓，事实上大多数简历的命运都是如此。

二、中英文个人简历书写规范

（一）中文简历的构成及写作要领

个人简历的基本构成为：个人基本资料、学历、工作经验和照片，如表 5-5 和表 5-6 所示。

表 5-5　　　　　　　　　　　　　　个人简历表格模板

<table>
<tr><td colspan="8">◆ 基本情况</td></tr>
<tr><td>姓名</td><td></td><td>性别</td><td></td><td>身份证号码</td><td colspan="3"></td></tr>
<tr><td>年龄</td><td></td><td>籍贯</td><td></td><td>婚姻状况</td><td></td><td>身高（cm）</td><td></td></tr>
<tr><td>政治面貌</td><td></td><td>民族</td><td></td><td>身体状况</td><td></td><td>体重（kg）</td><td></td></tr>
<tr><td>户口所在地</td><td colspan="3"></td><td>近期所在地</td><td colspan="3"></td></tr>
<tr><td colspan="8">◆ 联系方式及所求职位</td></tr>
<tr><td>联系电话</td><td colspan="3"></td><td>电子邮箱</td><td colspan="3"></td></tr>
<tr><td>想从事的职位</td><td colspan="3"></td><td>专业职称</td><td colspan="3"></td></tr>
<tr><td colspan="8">◆ 教育及职称</td></tr>
<tr><td>最高学历</td><td colspan="7"></td></tr>
<tr><td>教育背景</td><td colspan="7"></td></tr>
<tr><td colspan="8">◆ 工作经验</td></tr>
<tr><td colspan="2">主要工作职责及业绩描述</td><td colspan="6"></td></tr>
<tr><td colspan="2">工作经历</td><td colspan="6"></td></tr>
<tr><td colspan="8">◆ 其他技能</td></tr>
<tr><td>英语水平</td><td></td><td>其他外语水平</td><td></td><td>普通话水平</td><td colspan="3"></td></tr>
<tr><td>计算机水平</td><td></td><td>驾驶执照</td><td></td><td>其他技能</td><td colspan="3"></td></tr>
<tr><td colspan="2">自我评价</td><td colspan="6"></td></tr>
<tr><td colspan="8">◆ 待遇要求</td></tr>
<tr><td>工资要求</td><td colspan="5"></td><td>工作地区</td><td></td></tr>
<tr><td colspan="8">附注</td></tr>
</table>

1. 个人基本资料

个人基本资料是求职者个人的最基本信息的体现，通常位于个人简历最前端，可以让面试官一目了然地知晓求职者的背景、年龄、性别等，写作原则为简洁、扼要。

2. 学历

对于毕业生来讲，求职过程中最重要的资产当属学历，但是也并不是说学历越高越显得知识丰厚，而要遵守一个重要的原则——“质重于量”。在这一原则的前提下，写作方式应从最高学历写起，依次往下推，例如博士、硕士、大学、高中等，并注明取得学位的日期、专业。

3. 工作经验

工作经验对于许多毕业生来讲，要么是完全没有，要么是非常缺乏。因为作为学生，在校时只是学习，社会活动参加得很少，甚至不参加。但只要将这里提到的“工作经验”扩大理解为“有一点点工作经历”，就可以协助求职者找到满意的工作了。而且社会实践时间不论长短，都可以写进你的个人简历中，比如像在校参加社团、担任班级或系会干部等的经验，也算广义的“工作”。在这里最重要的是突出曾担任的职务及所获得的经验。

4. 照片

求职者个人的照片在求职时使用频率最高，无论是黑白照片或是彩色照片，都必须准备出几张。但是旅游照、居家休闲照，或是写真等，还是不要在个人简历上出现。再有一点就是照片宜粘贴在第一页，最好邻近个人资料栏，这样就达到了图文一体的效果，也便于面试官的审阅。

表 5-6　　个人简历

（供应届毕业生参考）

个人概况：

求职意向：____________________

姓　　名：____________　性别：__________出生年月：________年____月____日

毕业院校：____________________　专业：____________________

电子邮件：________________　联系电话：________________

通信地址：________________　邮编：________________

教育背景：

________年—________年______________大学 ______________专业（请依个人情况酌情增减）

主修课程：

______________________________（注：如需要详细成绩单，请联系我）

论文情况：

______________________________（注：请注明是否已发表）

英语水平：

* 基本技能：听、说、读、写能力

* 标准测试：国家四、六级；TOEFL；GRE……

计算机水平：

编程、操作应用系统、网络、数据库……（请依个人情况酌情增减）

获奖情况：

___________________、___________________、___________________（请依个人情况酌增减）

实践与实习：

________年____月—________年____月________________公司________________工作

________年____月—________年____月________________公司________________工作（请依个人情况酌情增减）

工作经历：

________年____月—________年____月________________公司________________工作（请依个人情况酌情增减）

个性特点：

____________________（请描述出自己的个性、工作态度、自我评价等）

另：________（如果你还有什么要写上去的，请填写在这里。）

* **附言：**（请写出你的希望或总结此简历的一句精练的话。）

例如：相信您的信任与我的实力将为我们带来共同的成功！或希望我能为贵公司贡献自己的力量！

（二）英文简历的构成及写作要领

英文个人简历比较适合于外企和涉外交往频繁的用人单位，它们往往非常愿意聘用英文非常好的求职者，因此准备一份漂亮的英文个人简历会帮助求职者给用人单位留下很好的印象。

1. 目标（Objective）

求职者应该用简短扼要的语言表示出用人单位及所应聘岗位吸引自己之处，所陈述的目标越具体，越有取胜的把握。

2. 个人资料（Personal Data）

只要突出出生日期即可，不用特别强调性别等其他方面。

3. 教育程度（Education）

在英文个人简历中，教育程度一栏只写最高学历即可，切不可从小学写起，这样意义不大，而且在罗列相关大学课程的时候，没有必要全部列出，只需列出有特色的、与所应聘岗位相关的课程即可。

4. 工作经验（Experience）

作为有工作经验的求职者，每一次的工作经历都很重要，但是最重要的还是每阶段工作期间所担任职务的工作职责，因此要言简意赅地突出工作亮点及从中所获得各方面能力的提高，这样会弥补求职者工作经验不足的缺陷；而作为应届毕业生，用人单位是不会苛求其实践经历的丰富程度，重要的在于是否有能力的获得及提高。

5. 专业技能（Professional Qualities）

针对想应聘的岗位明确地列出自己所具备的专业技能，无论是技术、知识或管理方面的能力均要列出。

6. 语言及其他技能（Language & Skills）

在英文个人简历中也要相应地列出自己拥有的资格考试证书、资料，英文方面如大学英语四、六级分数，雅思分数或托福分数等，而有关计算机技能须注明会使用的计算机软件等情况。

7. 兴趣或爱好（Interests）

不要只写出一般的兴趣，最好还能写出自己平常较注意的一些事物，但字数不宜太多，一二行即可。

（三）简历书写时的注意事项

1. 心态的调整

书写个人简历时，应该保持良好的心理状态。

（1）争取面试机会。

（2）至少被保留，以备后用。

（3）坚决防止被“遗忘”。

因此，在好的心理状态下所书写的个人简历，质量也会很高。如果写得好，就有面试的可能，至少用人单位会保留这份个人简历；如果写得不好，且求职者本身背景也不好，用人单位则会将之束之高阁。

2. 简洁突出

撰写简历还是以简洁精练、重点突出为好。

（1）要注意行文格式，专业写作。

（2）要做到重点突出，便于用人单位发现亮点。

（3）内容千万不要多，要控制在一页内。

招聘单位对于求职者的个人简历只是“扫描式”地阅读，即“Your resume is scanned, not read.”，而且面试官在每份简历上平均花费约 1.4 分钟，一般只能阅读一页半的材料。因此过长的简历毫无作用，简洁、突出重点才最为重要。

3. 针对性强

不同的公司、不同的职位关注的相关指标以及知识与能力是不同的，中国的公司和外资企业的关注点也是有一定区别的。总的来讲，外企更注重英语水平和学校的名气，中国公司反而看重的是专业和户口。因此针对不同的公司和职位，要制作不同的简历来突出不同的要点。

4. 表述规范

个人简历属于书面式沟通，同一个人的简历经过专家修改，可以增加 43% 的录用机会。因此在简历的书写中要注意表达的专业和规范。而且很有必要仔细检查一下是否有拼写错误及语法错误。

5. 可靠的投递方式

据统计，通过 E-mail 和网站递交的电子简历，得到招聘单位关注的程度要比通过传统邮寄方式投递的信件要少。此外，约 5% 的电子简历会由于网络或其他问题没有被招聘者看到。因此，通过传统的信件方式投递简历效果更可靠，除非雇主明确表示出对此的偏向性。

6. 避免虚夸及过谦

有的应聘者错误地认为简历写得越奢华越好：知识无所不懂，技能无所不通，极尽夸饰，任意拔高。其实，脱离自身能力的虚夸，结果往往适得其反，会给招聘者留下不诚实、不踏实的印象；尤其到了面试时，张口结舌的表现，反倒会落得个“聪明反被聪明误”的下场。

有的应聘者从一个极端，走到另一个极端，简历写得过于谦虚：行文小心翼翼，措辞格外小心，缺乏自信。招聘者看了，还以为你真的没有本事，对你胜任工作的能力产生怀疑，最终与成功失之交臂。所以，简历还是应当实事求是、朴实无华。

资料卡

不同国家个人简历的写作要点

英语国家：遵循严格的方式

（1）个人简历开头应明确写出求职目标，并在语言上要富有生气。

（2）尽可能详细地写明工作经验及所有可显示出能力及实际经验的信息。

(3) 在个人简历末尾应注明将在某一时间打电话给用人单位以确定是否可能得到面试机会。

日本：切记“循规蹈矩”

(1) 开头要写上求职者的处世能力、性格特征、社会活动及体育运动特长。

(2) 最大限度地突出大学教育的细节，且必须用日文书写，千万不要用英文。

(3) 按时间顺序书写的个人简历，甚至可以从小学写起。

(4) 要强调的是合作精神而不是领导才能。

三、求职信

(一) 求职信的分类

求职信是通过自己介绍自己的方式，向用人单位推荐自己的一种求职方式。在求职信中要如实客观地叙述自己的才能、能力和特长，而用人单位对求职者的了解程度也主要是依据求职信中所表述的内容来衡量的。

1. 不同类型的求职者（见图 5-3）

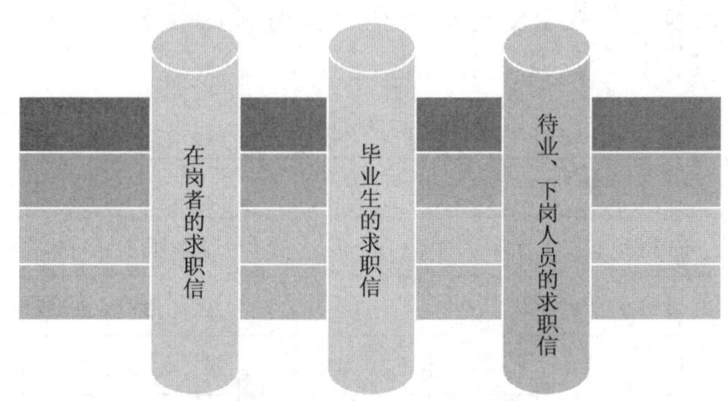

图 5-3　不同类型的求职者

(1) 在岗者的求职信。企业在职人员向用人单位发求职信寻求新的工作岗位，往往是由于不适应当前岗位的工作要求，或学无所用，即自身潜能得不到充分发挥，或为了谋求更好的职位。

(2) 毕业生的求职信。我国每年有大量的大、中专院校毕业生和各种职业学院（学校）的毕业生，这些毕业生中大部分都需要靠自己去联系工作，以寻求适合自己的用人单位，他们同用人单位沟通的手段之一就是给这些单位发送求职信。

(3) 待业、下岗人员的求职信。待业者属于不是从学校刚毕业的、即将参加工作的一些人，他们的求职方式大都是向用人单位发求职信，通过介绍自己特长和经历的方式来求得工作岗位。

2. 不同的求职目的的求职信（见图 5-4）

(1) 一般性的求职信。一般性的求职信是指求职者无确定的求职单位，是写给所有同类性质的用人单位的。求职者只能依据自己的专长和技能，凭借用人单位的用人标准来衡量是否录用。

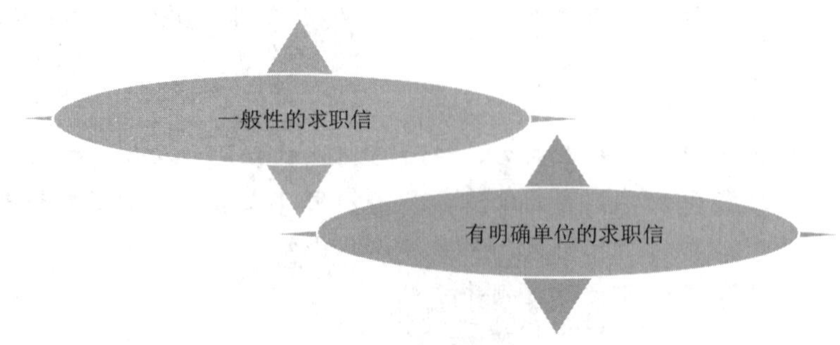

图 5-4　不同求职目的的求职信

（2）有明确单位的求职信。有明确单位的求职信是指那些求职者有确定的求职单位，写求职信的目的只是打算在此单位谋职。这类求职信，可以根据该用人单位的实际用人情况，有目的地、明确地介绍自己的情况，而达到用人单位的录用要求。

3. 求职信与简历的区别

简历是通用的，求职信则是有针对性的，求职信往往是伴随简历一同寄往用人单位，因此求职信在内容与形式上要与简历有所区别（见表 5-7），要体现出各有侧重、互相配合的特点。

表 5-7　　求职信与简历的区别

对比项目	求　职　信	简　　历
版本	量身定做，一稿独投	通用版本，一稿多投
侧重点	为用人单位做出的贡献	过去业绩、已有的能力及目前职责
具体性	综合分类介绍自身能力，以具体事件作为依据	通过社会实践体现自身的工作能力
评价角度	可带有主观自我评价色彩	客观地描述自身能力
必要性	不必每次应聘都提交	必须提交

简历是针对特定的工作职位来写的，而求职信却是针对特定的个人来写的；简历主要叙述求职者的客观情况，而求职信主要表述求职者的主观愿望。相对于简历来说，求职信更要集中地突出个人的特征与求职意向，从而打动招聘人员的心。求职信是对简历的简洁概述和补充。

资料卡

毕业生书写求职信四戒

1. 戒不够自信，过于谦虚

求职者应当在信中着重强调自己的强项，即使不可避免地要说明自己的弱项，也没有必要那么坦率。

2. 戒主观意愿，推理不当

许多求职者为了取悦于招聘单位，再三强调自己的成绩，而不知有关经验与能力对职位的重要性。

3. 戒语气过于主观

对于招聘单位来讲，他们大都喜欢待人处世比较客观与实际的人，因而求职者在信中尽量要避免用“我认为”“我觉得”“我看”“我想”等字眼。

4. 戒措辞不当

写求职信最忌用词不当。例如，有我这样的人才前来应聘，你们定会大喜过望。对方看到这样的词语怎么会不反感呢?

（二）求职信的书写规范

1. 求职信格式

第一部分：先要有一个礼貌的称呼和问候。

例如：

尊敬的×××：您好!

第二部分：说清楚你是谁，你是从何处得到这一招聘信息的以及写明你要应聘的职位。

例如：

我是南开大学商学院人力资源管理系人力资源管理专业应届本科毕业生，我是从《今晚报》上获知贵公司正在招聘×××的职位。

第三部分：简单说明你对该公司的认识并介绍自己的背景及综合能力，强调自己愿意为公司做出贡献，足以胜任所应聘职位。

例如：

××××年××月，我在×××公司实习期间，曾经多次因工作的努力及良好的沟通能力获得了上级领导的表扬。

第四部分：表明你非常希望得到面试机会，并详细告知自己的联系方式。

手机：×××××××××××

家庭电话：××××××××

家庭地址：天津市南开区白堤路××号××里××号楼××门×××室

电子邮件：××@126.com

第五部分：使用礼貌用语结尾，感谢他们阅读并考虑你的应聘。

例如：

再次感谢您在百忙之中阅读我的来信!

顺祝商祺!

第六部分：你的签名及日期。

资料卡

求职信写作要点

- 自我推销，尽量突出自己的优点和长处。
- 切勿提及没用的资料，不要批评过去的单位。
- 语气诚恳，不卑不亢，表现出自信及积极的态度。
- 事先细心阅读招聘广告，搜集有关资料，针对每一项要求来撰写。

求职信范文

××公司董事长：

您好！

我是北京××××学院即将毕业的学生，专业是涉外秘书。贵公司是一所众所周知的中外合资企业。贵公司知人善任，我慕名已久。不知贵公司是否有空缺岗位？我渴望加盟贵公司，为贵公司服务。

在校学习期间，我十分注重思想品德修养，严格要求自己，积极参加社会实践活动，努力提高自身修养。学习成绩优秀，两次获得优秀学生奖学金。两年来，我系统地学习了秘书学、应用写作、管理学、公共关系学和对外贸易基础等 20 多门专业课程，熟悉文章写作和公文处理知识，还曾获得过本校征文比赛三等奖。我还熟练地掌握了中英文打字和电脑操作技术，能适应现代化办公的需要。

我性格开朗，热情诚实，通晓普通话，日常英语的听力和口语也很好。在校期间曾担任班长和学生会宣传部部长，工作积极肯干，交际广泛，也曾利用假期做过社会调查和社会兼职工作，积累了一些实践经验。我的爱好广泛，特别喜欢文娱、体育活动，课余时间多次参加文艺演出，曾获本校第三届“校园杯”歌唱大赛第二名，还多次代表班级参加篮球比赛。

我是天津市人，已有住房，无须公司安排，至于福利和待遇问题，按国家及贵公司的规定办理即可，没有特殊要求。本学院××教授做做我的推荐人。如能录用，即可上班。敬请函告或电话约见。谨候回音。

祝愿贵单位事业蒸蒸日上！

××× 敬上

2017 年 6 月 20 日

附件：

本人简历及近照一张

各科成绩登记表

推荐信一封

通信地址、电话、邮政编码

2. 求职信的写作技巧

（1）字迹工整，语言通顺。古人云：“字如其人”，通常工整的字体会使人心情舒畅，如果你的求职信语言流利，字又写得漂亮，这就会给对方留下很好的第一印象，压倒其他竞争对手并脱颖而出也就成为可能。

（2）条理清晰，富有个性。用简练的语言表达求职想法以及个人特点，切忌堆砌辞藻，而且最好用平实、稳重的语气来写，不要卖弄文采。开门见山、简明扼要是书写求职信的关键。

（3）自信真诚，实事求是。提笔写求职信之前先要深思熟虑，并规划好内容。不论你是从哪里看到的招聘广告，都要以自信真诚的态度和语言说明自己的立场，以加深阅读者的印象；在求职信中也要实事求是地表述自己的内心情感及所获得的成果。

（4）适当有度，突出重点。写求职信就是推销自己，就是强调你自己的成就和你对所选单位的价值认同，这就免不了自我介绍一番，但是一定要讲究技巧。而且用人单位重视的是经验和实际能力，所以应一般地写知识和学历，而重点突出地写工作经验和能力。

资料卡

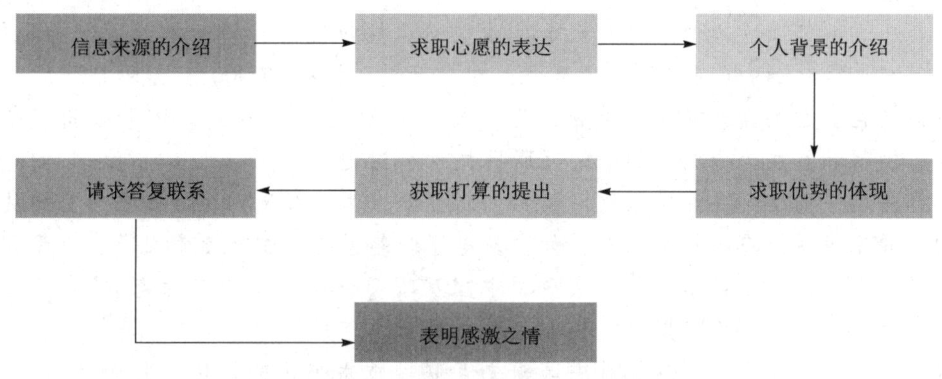

图 5-5　英文求职信的写作程序

3. 求职信写作注意事项

（1）在求职信中要全面、真实地介绍自己的情况。

（2）求职信的第一句话应该开门见山，让对方尽快知道主题内容。

（3）段落要短，句子也不宜太长，一定要简明扼要、重点突出。

（4）求职信的语气应不卑不亢，不能过分客气。

（5）不要过分强调自己的学习成绩，应多突出一下自己完成工作的能力。

（6）尽量避免用专业术语或俚语、谚语或典故、地方方言来书写，否则在信息传递上可能会引起误会。

（7）求职信中不应有错别字，不要使用涂改液或修正带，而且纸张不要沾上污迹，以示对对方的尊重。

（8）介绍特长时应真实、具体，不能泛泛而谈。

（9）书写篇幅应控制在两页以内。写得太长了，用人单位工作人员没有时间去看；

写得太短了，容易对自己情况介绍的不详细，不能使对方真正了解自己。

（10）所有的中英文求职信都应用电脑打印出来，最后别忘记签上自己的名字。英文求职信中也应有本人的亲笔签名，签名位置应在打印的姓名拼音的上面。

小案例

柳青眼中的个人简历及求职信

作家柳青曾说："人生的道路虽然漫长，但紧要处常常只有几步，特别是当人年轻的时候。"求职过程中的个人简历、求职信、自我介绍，无疑是求职时的"敲门砖"、前进路上的"加速器"，是应聘者人生道路上要紧的一步。因此我们必须认真对待，熟练掌握其写作技巧。

技能训练

情景模拟训练

网易公司由丁磊先生于 1997 年 6 月创立，凭借敏锐的市场洞察力和十余年努力，网易公司从 10 多人的初创团队发展至今，在全世界已拥有 17 000 多名员工，并于 2000 年 6 月成功在美国纳斯达克股票市场公开上市（NASDAQ：NTES）。随着公司规模的不断扩大，网易已经成为中国最领先的互联网技术公司之一。

丁磊先生一向信仰并注重互联网技术创新带给人类的福音，将之确立为公司的核心生产力，并亲力主持多项技术创新，如网易电子邮箱系统、中文搜索引擎、大型网络角色扮演游戏。这些技术创新，不但实现了中国互联网行业多项"零的突破"，而且使得网易公司凝聚的技术实力足以傲视整个互联网行业。

经过二十年的发展，网易成就中国领先互联网技术公司的地位，其成功不是偶然。如同世界上任何优秀的组织一样，网易的成功离不开优秀人才的不断加盟，离不开大批员工长期默默无闻的奉献、智慧和辛劳，更离不开团队持续的创新耕耘。

网易拥有一批活跃的年轻团队，每位成员都能在充满活力的氛围中孜孜不倦地为理想共同奋斗。我们的团队不仅年轻，而且优秀。网易不断领跑中国互联网发展离不开优秀的团队。无论是领先的技术团队、敏锐的新闻团队、专业的销售团队还是高效的管理团队，都为网易的辉煌，中国互联网事业的发展倾注自己最大的力量。

网易 2018 校园招聘网申时间：2017 年 8 月 9 日—9 月 6 日（杭州）、9 月 20 日（北京 & 有道）

网易 2018 校园招聘流程：简历 & 测评→笔试→面试→Offer。

网易 2018 校园招聘职位（部分岗位）：

职位名称	职位类别	工作地点
产品策划（网易杭州）	产品类	杭州市
网络产品研究员（网易北京）	职能类	杭州市
广告运营专员（网易有道）	市场类	广州市
市场推广专员（网易有道-GZ）	市场类	广州市
在线教育管理培训生（网易有道）	内容类	北京市
产品运营专员（网易有道-GZ）	产品类	广州市
电商运营（网易杭州）	电商类	杭州市
电商商务（网易杭州）	电商类	杭州市
Java 开发工程师（网易杭州）	技术类	杭州市
Android 开发工程师（网易杭州）	技术类	杭州市
测试工程师（网易杭州）	技术类	杭州市
人工智能工程师（网易杭州）	人工智能类	杭州市
数据库管理工程师（网易杭州）	技术类	杭州市

资料来源：http：//www. yingjiesheng. com/job-002-690-279. html.

训练要求：

1. 分析一下自己的性格特征、气质类型及情商。
2. 根据该招聘启事为自己设计一份中文简历。
3. 根据所应聘的职位，写一封求职信。
4. 如果通知面试，请简要说明面试准备及面试中的沟通技巧。

技能点三　求职面试

面对当前求职竞争越来越激烈、人才的流动越来越频繁的现实，如何找到一份满意的工作成为困扰每位求职者的重要问题，因此每位求职者都必须要结合个人的实际条件去择业。在这种现实情况下，求职者不仅要具备良好的专业素养，而且还要具备一些求职中的沟通技能，因为只有借助适度、技巧性的沟通，才能真正达到求职者与面试官的彼此认识，这在当今的择业竞争中起着举足轻重的作用。

一、面试概述

（一）面试的内涵

简单地讲，面试就是招聘单位当面对求职者的测试。详细地讲，面试是经过精心的设计，在特定的场景下，通过面对面交谈的方式，对求职者的知识、业务水平、心理素质等多方面的能力进行的测试。因此面试是带有特殊目的的一种沟通。由于双方都需要通过面谈来了解对方、满足彼此之间的需求，当双方在此期间需求达成的共识越多越全面，则求职者被招聘单位录用的概率就越大。

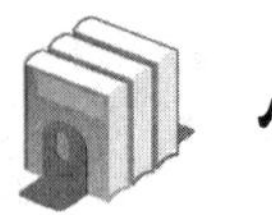
小案例

一位本科生的求职经历

台湾有位本科毕业的学生，学的是财会专业，由于其没有社会经验，加上学这个专业的人又很多，相关工作确实很难找。有一次，他就来到一个非常大的国有企业面试，一进门他就看到几乎有20多位和他一样来面试同一个岗位。由于企业比较正规，面试规则很复杂，人事部人员说，我们需要的是有经验的员工，如果没有此工作经验的现在就可以离开了，没有离开的呢今天就要经过一次笔试，考得好的话才会与人事经理面试。他想了想，自己刚刚毕业，没有任何社会经验，但自己在就读的过程中有在学校的财务科工作过，所以就想试一试，参加了考试。

第二天，他接到公司的电话，说笔试成绩比较理想（因为专业知识学得很好），下午可以来公司参加面试。下午也有七八位应聘者通过了笔试这一关。他在与人事经理面试的过程当中，就把自己在学校参加兼职的事情提了一下，也提了一些专业的相关想法，并承认自己确实没有工作经验，然后人事经理就丢给他那句重复了好多遍的话："回家等电话吧!"听完这句话，他马上拿出两元钱并说道："这两元钱是电话费钱，请您先拿着，如果我被录取了，您再还我，因为这是公司应该花的钱，如果我没有被录取，请您一定要给我打个电话，告诉我落选的原因……好吗?"经理听了这一番话，马上回复他："不用了，钱你收回，明天你就直接来上班吧!"

资料卡

表5-8　　九种增进倾听中沟通的技巧

序号	技　　巧
1	消除外在与内在的干扰
2	鼓励对方先开口
3	接受说话者的观点
4	使用并观察肢体语言
5	弄清楚各种暗示
6	非必要时，避免打断他人的谈话
7	反应式倾听
8	听取关键词
9	暗中回顾，整理出重点，并提出自己的结论

（二）面试的程序

在求职者求职的整个过程中，面试是一个重要的阶段。它的程序包括以下五个阶段，如图 5-6 所示。

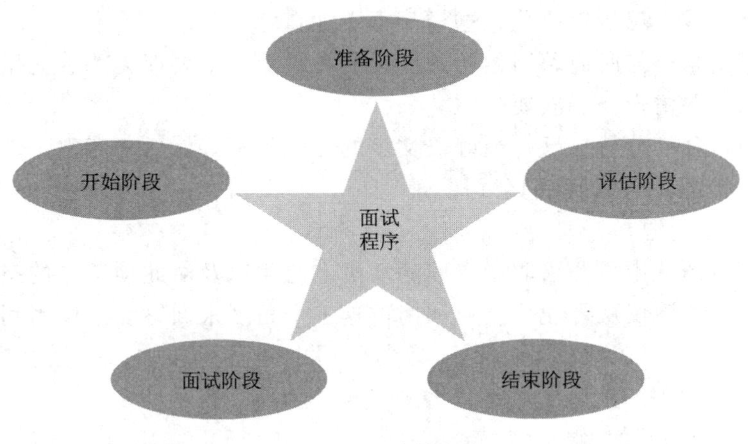

图 5-6　面试的程序

1. 准备阶段

面试官在面试求职者之前首先应该明确面试的目的、合理地设计面试提纲、确定面试的时间与地点、熟悉求职者的个人资料等，为后面的面试过程做好充分的准备工作。

2. 开始阶段

面试官可以先从最基本的问题开始发问，如“我们这里不难找吧?”“你是哪个学校毕业的?”“你学的是什么专业啊?”等，以消除求职者的紧张情绪，先创造和谐的面谈气氛，然后在进一步的深问。

3. 面试阶段

面试官在此实质过程中应以多样化的方式与求职者进行交流，并注意观察求职者的反应，以便准确了解求职者；求职者这时应积极配合面试官的提问，做出合理的解答，并能始终礼貌地面对面试官。

4. 结束阶段

面试官在结束整个面谈后，应给予求职者一个提问的机会，听听求职者是否有其他的问题要问，而这时的求职者应在结束阶段尽可能地思考全面，提出自己的疑惑问题。总之，不管求职者是否被录用，整个的面试过程还是应在友好、和谐的气氛中结束。

5. 评估阶段

面试结束后，作为面试的工作人员要参考面试记录对求职者进行评估，不论是采取评语式还是采用评分式，都要体现出公平公正。

（三）面试经典问题

面试过程中面试官会向求职者发问，而求职者的回答将成为面试官考虑是否接受他的重要依据。以下是经常出现的一些典型问题及相应的回答思路。

问题一：请你自我介绍一下。

思路：

- 这是面试的必考题目，几乎每一家公司的面试都要有这个题目。

- 个人简历就代表求职者本人，因此自我介绍内容要与个人简历相一致。
- 在表述方式上尽量口语化，这样显得更加自然。
- 要介绍出自己与所应聘岗位相关能力的关键点，不要谈无关、无用的内容。
- 注意条理要清晰、层次要分明。
- 事先应该仔细分析自己，最好以文字的形式先写好然后再背熟。

问题二：你为什么选择我们公司？

思路：

- 面试官试图从中了解求职者求职的动机、愿望以及对此项工作的态度。
- 回答的思路建议从行业、企业和岗位这三个角度来回答。求职者可以这样回答："我十分看好贵公司所在的行业，我认为贵公司十分重视人才，而且这项工作很适合我，相信自己一定能做好。"

问题三：你能为我们做什么？

思路：

- 从回答的基本原则上来讲，应该是"投其所好"。
- 回答这个问题前求职者最好能"先发制人"，即充分地从各个角度了解招聘单位对这个职位的期待，以及其希望在这个职位上的员工能发挥什么样的作用。
- 求职者可以根据自己的了解程度，并结合自己在专业领域的优势来回答这个问题。

问题四：谈谈你的缺点。

思路：

- 不能说自己没缺点。
- 不能将那些明显的优点说成缺点，优点及缺点要分开。
- 不能说出严重影响所应聘工作的缺点。
- 不能说出令人不放心、不舒服的缺点。
- 可以说一些与所应聘工作"无关紧要"的缺点，甚至是一些表面上看是缺点，但从工作的角度看却是优点的缺点，这一点需要求职者细细品味总结。

问题五：你是应届毕业生，缺乏经验，如何能胜任这项工作？

思路：

- 如果招聘单位对应届毕业生提出这个问题，说明招聘单位并不真正在乎"经验"，关键看作为应届毕业生怎样回答。
- 对这个问题的回答最好要体现出应届毕业生的诚恳、机智、果敢及敬业。如"作为应届毕业生，在工作经验方面的确会有所欠缺，因此在读书期间我一直利用各种机会在这个行业里做兼职；在做兼职时我发现，实际工作远比书本知识丰富、复杂，但我有较强的责任心、适应能力和学习能力，而且比较勤奋，所以在兼职中均能圆满完成各项工作，从中获取的经验也令我受益匪浅。请贵公司放心，学校所学及兼职的工作经验使我一定能胜任这个职位"。

问题六：如果我录用你，你将怎样开展工作？

思路：

● 如果求职者对于应聘的职位缺乏足够了解，最好不要直接说出自己开展工作的具体办法。

● 可以尝试采用迂回战术来回答，如“首先听取领导的指示和要求，然后就有关情况进行了解和熟悉，接下来制定一份近期的工作计划并报领导批准，最后根据计划开展工作”。

问题七：为什么要离职呢？

思路：

● 这显然是个几乎必问的问题，因为没有任何面试官喜欢频繁跳槽的人。

● 可以说明自己的离职的原因是多方面的，这样既能够体现出求职者的思虑周全，也表现出求职者的真诚个性。

● 可以尝试地这样回答：“其实最主要的原因是为了更高的薪水。我在原来的公司工作也非常努力，也确实在薪金方面有了提高，但再想提高就必须有一定的职位，我很想自己能有更好的发展，但从目前来看，我的直属领导确实非常优秀，且他也不可能会离开这家公司，因此当我了解到嘉德是一家很有实力的公司，所以才想来应聘，一方面希望能有更高的薪水，一方面希望能有长期发展。”

问题八：你觉得你适合从事这个岗位吗？

思路：

● 这几乎是一个必问的问题。在回答这个问题时，求职者应用自己过去的事实予以证明，而不是强调未来的潜力。

● 假如你应聘的岗位是销售岗，可以这样回答：“我觉得自己很适合做销售，我不怕压力，越有压力动力越强。在大学里，我每学期都给自己制订学习和社团工作两方面的目标。在我加入学生会之前，每次学生会有活动，我都会去积极参加并努力完成被安排的工作，两三个月之后我就成了学生会的一员。我觉得做销售和这个差不多，贵在坚持。”

问题九：你有什么职业规划？

思路：

● 面试官喜欢对自己前途做过认真规划的申请人。

● 真诚的分享会很容易触动对方。求职者可以尝试这样回答：“说实话，我目前的职业规划还不是特别清晰，毕竟这是我的第一份销售职位，和以前做的工作完全不同。所以说，我还没有给自己制订一个明确的规划，不过我有一个很清晰的‘自我发展’的规划，即我希望在专业性上和人际交往上都能够有所突破，成为一个很优秀的人。从专业性上来讲，我要尽快成为‘行家里手’；从人际交往上来讲，我希望成为一个很敏感的人，我觉得不论是做销售还是做人，只要能够敏感地了解别人，就会很容易成功。”

问题十：你觉得大学生活使你收获了什么？

思路：

● 这是一个总体概括性的问题。

● 回答要全面、有说服力，最好要有一定的个性。

● 作为应届毕业生可以这样回答：“我觉得大学生活使我学会了与人沟通，我大学里在学生会工作了两年半，从一般的学生会干事一直到学生会副主席，这使我有机会和那些与我年龄、背景完全不同的人进行交流，从学生到老师、从学校的领导到校外的公司，每一种沟通的方式和方法都不同，的确使我学到了很多。”

二、面试前的准备

（一）面试前的资料准备

1. 招聘单位信息和应聘岗位资料

面试前一定要搜集相关资料，以充分了解招聘单位的背景、性质、规模、特色、组织结构、发展前景等基本情况。同时要了解你所应聘的职位是干些什么的，主要职责是什么，该职位需要什么类型的人员，对人员素质有什么样的需求，这个职位主要应用的专业知识和专业技能是什么等情况。若事先对这些情况一无所知或知之甚少，则在面试时易处于被动境地，也易使招聘单位形成“你不关心该单位”的印象，从而影响面试结果。如果再深入一些考虑的话，你还需要对照职位的要求，寻求自己的优势和需要进一步提高的地方。在接到面试通知时，应该询问清楚包括面试时间、面试地点、联络电话等信息。

2. 证书资料

同时面试前应准备好各个证件及其复印件等材料，不要漏掉。一般情况下，面试官会就你个人简历上的内容发问，因此，个人简历上所涉及的相关证件及其复印件和其他有关材料必须随身携带以备面试官随时查阅。

（二）面试前的心理准备

面试前的心理准备也就是要做好自我调节的准备，如面试时应如何面对挫折等。在面试过程中求职者也许会因某个条件不符合用人单位的要求而被淘汰，也许会因面试官自己的偏见而被排挤掉，也许自己没有回答好面试官的提问而导致不同程度的紧张心理，那么做好心理准备就是非常必要的。

1. 适度推销自己

因为面试时，应聘者处于被动的地位，有时很难向面试官展示出能力和才华。其目的乃是基于想给面试官留下好印象。为了在面试时能让对方了解你的能力，同时觉得你是最佳的人选，适当地推销自己则是最有效的办法。

2. 坚信自信是成功的一半

自信是成功的第一秘诀，不论想从事什么职业，都要先坚信自己有能力胜任那份工作，并且将会做得很好。要正确认识自己的优势，相信自己在某些方面比别人做得更好；不要总拿自己的劣势去跟求职竞争对手的优势比。求职者的一言一行都要给人一种可信的感觉，为了增加可信度，求职者应把自己的成功之处展现出来。

3. 面试目的是合作而非竞争

面试官对求职者的态度一般是比较友好的，目的是为了把优秀的人才选拔进自己的公司以增强公司的竞争力，而不是为与求职者一比高低，所以求职者在心理上不要考虑谁强谁弱的问题，也没有必要紧张。在面试的整个过程中，有一点必须明确：求职者是求职不是乞职。求职者是在通过竞争谋求职业，而不是向面试官乞求工作，成功的关键在于自己的才能以及临场发挥情况。

4. 保持平常心态

求职者在面试时如保持平常的心态就不会紧张。一定不要顾虑太多，坦然接受紧张这一客观事实，认识到紧张是普遍的现象：你紧张，别人也紧张。在面试前，可以看看书，或听听音乐，或和朋友谈谈心。在面试过程中，要把注意力放在谈话和回答问题上，不要考虑过多的问题。充分认清面试只是锻炼自己的一个机会，失败是积累经验的过程。

资料卡

面试与心理学上的“第一印象”

我们在日常生活中经常会遇到一些素不相识的人，虽然对对方一无所知，但总会根据外表观察所得给对方做个初步的评价。这个印象在一般人际关系中十分重要，人们常会根据第一印象推论评价，据此形成论断。第一印象的形成，往往会产生以偏概全、“爱屋及乌”的偏差，但大多人却乐于上当，因而面试之时，在衣着打扮、举止风度、言语态度等方面都要加以重视，应与自己的身份相协调。如一个去应聘经理职位的人面试时穿了很随便的T恤衫、一双球鞋，当场就受到考官的指责，当然也影响到了他的成功。

（三）面试前的形象准备

在面试之前，求职者应根据自己的实际情况来考虑如何着装打扮，这不仅反映了求职者的个人精神风貌，而且也是尊重对方的表现，更是一种无言的沟通。总的来说，求职者的面试装应以整洁美观、稳重大方、高雅为总原则，在色彩、款式、大小上应与自身的体态、发型和所选择的职业相协调一致。

大量的求职实践表明，不论应聘何种职业，保守的穿着一般会被视为有潜力的候选人，往往比穿着开放的求职者更容易被录用。

- 女性求职者：身着西装套裙会使求职者看起来显得优雅而自信，会给对方留下良好的印象；不可浓妆艳抹。
- 男性求职者：身着西装也是最为稳妥和安全的，一般成为许多男性求职者的首选装束；男性无须化妆，干净、整洁才是首要的。

三、面试过程中的沟通环节

（一）初次见面沟通

1. 准时参加面试

准时赶到面试地点参加面试是最基本的原则，这关系到用人单位对求职者的第一印象。虽然没有语言上的沟通，但是却传达了一种沟通信号，即行为表现，求职者所表现出来的行为已成为其在面试官面前最好的表达方式，面试官通过求职者是否能准时到场，就可以判断该求职者的可信度。

资料卡

面试中最忌讳的六种表现

过分夸奖应征企业；过分夸奖面谈主管；
太过自我膨胀；过分看重求职技巧；
满不在乎粗鲁无礼；谈论个人的喜恶。

2. 礼貌的通报

求职者在进入面谈室前，应先在门外冷静一会儿以松弛一下紧张的情绪，然后一定要有礼貌地通报负责面试的人员。通过礼貌的行为沟通——轻叩两三下门，经允许后轻轻地推门进入，再轻轻将门关闭这一套流程后，面试官会对求职者的沟通方式感到认可。

3. 正确的称呼

进入面谈室后，如何与面试官打招呼也同样反映出求职者的语言沟通能力，而且从现在起求职者应当立即进入角色。

如果面试官有职务，一定要采用姓加职务称呼的形式，如“刘经理”“李处长”等；如果职务较低，可不采用职务称呼，以“老师”相称为好。

小看板

在求职中把握六条沟通技巧

（1）从沟通组成看，一般包括三个方面：沟通的内容，即文字；沟通的语调和语速，即声音；沟通中的行为姿态，即肢体语言。这三者的比例为文字占7%，声音占48%，行为姿态占55%。同样的文字在不同的声音和行为下，表现出的效果是截然不同的。所以有效的沟通应该是更好地融合好这三者。

（2）从心理学角度，沟通中包括意识和潜意识层面，而且意识只占1%，潜意识占99%。有效的沟通必然是在潜意识层面的、有感情的、真诚的沟通。

（3）沟通中的“身份确认”，针对不同的沟通对象，如上司、同事、下属、朋友、亲人等，即使是相同的沟通内容，也要采取不同的声音和行为姿态。

（4）沟通中的肯定。肯定对方的内容不仅仅是说一些敷衍的话，还可以通过重复对方沟通中的关键词，甚至能把对方的关键词语经过自己语言的修饰后再回馈给对方，这会让对方觉得他的沟通得到您的认可与肯定。

（5）沟通中的聆听。聆听不是简单的听就可以了，需要您把对方沟通的内容、意思把握全面，这才能使自己在回馈给对方的内容上，与对方的真实想法一致。例如，有很多人属于视觉型的人，在沟通中有时会不等对方把话说完，就急于表达自己的想法，结果有可能无法达到深层次的共情。

（6）沟通中的“先跟后带”。无论是职业咨询、心理辅导还是一般的合作，都可以使用这种技巧。“先跟后带”是指，即使是您的观点和对方的观点是相对的，在沟通中也应该先让对方感觉到您是认可、理解他的，然后再通过语言和内容的诱导抛出您的观点。

（二）面试中的体态沟通

体态语在求职面试中非常重要，它是一种通过表情、动作或体态等来传情达意、传递信息的方式。体态语包括表情语、手语和体姿语。

面试官可以从求职者的体态语中了解求职者的性格、心情和礼貌修养等；在面试中求职者如果懂得体态语的含义，就能通过“察言观色”了解面试官的内心活动与所思所想，从而积极地采取对策，争取主动。

1. 表情语

求职面试时，求职者与面试官的关系往往有两种情况：一是“一对一”的关系，即面对一个面试官，这时求职者要注意的是注视对方但不要死盯对方的眼睛，也要避免目光游移；二是“一对多”的关系，即面对多位面试官，这时求职者不能只注视其中的一位面试官，而要兼顾到在场的所有面试官。

在整个的面试过程中，求职者都要保持微笑，而且必须真诚、自然、适度、得体，以获得对方的好感并给对方留下好的印象。

2. 手语

求职者在做手势沟通时一定要注意适度、简练、自然、协调，每一个手势都要恰当，真正实现与面试官沟通的目的，并获得一个很好的评价。

资料卡

表达内心活动的手势语

紧张时，双手相交；悲痛时，捶打胸脯；愤怒时，紧握拳头；尴尬时，手摸后脑勺；真诚时，摊开双手；十指交叉、叠放在一起，常给人一种漫不经心的感觉；摇手表示反对；拍手表示喜悦；挥手表示告别；竖起大拇指表示赞同；用食指着别人表示质问；等等。

3. 体姿语

在面试的场合，求职者要通过坐姿、站姿和行姿三种体姿语与面试官沟通。

坐姿要给对方一个讲文明、有教养、有主见的感觉。坐时要轻而缓，坐姿要端正，起坐时也要轻而缓。

站姿和行姿是体姿语的重要组成部分，在求职面试中同样能反映出求职者的外在形象和礼貌修养。优美的站姿与行姿会给予求职者自信的感觉。

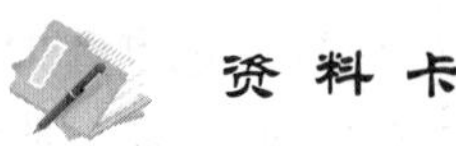

资料卡

不同的坐姿表达不同的含义

身体靠在沙发背上，两手置于沙发扶手上，两腿自然落地、分开，表示谈话轻松、自如、自信；身子稍向前倾，两腿并拢，两手放于膝上，侧身倾听，说明很尊重对方；身体座椅子前，身子向前，倚靠于桌上，头微微前倾，表示对谈话内容非常感兴趣和重视；坐在椅子上，微微欠身，表示谦虚有礼；身体后仰，甚至转来转去，则是一种轻慢、无礼行为；整个身子侧转一方表示嫌弃与轻蔑，背对谈话者是不理睬的表现。

（三）面试中的倾听

在面试过程中，主动的交谈能够传递出面试官需要的信息，展示出求职者的能力和风采，而好的交谈是建立在“聆听”基础上的。聆听就是要对对方所说的话表示出感兴趣。不会听也就无法回答好主考官的问题。“认真地倾听”是求职者态度的体现，更是交谈的必要条件，同时还应该保有确认的习惯，在面试官复述和你的确认过程中，找到对方最重要的关注点，同时梳理自己的理解和见解。在面试过程中，求职者必须认识到如何去交流要比交流了什么更重要。

在面试过程中，面试官的每一句话都是非常重要的。集中精力认真地去听，记住说话人讲话的内容重点，了解说话人的希望所在。在聆听对方讲话时，要自然流露出敬意，这才是一个有教养、懂礼仪的人的表现。

（四）面试结束前的沟通

在面试结束前，大多数的主考官都会问求职者最后一个问题，最常见的就是:“你有没有什么问题或疑问想要提出来的?”无论求职者之前是否有提到过该问题。其实这样做背后的真正意图，通常是主考官想用这个问题来测试你对这份工作有多大的企图心、决心和热情。

在这种情况下，如果你害怕发问不妥当，或是不知道该从何问起，甚至回答没有问题时，都很可能会让主考官认为你想要这份工作的企图心、决心还不够强。

因此，求职者应该积极主动的利用面试最后一关的机会，适时地提出问题，这不但有助于加深主考官对你的印象，而且你也能趁此机会进一步了解这家公司的背景、企业文化是否适合你。

最重要的是，如果能够在面试时提出漂亮的问题，录取的概率将会大大提高。以下是几个比较适合你在面试结束前提问的问题。

- 贵公司是否有正式或非正式教育培训?
- 贵公司是多元化的经营模式，而且在海内外都设有分公司，将来是否有外派、轮调的机会?
- 在项目的执行分工上，是否有资深的人员能够带领新进者、并让新进者有发挥的机会?
- 贵公司是否鼓励在职进修？对于在职进修的补助办法如何?

至于薪水待遇、年假天数、年终奖金、福利措施等问题，有些公司的面试官在面试时，会直接向求职者提出。如果对方没有提及，对第一次找工作的求职者来说比较不适合提出，除非你有对方不得不录取你的条件。

小看板

女性求职巧妙对应敏感话题

用人单位在考虑聘用女职员时，常担心婚姻和家庭会影响工作，所以面试时往往提出许多相关的问题，因此能否回答好这些问题关系到求职是否成功。现向准备求职的女性推荐几种应答方法。

1. 家庭和事业你觉得哪个更重要？

你最好抱着工作至上的态度来回答该问题，可以这么说：我会结婚，但我认为女人最重要的是能够保持自己的活力，工作对现代女性来说尤为重要。

2. 婚后你是否计划在近期内生育？

你可以这么说：我很重视自己的事业，因此我的决定以不影响我的工作和公司的利益为前提，会理智地处理好这个问题，我相信我的丈夫是个明事理的人，他一定会理解和支持我的。

3. 你对倒茶、扫地、复印资料等琐事怎么看？

你可以这样回答：只要工作需要，哪怕是再不起眼的小事，我都会认真地做。

4. 如果公司派你到外地出差，你的男友不同意你去，你该怎么办？

你最好这么回答：公司安排我出差，是工作上的需要，我和我的男友都是热爱工作和事业的人，相信我的男友会支持我，如果他不同意，我也会说服他。

四、面试结束之后的沟通

（一）对面试官表示感谢

面试后表示感谢是十分重要的，因为这不仅是礼貌之举，也会使面试官在做决定时对求职者有印象。如果求职者没有忽略这个环节，则显得“鹤立鸡群”，说不定会使面试官改变初衷。

（二）不要过早打听面试结果

在一般情况下，面试官每天面试结束后，都要表明自己的看法，然后送人事部门汇总，最后确定录用人选，这可能需要3~5天。求职者在这段时间内一定要耐心等候消息，不要过早打听面试结果。

（三）查询结果

一般来说，如果求职者在面试两周后或在面试官许诺的期限内还没有收到对方的答复，这时就应该写信或打电话给面试官，来询问其是否已做出了最终决定。

小看板

求职电话沟通

许多求职者在找工作时会先通过电话与用人单位沟通。在接电话时用人单位的工作人员是看不到求职者容貌的，留下的印象好坏全凭声音、语调及说话的方式来判定，所以如何通过求职电话沟通就显得尤为重要。

- 选择恰当的通话时间，避免上班时间及休息时间。
- 提前准备通话要点，理顺思路。
- 电话接通后先报上自己的姓名，使沟通更加有效。
- 要以面试的心情通电话，要放松不要紧张。
- 讲究通话的方式，多用礼貌用语。

技能训练

一、案例分析

张同学大学求职意向首选是国际四大会计师事务所，经过层层筛选，他如愿进入普华永道和安永华明的最后一轮面试，也就是要去见事务所的合伙人。能在数千大军中脱颖而出到见合伙人已经实属不易，然而在见合伙人的时候，他却特别紧张：在见普华的合伙人时，他叫错了合伙人的名字，并且临走时把包忘在了合伙人的办公室里；在见安永的合伙人时，由于是英文面试，他重复一个英文单词数遍，唯恐对方听不清楚，直至那位合伙人亲自打断并说明他已经明白了张同学的意思，他才明白该适可而止。结果是两家国际一流的会计公司都在最后面试时将他拒之门外。

李同学面试中信集团总部时，面试官问他对中信了解多少，他想了半分钟然后说道："我接到面试时还没来得及查看中信的资料，所以不太了解。"面试官对他说："我们招人自然希望他能了解中信，你还是回去再多了解了解吧。"

赵同学在面试人民银行时，面试官问他为什么想来中国人民银行工作。赵同学心里想到：还不是因为你银行权力大。但是碍于不方便直白地说这样的话，他一时没了主意，吭哧吭哧中，和银行说了再见。

请分析：以上三位同学在面试过程中为什么会有这样的表现？应该如何避免？

二、角色扮演

两个同学为一组，分别扮演招聘单位和求职者的角色，然后根据下则招聘启事来进行求职自我介绍，最后针对求职自我介绍的情况，找出不足并提出对策。

招聘启事

我公司因业务发展需要，特招总经理助理一名，具体应聘要求如下。

- 相貌端正，年龄在23~30岁，身高1.60米，形象气质好，男女不限。
- 具有本科以上学历，有秘书资格等级证书，能够熟练操作办公软件系统。

● 具有较强的业务能力和组织应变能力，有两年以上的工作经验者优先考虑。

符合上述条件的有意者请携带相关证件前来应聘。

面试时间：2017 年 7 月 12 日

面试地点：办公楼 308 室

联系电话：022-1234567

联 系 人：张经理

地　　址：天津市南开区白堤路 86 号

提示：求职自我介绍可采用直白式、文雅式、成果式、幽默式、职务式等方式，介绍内容需简短（1~3 分钟完成），既具概括性又重点突出，力图使人印象深刻。

要求：有声语言表达准确、规范；目光坦诚，面带微笑；对于自己不足之处能巧妙掩饰。

三、沟通游戏——肢体语言

1. 参与人数：两人一组

2. 时间：10 分钟

3. 场地：不限

4. 道具：无

5. 游戏说明：没有肢体语言的帮助，一个人说话会变得很拘谨，但是过多或不合适的肢体语言也会让人对你望而生厌，只有自然、自信的身体语言才能让我们的沟通进行得更加自如。

6. 游戏规则和程序：

（1）将学员们以两人为一组，进行 2~3 分钟的交流，交谈的内容不限。

（2）当大家停下以后，请学员们彼此说一下对方有什么非语言表现，包括肢体语言或者表情，比如有人老爱眨眼，有人会不时地撩一下自己的头发。询问这些做出无意识动作的人是否注意到了这些行为。

（3）让大家继续讨论 2~3 分钟，但这次注意不要有任何肢体语言，看看与前次有什么不同。

7. 相关讨论：

（1）在第一次交谈中，有多少人注意到了自己的肢体语言？

（2）对方有没有什么动作或表情让你觉得极不舒服，你是否告诉了他你的这种情绪？

（3）当你不能用你的动作或表情辅助你的谈话的时候，有什么样的感觉？是否会觉得很不舒服？

（4）如果在面试的场合，你觉得什么样的肢体语言才会使面试官舒服？

学习情境六　跨文化沟通

导学案例

中国区经理人的困惑

A公司是一家总部位于英国的全球性能源公司，为了满足全球经营战略的需求，特别注重包容性文化和用人制度的建设。总部每年都会给亚太区一定的提拔名额，旨在帮助本土优秀管理人员从区域领导发展成为全球性管理人才。中国是A公司在亚洲最大的市场，但大多数提拔名额总是被印度籍员工拿走。这让中国区的人力资源总监颇为苦恼。在和中智顾问的沟通中她说道："问题不在专业技能和工作表现方面，主要在沟通能力上。我的大多数中国同事业绩非常突出，私下沟通或在国内会议上也比较善于言辞，但一到全球性会议上，就变得过于谨慎和寡言少语了。"

最近，在微信圈看到一篇文章，题目是"为何印度盛产跨国公司CEO"。对于这个问题，有不同的解释。中智顾问认为，日本和中国的经济发展在印度之上，但在欧美跨国公司高管群体中却较少看到日本人和中国人。主要问题就在于，由于长期受儒家文化的影响，日本人和中国人都崇尚谦虚，不乐于张扬；沟通的时候注意面子，并且压抑情感的流露。印度人则善于表现自己，不担心说错话，并伴以丰富的情感流露。由于印度人的沟通方式更接近美欧国家的人，所以在全球职场上就更有竞争力。

学习训练目标

- 了解另一种文化，培养文化修养能力。
- 了解东西方文化的特征和差异。
- 掌握跨文化沟通的基本技能，用文化知识分析沟通问题。
- 全面掌握跨文化沟通的技巧。

技能点一　了解另一种文化，发展文化修养能力

随着竞争的加剧和全球化的日益发展，全世界许多公司都走向了国际化。具有不同文化背景、操不同语言的人开始并肩工作，跨文化沟通不再是遥不可及的事情。为了能够与其他文化背景的人进行有效沟通，就要了解异域文化、理解并承认差异、在求同存异的前提下并肩工作。

文化就像"视窗"操作系统（Windows）一样，使我们能够在各种特殊应用环境中

处理信息，或者我们可以把文化比喻为心灵的“窗口”，透过这个“窗口”，我们可以看到来自不同文化背景个体身上本质性的东西。

一、文化是什么

（一）文化的含义

文化是什么？至今还没有一个明确的定义。在我们很小的时候，文化就告诉我们应该重视什么、偏好什么、规避什么和做点什么。文化在生活中无处不在，但却很少有人能够清醒地意识到它的存在，就像我们生活在空气中却很少意识到空气的存在一样。英国人类学家爱德华·泰勒在《原始文化》一书中写道:“文化是包涵了人作为社会一员所获得的知识、信仰、艺术、道德、法律、风俗以及所有一切能力和习惯的复合体。”

文化使社会按照预定的程序运作，该程序来自相似的生活体验以及对其含义相似的阐释。文化有其认同的行为准则，并且证明了遵守这些准则的行为是正当的、合法的。

（二）文化的“洋葱理论”

为了让人们更好地了解文化，霍夫斯泰德提出了“洋葱理论”，如图 6-1 所示。

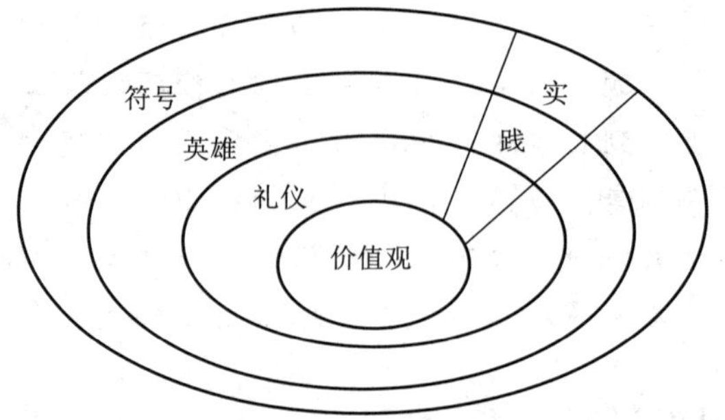

图 6-1 “洋葱图”：不同层次的文化表征

第一层（最外层）是符号，也称象征物（Symbols），如服装、语言等。

第二层是英雄人物性格（Heroes）。通过了解英雄的性格可以了解英雄所在文化的民族性格。

第三层是礼仪（Rituals）。其是每种文化里对待人和自然独特的表示方式，比如在中国文化中，重要场合吃饭时的位置安排很有讲究。

第四层（最内层）是价值观（Values）。它是指人们相信什么是真、善、美的抽象观念，也是文化中最深邃、最难理解的部分。

（三）文化的冰山

我们可以用冰山来比喻文化（见图 6-2）。这个比喻是把文化看成由两部分构成：显性部分——浮在水上的可视部分和隐性部分——藏在水下的看不到的部分。

图 6-2　文化的冰山

二、文化的特征

对文化的特征可以从不同视角进行分析，下面着重论述三项主要特征。

（一）文化是不断发展的

文化总是随着人类社会的发展而发展，不断适应新的形势和新的知识来源。

（二）文化是后天习得的

文化不是天生的，相反，文化是通过学习而后天掌握的。个体所学到的关于自身文化的东西，都是其在社会化过程中耳濡目染、不知不觉形成并存储在其大脑里的。

（三）文化是群体共享的观念

社会成员从自己身边的人（如父母、老师等）身上学习文化，因为这些人的生活阅历本身就证明了其价值观的正确性。同一文化背景中的人员共享该文化的各种符号、标识，其中语言是最明显的一套文化符号系统。

小案例

同仁堂的企业文化

同仁堂创建于1669年，至今已有300多年的历史，其历经数代，如今已经发展成为跨国经营的大型国有企业。同仁堂的中医药文化蕴含了丰富的东方传统文化及人文精神，恪守“炮制虽繁必不敢省人工、品味虽贵必不敢减物力”的古训，树立“修合无人见、存心有天知”的自律意识，这些构成了同仁堂质量文化、诚信文化的核心内容。同仁堂一贯坚持的核心价值观在“同修仁德，济世养生”上得到了很好的体现。

三、霍尔的时间、空间和语言文化理论

（一）时间文化理论

各种文化对时间持有不同的观念，有些文化持有准确的时间观，有的则持有相对性的时间观。霍尔将人们对于时间的看法分成两类：单向性时间和多向性时

间，如表 6-1 所示。

表 6-1 单向性时间文化和多向性时间文化比较

单向性时间文化	多向性时间文化
一次只做一件事	同时做几件事
工作时注意力很集中	容易分散注意力
严肃对待约定和时间的承诺	约定是可以变更的、时间是有弹性的
严格遵守计划	经常改变计划
习惯一些短暂的关系，经常分分合合	习惯于持久的关系，注重维系朋友关系
时间是真实客观的，这意味着只有现在是可知的，过去和未来都与我们相距甚远	所有的时间仅仅是一种时间观念，过去和未来都可以融合到现在
产品经过年轻、成熟最后衰亡	产品有遗传到后代的基因
关注工作	关注人和关系

单向性时间文化认为时间是有序和线性的，人们的计划性很强，事情的先后顺序很明确；多向性时间文化则认为时间是可以延伸的，人们的时间观念不是很强，做事相对欠缺计划性。拉丁美洲、非洲、亚洲和南欧的国家多属于多向性时间文化，美国、加拿大和北欧的国家属于单向性时间文化。

小看板

中西方对时间的认识

中华文化是环式的、向后的，而西方文化是线式的、向前的。在中华文化的影响下，人们更加关注过去，因此历史和传统在人们生活中占据着重要的位置，这从汉语言中流传下来的众多成语、谚语中就可以看出，如“前事不忘，后事之师”“吃一堑、长一智”等，这些都是提醒人们要重视过去的经验，这些可能是未来成功的关键。而以美国为代表的西方文化则更加强调未来，人们对未来充满了浓厚的兴趣。霍尔曾指出：“在西方世界，任何人都难逃单向时间的铁腕控制”。未来取向是他们重要的价值观念，所以西方人更加追求变革，对创新的追求成为西方国家的时尚，我们从美国好莱坞那铺天盖地的、以未来科幻为主题的电影就可以略见一斑。

（二）空间文化理论

不同国家所需的空间距离是不同的（见图 6-3）。霍尔根据对北美人中产阶层的观察，确立了四个距离区域：亲密距离、个人距离、社交距离和公众距离。每一个距离区又可区分为近与远两个层次。

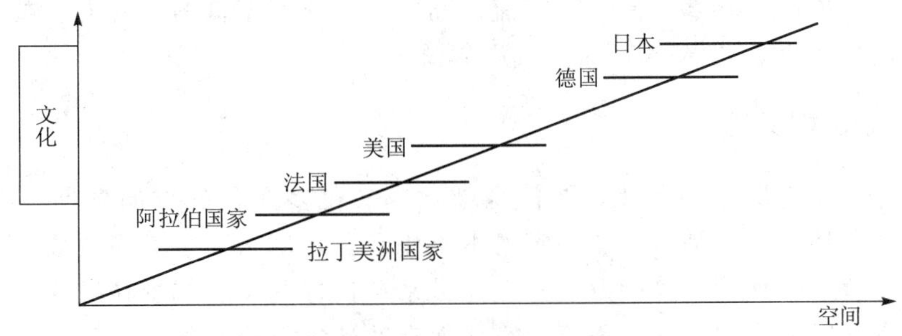

图 6-3　不同国家所需的空间距离

(1) 亲密距离区域（近：0~0.15 米；远：0.15~0.45 米）。通常情况下，只有特别亲近的人（如伴侣、父母与子女）进入该距离区才能够被接受。

(2) 个人距离区域（近：0.45~0.75 米；远：0.75~1.2 米）。该区域是为好朋友、亲戚以及比较亲近的同事准备的。这时候，人们一般绷紧肌肉保持不动，眼睛往别处看，避免与他人目光接触。

(3) 社交距离区域（近：1.2~2.0 米；远：2.0~3.5 米）。在该距离区域内处理的事情通常都是非个人事务，如与商业伙伴的聊天、人们到政府机关或银行等服务场所办事时与对方保持的距离即在此区域内。

(4) 公众距离区（近：3.5~7.0 米；远：超过 7.0 米）。感官刺激发挥的作用已经微乎其微，非言语行为失真，而细微的信息则因距离较远而容易漏失，如讲演者与听众、舞台演员与观众之间保持的距离即属此类。

（三）语言文化理论

低语境文化不太强调沟通的情景，而是依赖于明确的言语沟通；高语境文化则非常注意含糊的、非言语的信息（见表 6-2）。

表 6-2　高语境文化与低语境文化之间的差异

高语境文化	低语境文化
依赖含蓄的沟通	依赖直接、明确的沟通
强调非言语沟通	强调明确的语言
任务从属于人情关系	把工作任务和人情分割开来
强调集体的主动性和集体决策	强调个人的主动性和个人决策
以人情关系来看待雇主/员工关系	以条约来看待雇主/员工关系
依赖于直觉，而不是事实和统计数据	依赖于事实、统计数据以及其他细节资料
在书写和言谈中倾向于采用间接的风格	在书写和言谈中倾向于采用直接的风格
喜欢迂回或间接的推理方法	偏爱直线式的推理方式

霍尔认为，中国文化属于高语境交流，而美国文化属于低语境交流。在中国，人们追求沟通的最高境界是“意会”，而不是“言传”。

四、跨文化相关理论

当今世界正朝着世界多极化、经济全球化、文化多元化的方向发展。在跨国经营中，企业的经营环境不再是单一、稳定的本土化经营环境，而是不同地域、不同文化主体和多种文化背景的环境。跨国发展给企业带来了良好的发展前景和机遇，但同时也遇到了前所未有的巨大挑战，这就需要探究如何有效地进行跨文化沟通。

（一）跨文化（Intercultural）的内涵

跨文化又叫“交叉文化（Cross-culture）”，当一种文化跨越了不同的价值观、宗教、信仰、精神、原则、沟通模式、规章、典范等不同文化时，就形成了跨文化。

（二）跨文化沟通的基本概念

（1）跨文化沟通（Intercultural Communication）的产生。在一种文化中编码的信息，如语言、手势等，在某一特定文化单元中有其特定的含义，当传递到另一文化单元中，必须要经过解码和破译，才能被对方接收、感知并理解，当信息的发送者和接收者不属于同一个文化单元时，就会产生跨文化沟通。

（2）跨文化沟通过程模型（见图 6-4）。发送者发出的信息在沟通前必须被外部化和符号化，这就要通过编码来实现。编码使意义、信息变成了可以传递的符号，解码则使接收到的符号转化为意义和信息。信息的发送者必须将其“意思”以接收者能够认识的方式编码——编成语言或行为，接收者则将这些语言或行为解译成符号，以了解对方发送信息的含义。当接收者确认信息已经收到、并对信息发送者做出反馈来表达自己对所获得信息的理解时，沟通就形成了一个完整的闭合回路。

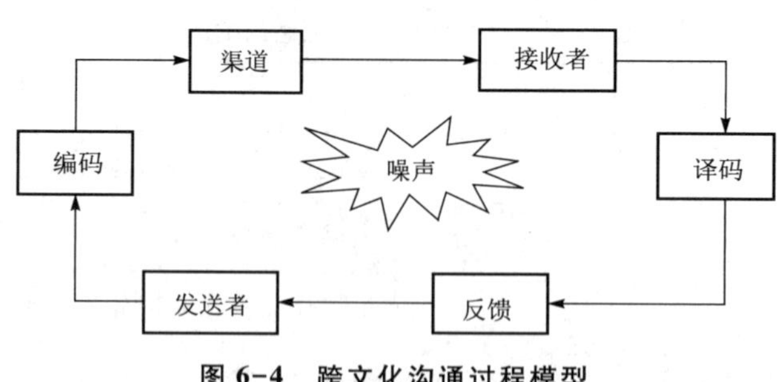

图 6-4 跨文化沟通过程模型

（3）跨文化沟通的阶段和结果。跨文化沟通分为三个阶段：感知、解释和评价。感知是个体对外部世界的刺激进行选择、评价和组织的过程。解释是指一个人对观察物及其联系做出的说明，它是对知觉的理解过程。评价是指判断人或事是好是坏。文化环境对评价的影响较之知觉、解释更大。

加拿大皇家学会的学者曾提出跨文化沟通的四种可能结果，如表 6-3 所示。

表 6-3 跨文化的沟通结果

跨文化沟通结果	文化融合	文化同化	文化分隔	文化边缘化
保存自己的优点	Y	N	Y	N
吸取他人的精华	Y	Y	N	N

注：Y 表示有，N 表示无。

① 文化融合。在文化融合或多文化共存时，人们觉得有必要保存他们自己的文化，同时他们也被主流文化的准则所吸引。

② 文化同化指少数文化的成员单方面去迎合主流文化。

③ 文化分隔指少数文化的成员与主流文化保持距离。

④ 文化边缘化。来自少数文化的成员既不被鼓励保留他们自己的文化准则，也不被接纳加入主流文化。

资料卡

跨文化能力

跨文化能力包括以下四个方面。

(1) 对出现障碍的感应能力。

(2) 对障碍起因的分析能力。

(3) 创造跨文化的能力。

(4) 对对方交往者接受跨文化可能性的估计能力。

五、文化与沟通

从对沟通过程的分析可以看出，沟通与文化是紧密联系的，甚至有学者认为文化就是沟通，或者说沟通就是文化。对沟通有较大影响的首要因素是语境，即霍尔提出的高语境交流与低语境交流。

(一) 个体面对陌生文化时的反应

当面对一种陌生的文化时，每个人会做出不同的反应。有人极力排斥，有人倍感好奇。通常，人们不愿意改变自己，而是要求他人改变以适应自己。

(1) 优越感假设。对不同文化时，人们常常认为“我们的文化比他们的文化更好”。很多人认为自己的价值观和行为方式较之其他文化更加优越，而把其他文化贬得一文不值。

(2) 民族文化中心主义。人们总是基于自己的背景和经验来评价一切事物，再做出相应的行为。相信自己的文化是标准的、规范的，是优于其他民族文化的，是处于一切经验的中心位置的。某一种文化与我们本民族的文化相差越大，该文化就越处于边缘地带。

(3) 普遍性假设。人与人是不同的，每个人都有自己的成长背景和思维方式。以自己看待事物的方式为基础，去假设自己知道别人的思维方式、感觉、态度、价值观，这是极度错误的、不切实际的浪漫主义想法。这种假设会导致沟通障碍，甚至引发冲突。造成这些反应的因素很多，比如沟通时的情景、基于自己经验的假设、语言的流利程度、双方文化背景的相似程度等。

（二）自知的重要性

在跨文化沟通中，认识他人是非常重要的。但是与此同时，正确地认识自己也很重要。早在2 000多年前，孙武就曾说过“知己知彼，百战不殆”。要了解他人首先要了解自己，要了解自己就必须对自己的文化有个清醒的认识，只有这样，当我们面对陌生的文化时，才能正确地看待他们的文化，然后再以海纳百川、取其精华的态度，使沟通有效地进行。

（三）跨文化沟通的方式与风格

沟通方式从总体上可以分为非言语交流和言语交流两大类。在国际商务沟通中，无论是非言语交流还是言语交流都会因为文化的不同而受到影响。

（1）非言语交流。非言语交流主要有以下的形式。

图 6-5　OK 的手势

① 人体语。它主要包括手势、目光接触和面部表情等。同样的手势在不同的文化中可能会有不同的意思。例如，在美国将大拇指和食指放在一起形成一个“O”形，其余三个手指自然伸开（见图 6-5），表示“OK”，即“好”或者“行”的意思，在中国它表示“零”，在日本它表示钱，在巴西它则意味着淫秽。

② 空间语。在交流的过程中，人与人之间的空间距离因文化背景不同而不同。例如，英国人和瑞典人喜欢保持较大的距离，意大利和希腊人在交流时的距离要近一些，而南美洲人和阿拉伯人习惯于比较近距离的交流。

③ 时间语。在某些文化氛围中，人们有很强的时间观念，也希望别人能尊重自己的时间；而在另一些文化背景下，人们并不希望在紧张的时间下行事。

④ 色彩语。不同的文化对于色彩的使用有不同的偏好，同一种颜色在不同的文化中的含义也不尽相同。例如，在中国，人们在服丧时通常穿白色的服饰，而美国人则穿黑色的衣服。

⑤ 沉默。在西方文化中，过于沉默代表着一种消极的意义；东方人则会以沉默的方式来做出回答，中国人通常认为“沉默是金”“言多必失”，话语过多往往给人以浮躁、不稳重的感觉。

（2）言语交流。言语交流分为口头交流和书面交流两种方式，跨文化交流中的障碍首先来自语言的不同。例如，在第二次世界大战临近结束时，意大利和德国投降以后，同盟国向日本发出了最后通牒。日本首相宣布他的政府“愿意考虑这份敦促投降的最后通牒”，然而他选择的那个词既可以解释为“考虑”，也可以解释为“注意到”，日本对外广播通讯社的译员却选择了“注意到”这一词义，并将其译为英文，于是全世界都听到了日本拒绝投降，而不是在考虑最后通牒的事。这一误译使得美国断定日本不愿意投降，于是先后在广岛和长崎投下了两枚原子弹。

（四）跨越文化差异，实现有效沟通

文化差异和冲突是国际商务活动中的主要障碍。不同文化背景的人们之间要实现有效沟通，必须认识到两者之间的文化差异。正如英国 18 世纪著名诗人萨缪尔·约翰逊所说的:“当我站在另一个国家的国土上时，我更了解我的国家了。”

1955 年，美国心理学者约瑟夫·卢夫特（Joseph Luft）和哈里·英汉姆（Harry Ingham）共同提出了分析人际关系和传播的“约哈里窗口”理论，他们用四个方格，说明人际传播中信息流动的地带和状况，如图 6-6 所示。

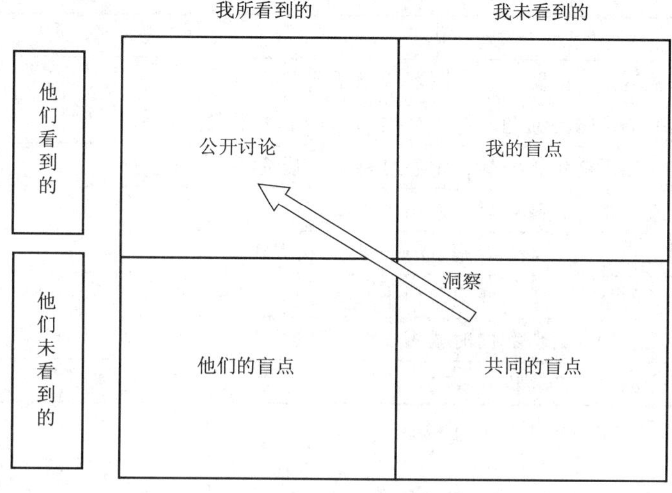

图 6-6　约哈里窗口

该理论认为，每个人都像一栋拥有四个房间的房子。第一个房间是外人和自己都看得到的；第二个房间是隐藏起来不肯公之于世的，只有自己能看到；第三个是别人看得到而我们自己却毫无知晓的，也就是我们在别人眼里的形象；第四个是自己和别人都无法看到，属于我们的无意识或潜意识。

这个理论可以用来指导我们认识文化差异，同时还让我们认识到文化本身是没有优劣之分的，应当学会理解和尊重对方的文化。

（五）感知与沟通

跨国企业的员工，一般都面临着同一个难题：如何与不同文化背景的同事实现有效的沟通？一方面，他们渴望交流；另一方面，他们却不知道如何跨越文化的栅栏。当沟通发生在处于不同文化背景的人们之间时，其任何一个环节都有可能被中断，这时我们需要去感知语言和非语言行为并赋予它们意义，这时沟通就开始了。

（六）发展文化修养能力

在跨文化环境中，我们不仅要学会应付文化差异，还要学会营造协调的环境、以吸收多样化的营养。我们必须对自己工作的时间、空间和方式进行重构；对自己过去工作的技术和技巧加以改进；对理性和直觉、国内和国外、我们与他们等相关概念进行重新思索和分类；对我们和他们文化的基本出发点、价值观和信仰进行重新认识。以“求同存异、遵守惯例”为原则、用宽容的胸怀去接受别人、以良好的形象和文化修养去对待别人，恰当地运用国际礼仪规范，尊重对方并尊重自我，这必将在跨文化沟通中助我们取得理想的效果。

技能训练

一、人际风格测试（见表 6-4）

表 6-4　　人际风格测试表

问　　题	得分
在演讲之前会通过做笔记、记要点、在朋友或镜子前进行演练	
即使谈话者在谈论一个乏味的话题，我也会尽力忍住不去干扰	
讲话被别人打断时，我也会保持安静，耐心等待别人说完	
在谈话时感到愤怒或紧张时，我就会讲得很少	
我觉得“我懂你的意思”比“我同意你的观点”更让人满意	
提问题是件非常容易的事，几乎在任何谈话中我都这么认为	
我说服别人的时候没有别人说服我的时候多	
我很愿意寻求并接受朋友们的帮助	

评分标准：

按照下面的标准，给每个句子打分。

1 分：总是这样。

2 分：几乎总是这样。

3 分：有时如此。

4 分：很少这样。

5 分：从来没有。

测试结果：

□ 总分少于 20 分：你已经显示出了一些有效的交际中所必需的修养和耐心，这表明你正从一个有利的位置上起步。

□ 总分为 21~31 分：你具有说服别人的潜力，只是尚未充分利用最好的工具来发挥自己的潜力而已，表明你利用人际风格进行沟通的技能处于中等水平。

□ 总分超过 31 分：你的态度可能会影响你利用人际风格沟通的能力，因为你现在使用的是一种自由放任的交流方式。

二、案例分析

秘　书　门

4 月 7 日晚，易安信（EMC）大中华区总裁陆纯初回办公室取东西，到门口才发现自己没有带钥匙，而此时他的私人秘书瑞贝卡已经下班，陆试图联系后者未果。数小时后，陆纯初难抑怒火，于是在凌晨 1 时 13 分通过内部电子邮件系统给瑞贝卡发了一封措辞严厉且语气生硬的“谴责信”。

陆纯初在这封用英文写就的邮件中说，“我曾告诉过你，想东西、做事情不要想当然！结果今天晚上你就把我锁在了门外，我要取的东西都还在办公室里。问题在于你自以为是地认为我随身带了钥匙。从现在起，无论是午餐时段还是晚上下班后，你只有和你服务的每一名经理都确认无事后才能离开办公室，明白了吗？”（事实上，英文原信的口气比上述译文要激烈得多）。陆在发送这封邮件的时候，同时也抄送给了公司的几位高管。

面对大中华区总裁的责备，一个小秘书应该怎样应对呢？一位曾在通用和甲骨文公司服务多年的资深人士告诉记者，正确的做法应该是同样用英文写一封回信，解释当天的原委并接受总裁的要求，注意语气要温婉有礼，同时给自己的顶头上司和人力资源部的高管另外去信坦承自己的错误并道歉。

但是瑞贝卡的做法却大相径庭，并最终为她在网络上赢得了“史上最牛女秘书”的称号。在她收到陆纯初邮件的两天后，她在邮件中回复道：“首先，我做这件事是完全正确的，我锁门的行为是出于安全角度的考虑，如果一旦丢了东西，我无法承担这个责任；其次，你有钥匙，你自己忘了带还要说别人不对，造成这件事的主要原因都是你自己，不要把你自己的错误转移到别人的身上；第三，你无权干涉和控制我的私人时间，我一天就 8 小时工作时间，请你记住中午和晚上下班的时间都是我的私人时间；第四，从进 EMC 的第一天到现在为止，我工作尽职尽责，也加过很多次的班，我也没有任何怨言，但是如果你们要求我加班是为了工作以外的事情，我无法做到；第五，虽然你我是上下级的关系，但也请你注重一下你说话的语气，这是做人最基本的礼貌问题；第六，我要在此强调一下，我并没有猜想或者假定什么，因为我没有这个时间也没有这个必要。”

虽然这封咄咄逼人的回信已经够令人吃惊了，但是瑞贝卡还选择了更加过火的做法：她回信的对象选择了 EMC（北京）、EMC（成都）、EMC（广州）、EMC（上海），这样一来，EMC 中国公司的所有人都收到了这封邮件。

思考题：

1. “秘书门”事件体现出了跨国企业中经常出现的沟通问题，试分析文化因素在其中的作用。

2. 假如你是瑞贝卡，你会如何处理这件事？

技能点二　了解跨文化中的西方文化

人类创造的文明或文化从世界范围来说可分为东方文化和西方文化两大体系。西方文化在世界文化中占有举足轻重的地位，了解西方文化的基本特征，有助于我们了解异域文化、从而有效地进行跨文化沟通。

一、西方文化概述

价值观是文化的核心和灵魂。以美国为首的西方国家以自我为中心，以个人为本位，强调人权平等、自由交易和自由竞争。

（一）西方文化的历史渊源

西方文化起源于古代的希腊文化和罗马文化，其基本特征是个体激进性和开放吸收性。

西方文化强调征服自然、战胜自然的思想渊源可以追溯到基督教经典《圣经》，其思想观认为：人是凌驾于自然之上的，有统治自然界的权力。西方人认为拥有知识就能制服自然、获得财富，从而实现自己的社会理想。

（二）西方文化的价值取向

西方文化价值观的核心是个人主义。个人主义是一种关于人性的判断，它认为人的本性是平等的、自由的、利己的。个人主义还是一种个人的生活态度和生活方式，强调个体的独立性、个性的发展和个人隐私权，崇尚个人竞争；个人主义还强调对个人隐私权的尊重和保护。

二、以美国文化为背景的沟通

（一）美国文化的特征

1. 个人主义

强调个人成就和个性至上的精神，其核心内容是每一个人都是自己前途的主人，鼓励人们勇于奋斗、敢于冒险、不断创新；其强调在个人自由、机会均等的基础上，充分发挥个人的能力。

2. 实用主义

重视实际行动，鼓励改革和实验。任何一项发明或发现能否被美国人接受，关键取决于其能否在现实中加以应用，这在一定程度上体现了该民族的务实精神。

3. 追求民主与平等

强调以个人为本位的人权、民主、自由、平等、博爱等理念，平等观念已渗透到美国人的生活和思想的每一个角落。平等观念以及自我控制生活的意识，成为美国人文化意识的基调。

4. 以目标和成就为中心

美国人认为，只要有足够的时间、金钱和技术，他们就会无所不成。

5. 慷慨

虽然美国人表面上看起来似乎很注重物质价值，但是他们也乐于与他人分享其财富，他们愿意赞助国内外有意义的事业，也愿意帮助困境中的邻居。

（二）如何与美国人沟通

在商务信函中，美国人必须对他写下的内容负责任。但是在口头交流中，人们（尤其是年轻人和关系亲密的人）通常会大量使用俚语、夸张和说大话的方式。

美国人以目标和成就为中心，个人主义情绪十分浓厚。他们一切以自我为中心，喜欢制度完善、安全的社会；他们憎恶太多的控制和干涉，尤其是来自政府或外国势力的。

美国人时间观念极强，做事效率很高。他们打招呼和穿着都很随意，在身体和心理上都会与人保持一定的距离（身体距离大约两英尺）。美国人是低语境交流者，其语言直接传达了主要的信息，没有过多的非语言交流，比如手势、眼神和沉默。

美国人在谈判桌上喜欢使用“不”字，最明显的特征就是其虚张声势的表现和强硬的态度，不会顾忌别人的自尊心。因此与美国人沟通时，要有充分的思想准备，努力做到机敏果断、以柔克刚。

小 看 板

学习对手的文化

- 不要急于去界定国外文化。很多普通的线索，如名字、语言、口音、地点等并不可靠。在经济全球化和文化多元化的社会中，有些人会被一种以上的文化所塑造。
- 要警惕西方人善于行动的价值导向。在亚洲、阿拉伯以及拉丁美洲社会，思考和交谈往往比采取行动更能缔结国际关系。
- 不要简单化地形成对外国文化的印象。大多数文化很复杂，层面很多。
- 不要认为你的价值观就是对组织最有利的价值观。比如美国人崇尚个人主义，并被看成是富有生产效率的，个人之间的竞争以及个人成就感在一定程度上被看作是好的；然而印度人和中国人却强调家庭、友谊以及社会关系，这种价值导向使他们的员工对自己的组织较为忠诚。
- 要注意在有些文化中，人们对与外人交往和与自己人交往的看法是不一样的，而且在有些文化中，信任极其重要，并影响着人与人之间的交往。
- 对公开出版的有关国家文化的说法也要谨慎对待，因为根据这些知识对人的价值和行为所做出的判断未必准确。一个国家里不同的年龄、性别、地理等因素也会对价值观和行为造成影响。

三、以英国文化为背景的沟通

（一）英国文化的特征

1. 古典主义与绅士遗风

英国文化注重历史人文的积淀与古典文化的熏陶。其尊重传统、弘扬宗教文化，并尊重宗教信仰。其同时强调培养贵族，传播绅士文化，使英国人的含蓄、内敛、从容、平和、守信、礼貌、公正等特征得以充分显现。与东方人相比，英国人办事风格相对保守，这也是其谨慎的绅士风格的体现。

2. 含糊迂回的语言特点

在言辞的直爽程度上，英国人居于各国之间：他们比日本人外向和善于表达，但是比欧洲人和拉丁美洲人内向和缄默。上层英国人说话有含糊、迂回的特点，而普通民众说话则更直接一些。

3. 注重关系的同时也注重生意

在英国，推荐信和介绍信是非常有用的，他们可以帮助谨慎的英国人得到比较可靠的信息。

（二）如何与英国人沟通

英国人崇尚“绅士风度”和“淑女风范”，讲究“女士优先”。在商务谈判中，英国人说话、办事都喜欢讲传统、重程序，对于谈判对手的身份、风度和修养看得很重。得到馈赠时一定要当面打开，并热情赞美、表达谢意。

英国人给人的感觉是矜持傲慢、寡言少语，这不仅是因为英国人性格内向而含蓄，还出于对别人的尊重才会如此。注意切勿与英国人交叉握手（见图 6-7）或交叉干杯，因为那会构成晦气的十字形；他们很少使用手势，非常直接的注视可能会被认为是粗鲁和冒昧的。

图 6-7　握手

四、以法国文化为背景的沟通

（一）法国文化的特征

1. 关系第一

首次进行接触的时候，可以采用贸易展示会或正式的介绍会的形式，发出的邀请函需要用正规的法语书写。

2. 注重地位

在法国，受教育的程度、家庭背景等决定了人们社会地位的高低。由于讲究地位，在商务场合，着装和行为举止都是有很多礼仪讲究的。

3. 餐饮特色

在法国，进餐是有固定的一些礼节的，西方很多国家的进餐礼节就源自法国。商务午餐通常要持续 2~3 个小时，并且在这期间要喝酒。

标准的西餐餐桌摆放，如图 6-8 所示。

图 6-8　标准的西餐餐桌摆放

资料卡

法式西餐礼仪的五大禁忌

- 切忌吃完饭后用手抹嘴，也要切忌用餐巾大力擦，只要用餐巾的一角轻轻抹去嘴上或手指上的油渍，越优雅越好。
- 切忌坐姿懒散，应该保持正直，不要靠在椅背上面，不要趴在桌子上面。
- 手臂的姿势切忌大大打开，最讨厌的就是支着两个上臂干扰你隔壁的人用餐，两个上臂应紧贴身体，进食时身体可略向前靠。
- 切忌乱使刀叉，不要以为摆在你面前的几副刀叉可以任意使用，其实他们是有严格的顺序的，要由最外边的餐具开始，由外到内。
- 切忌乱摆乱放用过的刀叉，吃完每道菜，应该将刀叉并排放在碟上，叉齿朝上。

（二）如何与法国人沟通

法国人诙谐幽默、天性浪漫，喜欢在优美的环境中与人会面，在人际交往中爽朗热情。法国人会要求别人赴约一定要准时，自己却常常迟到，而且在出席某些活动时，越迟出现表明越有身份。

与法国人握手时将对方的手握得很紧或者是不停地摇对方的手是缺乏文化修养的表现，因此握手只需稍微用力并应快速完成。与女性握手时，一般是由女性先伸手。

法国人喜欢用餐时进行愉快的交谈，但是切忌谈论有关个人问题或是钱财的问题。允许双手放在桌面上，但却不允许将两肘支在桌面上；放下刀叉时，他们习惯于将其一半放在碟子上，另一半放在餐桌上。

与法国人沟通时，称呼对方时最好称呼其姓，并冠以“先生”“小姐”“夫人”等尊称。熟人、同事之间才可以直呼其名。另外，法国商人有一个十分独特的地方，就是要求使用法语。法国人若发现与自己交谈的人会说法语但却使用了英语，他肯定会生气；同时，法国人也忌讳别人讲蹩脚的法语，他们认为这是对其祖国语言的亵渎，所以若对法语不纯熟，最好讲英语或借助翻译。

资料卡

女士优先

女士优先起源于西方社会，特别是法国、英国等对古典礼仪比较推崇的国家。后来由于英法两国在国际舞台上长期处于主角的位置以及其在外交场所影响力巨大，女士优先逐渐演化为国际交往礼仪。

然而女士优先只是在工作之余，也就是社交场合，比如宴会、舞会、音乐会、朋友间的聚会等场合适用，在工作场合则不必讲究女士优先。

在跨文化沟通时，要注意以下几个方面：尊重女性、照顾女性、帮助女性、保护女性。

五、以德国文化为背景的沟通

（一）德国文化的特征

1. 社交礼仪风格

德国人在人际交往中对礼节非常重视。他们讲究信誉、重视时间观念、待人热情、尊重传统。重视称呼是德国人在人际交往中的一个鲜明特点，对德国人称呼不当，通常会令对方大为不快。

2. 服饰礼仪

德国人穿着打扮的总体风格是庄重、朴素、整洁。一般情况下，德国人的衣着较为简朴：男士大多爱穿西装、夹克，并喜欢戴呢帽；女士则大多爱穿翻领长衫以及色彩和图案淡雅的长裙。在商务交往中男士不宜剃光头；德国少女的发式多为短发或披肩发，烫发的女士多半是已婚者。

3. 餐饮礼仪

在饮食方面，德国人主食以肉类居多。德国人一般胃口较大，且喜食油腻之物，所以德国的胖人极多；在饮料方面，德国人最喜欢的是啤酒。

4. 习俗禁忌

在所有花卉之中，德国人对矢车菊最为推崇，并且选定其为国花；在德国，不要随意以玫瑰或蔷薇送人，因为前者表示求爱，后者则专用于悼亡；在所有颜色之中，德国人对黑色、灰色比较喜欢。

（二）如何与德国人沟通

德国是一个充满理性、思维严密的国家，他们不喜欢含糊其词、躲躲闪闪。与德国人握手时，要注意以下两点：一是握手时务必要坦然地注视对方；二是握手的时间宜稍长一些，晃动的次数宜稍多一些，所用的力量宜稍大一些。德国人对四个人交叉握手，或在交际场合进行交叉谈话比较反感。

一般情况下，切勿直呼德国人的名字，要称其全称，或仅称其姓。与德国人交谈时，切勿疏忽对“您”与“你”这两种人称代词的使用。

德国人非常看重时间,“准时”在德国交际中意味着提前几分钟到达约会地点，迟到会被认为不可靠。

六、以加拿大文化为背景的沟通

（一）加拿大文化的特征

1. 多元文化

加拿大是一个移民众多的国家，除了因纽特人和印第安人之外，其他各个民族和种族都是从世界各地迁徙而来的。各个民族和种族不仅自豪于本民族的文化，更为加拿大兼容的文化心态而自豪。加拿大的多元文化形象已深入人心，不同文化间的和谐相处成为加拿大文化的最大特点。

2. 文化习俗

加拿大吸烟人数较少，很多地区尤其是公车等公共场合都禁止吸烟；加拿大人讲究卫生，不会随地吐痰或乱扔垃圾，同时也会注意自己的仪表保持干净。

3. 性格

加拿大人生活习性包含英、法、美三国人的综合特点，他们既有英国人的含蓄，又有法国人的开朗，还有美国人的无拘无束。他们热情好客，待人诚恳；加拿大人比较讲实惠，与朋友相处和来往不讲究过多的礼仪。

（二）如何与加拿大人沟通

拜访加拿大人时，无论正式与否都要预约，意外的来访是不礼貌的。加拿大人见面礼仪一般为握手，在特殊场合可以拥抱。与加拿大人交谈时，切忌以手指点，交谈距离应远近适宜，交谈内容不要涉及私生活、收入、支出、年龄等隐私问题。

在与加拿大商人交往时，送的礼品不可太贵重，否则会被误认为贿赂主人；他们忌讳的数字是“13”；黑色和紫色是加拿大不受欢迎的颜色，白色百合是葬礼使用的，不要用来送人。

小看板

隐私“九不问”

所谓隐私，是指一个人不希望被别人了解的、纯属个人的私事。作为一项国际礼仪的基本原则，要主动回避与对方讨论涉及对方或者其他人的隐私问题，而且也不要谈自己的隐私。那么，究竟哪些问题是我们在跨文化沟通中不能过问的呢？

（1）收入问题。因为世界上绝大多数国家，询问一个人收入的高低实际上就是了解他个人能力问题。

（2）年龄问题。中国人有尊老敬贤的传统，但是在很多国家不喜欢说老，因为老了也就是“没有用了”的意思，有被社会淘汰、被社会抛弃的含义。

（3）婚姻和家庭问题。中国人的家庭意识比较强，所以总对别人家的家庭情况感兴趣。而外国人对这种问题比较反感，所以不要谈论这个问题。

（4）健康问题。在许多文化中，健康的问题事关个人尊严，因为健康与否跟一个人的发展和前途有关。

（5）政治信仰和宗教信仰问题。在跨文化沟通时，如果表现得政治意识太强，会让对方觉得你对自己的政治环境担忧。

（6）忙于何事。中国人喜欢问“忙什么呢”，外国人则认为这属个人隐私。

（7）所居何处。住在哪里、房子多大也不宜问。

（8）个人经历问题。

（9）个人生活习惯问题。

七、以丹麦文化为背景的沟通

（一）丹麦文化的特征

1. 单一民族

丹麦的民族构成比较单一，基本上是丹麦族北日耳曼人。绝大部分居民信奉基督新教，尽管很多人一年中只在圣诞节时去一次教堂。自 1960 年以来，外国移民占人口的比重有所增加，其他宗教成分亦随之增加。在文化方面，政府以及主要大的政党奉行维护和发展自身文化价值的政策。

2. 语言

许多丹麦人会说英语。公共场合的标志基本上是丹麦文，丹麦语是丹麦五百万居民的语言，也是格陵兰和法罗群岛的官方语言。丹麦语是斯堪的纳维亚诸语言中的一种。

3. 饮食习惯

丹麦人对“吃”也是很讲究的。首先，丹麦菜品讲究新鲜，原料主要是鱼和贝类以及肉、奶制品、蔬菜、水果等；其次，丹麦人讲究餐桌的布置和餐饮的环境，吃饭时摇曳的烛光、亮丽的鲜花和精美的餐具往往是不可缺的。

（二）如何与丹麦人沟通

丹麦人在日常生活中做事比较拖沓，但是他们在工作时间内却十分严肃、认真。丹麦人计划性强，凡事都是按部就班、规规矩矩的。在商务谈判的时候，必须将问题从头至尾按照顺序一一说明，否则他们就不予理会。

应邀到私人家中做客时，应于约定时间的一刻钟内到达，并且给女主人送鲜花、巧克力或酒作为礼物；在餐桌上，客人不应先敬酒，要等主人敬酒后才能敬酒；另外，主人没说“请”之前，任何人不应碰酒杯；盘子内的食物堆得过满，像个大杂烩，会招来丹麦人的嘲笑。

与丹麦人交谈时，要距离对方稍远些。不要谈论政治和社会问题的话题，也不要打听他们的私事。

八、以瑞典文化为背景的沟通

（一）瑞典文化的特征

1. 开放性

瑞典人一方面注重从民族文化、国家文化和社会文化中吸收营养，另一方面又吸收外来文化为其所用，允许多元文化并存。

2. 高福利、高工资、高税收政策

瑞典是北欧国家，是个高福利的“世外桃源”。各种社会保险和社会保障措施日臻完善，名目繁多的福利制度让公民享有高质量的生活和工作。

3. 瑞典人文化素质普遍较高

高福利的社会文化背景，使瑞典人文化素质普遍较高，他们热情好客、纯朴诚实、谈吐文明、行为规矩、重诺守时、收入差距可控，这些体现在企业行为中，就是一种诚信、自强、认真、严格、细致的性格特征和工作作风。

（二）如何与瑞典人沟通

瑞典人内向、安静，善于控制自己的情绪，并将其视为美德。他们勤奋工作，却怯于社交活动。

开展商务活动时要穿西装，见面和告别时的礼仪是握手。瑞典人是世界上最遵守时间的国家之一，约会时如果早到了，最好等待至约好的时间再与对方见面。

应邀到瑞典人家中做客时，要准备一束鲜花作为礼物，离开餐桌时要向主人表示感谢；敬酒时也有讲究，一定要等到主人、年长者或级别比你高的人向你敬酒之后，才能向他们敬酒。

技能训练

一、文化习俗小测验

下面这个小测验中的题目都与表层文化有关，你可以试一试，看自己对外国表层文化的了解程度以及自己的反应。

1. 美国的管理者对下属的绩效评估是以其下属的工作表现为基础的，而在伊朗，管理者对下属进行绩效评估的基础是（　　）。

a. 宗教

b. 资历

c. 友情

d. 能力

2. 对西班牙裔员工工做出色的奖励，最好不要（　　）。

a. 当众赞扬他

b. 说“谢谢”

c. 给他加薪

d. 给他升职

3. 在法国，朋友间互相交谈时（　　）。

a. 通常在离对方 3 英尺远的地方站立

b. 典型做法是喊话

c. 比美国人站得距离近

d. 总是有第三方在场

4. 在西欧，当准备送鲜花作为礼物时，不要送（　　）。

a. 郁金香和长寿花

b. 雏菊和丁香

c. 菊花和马蹄莲

d. 丁香和苹果花

5. 在德国，办公室和家里的门通常是（　　）。

a. 大敞着，表示接受和欢迎朋友和陌生人

b. 微开着，表示进屋前要先敲门

c. 半开着，表示一些人是受欢迎的，而另一些人却不受欢迎

d. 紧闭着，为了保护隐私和个人空间

6. 美国在墨西哥工作的企业管理者发现，通过给墨西哥工人增加工资，他们会(　　)。

a. 增加愿意工作的时间长度

b. 诱使更多工人加夜班

c. 减少统一工作的时间长度

d. 降低生产率

7. 在英国，手背朝向对方，食指和中指做成 V 字形是（　　）。

a. 表示和平的手势

b. 表示胜利的手势

c. 表示某样东西需要两份的手势

d. 粗鄙的手势

二、案例分析

无法沟通的苦恼

A 在某知名跨国公司工作而且表现出色该跨国公司在国内地区的人力资源副总是一位美国人。一次这位美国副总找到 A 与之面谈，想听听 A 对自己今后五年的职业发展规划以及期望达到的职业位置。A 觉得有些尴尬，因此并没有正面回答问题，而是开始谈论公司未来的发展方向、公司的晋升体系以及目前他本人在组织中的现有位置等，讲了很久就是没有正面回答副总的问题，副总对此大惑不解，因为同样的事情之前已经发生了好多次。

“我不过是想知道这位员工对于自己未来五年职业生涯发展的打算，想要在公司做到什么样的职位罢了，可为何就不能得到明确的回答呢”？谈话结束后，副总忍不住向人力资源总监抱怨。“这位老外副总怎么这样咄咄逼人”？谈话中受到压力的 A 也向人力资源总监诉苦。

案例提示

由于文化的差异，跨文化人员之间的交流沟通存在着障碍，包括语言的障碍、行为习惯的障碍、文化礼仪的障碍等。案例中美国副总与中国员工之间的误解，就源自跨文化沟通的障碍，要解决这些障碍，需要建立完善的沟通网络。

讨论题目

1. 作为一家跨国公司的人力资源副总，无法与员工实现有效沟通是失职的。请你给这位美国副总指出他的不足，并给他提供改进的意见。

2. 假如你是人力资源总监，你会如何帮助这两人实现有效的沟通？

技能点三　了解跨文化中的东方文化

古希腊可以说是西方文化的代表，而中国则是东方文化的代表。东西方文化模式或文化精神之间存在着本质性的差别。

一、东方文化概述

“东方”在这里既是地理概念，又是政治概念，即所谓的第三世界。东方文化是以中国文化为基础的。

（一）东方文化的历史渊源

东方文化体系包括中国文化体系（其中包含日本文化，后者有了某些改造与发展）、印度文化体系和阿拉伯文化体系（其中包含埃及和巴比伦文化）。中国文化、印度文化、阿拉伯文化共同构成了东方文化。

（二）东方文化的哲学思想

1. 东方以综合思维模式为主导，西方则是以分析思维模式为主导

东方文化体系的思维模式是综合的（Comprehensive），而西方则是分析的（Analytical）。打一个比方，我们可以说：西方是“一分为二”，而东方则是“合二而一”。在医学上表现得最为清楚：西医是头痛治头、脚痛治脚，完全把人体分割开来；中医则不拘泥于这种对症治疗的框框，而是从整体观念出发，随症施治，灵活变通。东方的思维模式则是综合的，能够照顾事物的整体，有整体概念；西方的哲学思维是在细节上分析，而对这些细节之间的联系则缺乏宏观的概括。

2. 天人合一

中国“天人合一”的思想和印度的“梵我一体”的思想是典型东方思想的代表。中国管大自然或者宇宙叫“天”，而印度则称之为“梵”（Brahman）。东方人对大自然的态度是同自然交朋友，了解自然、认识自然，在这个基础上再向自然有所索取；西方文化则强调征服自然、战胜自然。

3. 儒家思想

谈东方文化必然要涉及中国传统文化的核心——儒学的问题。儒家讲的伦理纲常是强调君臣、父子、夫妻、兄弟、朋友之间关系的准则。

“信”作为“仁、义、礼、智、信”五常之一，是儒家处理人际关系和实行德治方略的重要内容；“仁”的核心内容是“仁者爱人”；“和”的核心内容是“中和”“和谐”。“和而不同，求同存异”是经济全球化时代人类共同生存的基本途径，也是世界多元文化必走的一条道路。

二、以中国文化为背景的沟通

（一）中国文化的特征

在中国传统文化中，儒、道是本土的固有文化。儒家伦理文化则构成了中国文化的

主脉，自秦汉（公元前 3 世纪—公元 3 世纪）形成以来亘古未变。它强调的是集体主义、等级观念和中庸思想。

1. 群体本位

中国传统文化的核心特征或本质特征是群体本位，不同于西方理性主义文化的个体本位。工业文明或现代化的实质是个体化和理性化进程，因此个体本位和个体自由成为现代人本质性的生存方式和主导性的文化精神。

2. 伦理主义

中国传统文化具有比较强烈的伦理主义或伦理中心主义的特征，它对人文或人际关系的重视胜过对自然或人与自然关系的重视，是一种自然主义文化。

对伦理关系的强调主要着眼于人的先天身份与地位、家庭出身、家庭关系等构成的等级关系和君臣、父子、夫妻、兄弟、朋友之间的关系。而西方个体本位的伦理文化则是一种理性主义文化，为个体自由和创造性的发挥创造了条件。

3. 保守性

中国传统文化具有保守性和“以过去为定向”的特征，这是一种经验主义文化的模式。支配人生活和社会活动的主要文化要素是传统、经验、常识、习惯等，人生活在与自然的“天人合一”的关系之中，缺少自觉地征服自然的驱动力。

4. 追求群体和谐

儒家思想重视个人、整体、社会三者之间的协调，强调以伦理关系、价值观取向为基础的和谐稳定，主张“天人合一”；强调运用平衡和协调来代替冲突和对立，重视伦理与道德。

5. 尊重传统权威

中国人特别崇古、怀古，以至于缺乏积极进取精神，所谓“一动不如一静”。由于尽量维持现状，因而特别尊重传统权威，崇拜权力，惧怕权威。多数中国人喜欢“人云亦云”，有较强的从众心理。

6. 集体主义与平均主义

平均主义思想在中国可以说是根深蒂固。孔子说“不患寡而患不均”，老子也极力主张“损有余而补不足”。

小看板

待人需要友善

子路曰：“人善我，我亦善之；人不善我，我不善之。”子贡曰：“人善我，我亦善之；人不善我，我则引之进退而已耳。”颜回曰：“人善我，我亦善之；人不善我，我亦善之。”三子所持各异，问于夫子。夫子曰：“由之所持，蛮貊之言也；赐之所言，朋友之言也；回之所言，亲属之言也。”

这段话的意思是：

子路、子贡、颜回在一起谈论待人之道。子路说：“别人以善意待我，我也用善意待他；别人用不善待我，我也用不善待他。”

孔子评价道：“这是没有道德礼义的夷狄之间的做法。”

子贡说:“别人用善意待我，我也用善意待他；别人用不善待我，我就引导他向善。”

孔子评价道:“这是朋友之间应该有的做法。”

颜回说:“别人用善意待我，我也用善意待他；别人用不善待我，我也以善意待他。”

孔子评价道:“这是亲属之间应该有的做法。”

（二）如何与中国人沟通

1. 日常生活的沟通

在人际交往中，中国人讲究“听其言，观其行”，把谈话作为考察人品的重要依据。谈话时，不要以自己为中心，忽略他人的喜怒哀乐，也不要使用粗话和方言；与许多人谈话时，不要对其中的一个人窃窃私语；谈话过程中，不要做出伸懒腰、挖耳朵等不当的举动；要善于聆听对方所说的话，表现出对对方谈话内容的兴趣；适当的赞美会赢得别人的好感；探究别人的年龄、薪水等隐私是不礼貌的。

第一次与异性朋友交谈时，要表现得自然和得体。询问对方才智、教育、社会地位、爱好或厌恶等问题，会让对方觉得正在经历一场严厉的审讯，也不要刻意炫耀才华或故弄玄虚；夫妻之间的沟通，需要求大同、存小异，寻求共同的情趣，及时表达感激和爱慕之意，学会用整个身心来感受对方的灵魂；另外，要学会忍耐，不要动辄就以“离婚”相要挟；面对孩子，注意不要伤害他们的自尊心，也不要用命令的口气，否则会给孩子带来不佳的情绪。

沟通中要表现出你智慧的幽默时，注意不要把自己的快乐建筑在别人的痛苦之上，也不要开下流低级的玩笑；拒绝别人时，要巧妙地说“不”，最好立即答复，不要让对方对你抱有希望，最好表现出自己是“心有余而力不足”。

宴席上沟通时，戒假意客套、过分劝酒、贬损他人、恶语中伤、自吹自擂、酒后失态。

2. 职场沟通

在求职时更要讲究沟通的技巧。事前要准备好面谈的内容，努力做到语言表达自如、大胆说话。美国心理学家尤利斯提出了三条有趣的忠告：低声、慢语、挺胸。说话时，注意避免使用“嗯”“呃”“这个”等无意义的词语；倾听对方讲话时，要将视线对着主持人面部表情的三角区，并不时以微笑点头的方式表现自己的态度；面试结束时，要向对方表示感谢，并有礼貌地告辞。对于面试官提出的问题，要悟出所提问问题涵盖的深层次内容：一是想了解应聘者的志向，二是想知道应聘者对该单位的了解程度。如果既能表达出自己的志向，又能夸奖招聘单位一番，效果自然不错。

说话有技巧的人往往更容易赢得上司的好感。赞誉之词人人都渴求，人人都需要。称赞上司也要有方法和技巧，方法不当的话反而会弄巧成拙。赞扬不等于奉承，欣赏不等于谄媚，只要是优点，就可以表示你的赞美之情。得罪了上司时，要积极地挽回不利局面，不要寄希望于别人的理解，最好是找个合适的机会与上司沟通，以恢复与上司之间的良好关系。做错事情后，先要深刻地检讨和表明决心，再把问题讲清楚。

在职场上谈话时不仅要讲究技巧，更要注重礼仪。让对方感觉到你的谦虚和诚恳，不要让别人觉得你骄傲自大、信口雌黄。与对方观点不同时，不要用尖酸刻薄的话语反唇相讥，不给对方留一点情面；与多人交谈时，不要只与某一个人交谈而冷落其他人；极力避免谈论收入、别人的隐私等话题，也不宜大谈人生，更不要拿现在的单位跟原来的单位相比较；拒绝别人时，注意要委婉含蓄，或含糊回避，同时要表现出自己愿意帮别的忙；批评下属时，可以采用暗示的方法，不要怒发冲冠，要允许对方申辩，本着实事求是的原则，少加主观评论，巧妙地把批评和赞美结合起来。

3. 与客户沟通

与客户沟通时，首先要确定对方感兴趣的话题，然后用利益吸引对方，用真诚的赞美作铺垫，努力通过展示产品自身的吸引力来引起顾客的注意和兴趣，必要时可以举著名的公司或人为例；通过实地演习的方法展示产品，也可以增加顾客的吸引力。面对顾客，要注意语言表达技巧：不要用命令的语气，而是用请求式的语气。以热诚打动顾客的心，唤起顾客对你的信任和好感，让顾客感到你在帮助他，而不仅仅是想赚他的钱。

在酒宴上与顾客沟通时，话题要尽量照顾到大多数人。要明确目的，把握大局。劝酒要适度，切莫强求；敬酒时要讲究次序，做到主次分明；同时，要察言观色，尽量让顾客感到舒心和愉快。

4. 商务谈判中的沟通

要把握好商务谈判的基本原则：客观真诚、平等互惠、求同存异、公平竞争、讲求效益。在合作性谈判中，不要片面地强调个人利益，要给对方留有余地。在谈判中，要逐步提出自己的条件，不要企图一鼓作气攻进对方的阵地；当谈判意见出现不一致时，要先强调彼此的共同观点，再转向自己的主张，采用循循善诱的战略，促使对方顺着你的思路走过来。

谈判时，对对方的提议要把握住自己的最小极限和最大极限，不能没有原则地做出让步。

三、以日本文化为背景的沟通

（一）日本文化的特征

日本是一个单一民族的国家，社会结构长期稳定统一，思想观念具有很强的趋同性。

1. 浓重的“家族”主义色彩

日本的企业称为“会社”，凡是入社的员工都被当作“家族”的成员。经理好比是“父亲”，员工如同“孩子”，这是一种家庭式的温情与能力主义原则相结合的共同发展精神。

2. 崇尚“和”

日本人深受中国儒家文化的影响，崇尚“和”。早在公元 604 年圣德太子颁发的《宪法十七条》的第一条就明确规定：日本社会一切交往的首要原则是“和”，社会成员之间相互交往必须讲究和谐协调。

3. 集体本位主义

传统的日本文化，强调群体和谐统一的行为规范，个体要维护和尊重群体的利益。为了两者的和谐统一，个体必须主动自我约束，群体也不能将属于自己的个体弃之门外。

4. “忠”和“孝”

日本讲究“忠”“孝”等伦理标准，而“忠”是最高美德，其源于中世纪的武士文化。终身雇用制有利于培养员工的职业归属感和忠诚心，使员工们和亲一致、配合默契，为实现企业目标而共同奋斗。

5. 强烈的民族昌盛愿望

大和民族的文化虽然属于东方文化体系，但日本人有着强烈的岛国意识和生存意识，使之具有很强的协作精神和攻击愿望。

6. 广采博取的学习精神

身处狭小的岛国，加上历史上的长期孤独和现代工业对国外的依赖性，使日本人有着强烈的危机感，他们具有惊人的广采博取的学习精神。外来文化是日本文化的重要营养来源，日本人特别注意结合本国的需要和本国的特点对外系文化进行加工改造。

7. 企业双重价值目标

日本是一个目标意识极强的民族，明确的目标是企业成功的关键。在日本人看来，企业和国家在利益上往往是一致的，国家在指导企业、协调企业方面发挥着很大的作用，因此很多日本大型企业在经营上都追求经济效益和报效国家的双重价值目标。

8. 勤奋进取的个人精神

有着强烈团体精神的日本人同时也具有极强勤奋进取的个人精神，他们带有雄心壮志和十足的干劲。日本人工作特别勤奋，并养成了快节奏工作的习惯，不仅上班时间拼命工作，而且节假日时也常常会主动放弃休息机会来加班。

（二）如何与日本人沟通

日本是一个极其注重礼节的国家，见面时一般都要先互相问候，脱帽鞠躬，眼睛向下，以表示诚恳的态度。日本妇女温柔体贴，每天鞠躬无数次，对男子亦十分尊重。

在日本，含蓄和模糊比直截了当更容易被人们接受。人们高度重视和谐与沉思，不太重视用言语来表达思想，直率会被认为是不懂人情世故甚至是非常粗鲁的表现。

与日本人进行沟通时，应当注意到日本人非常注重团结协助和团体精神。日本社会等级森严，当一群人在一起交换名片时，应让职务高的人先交换。收到对方的名片时，要请对方将其姓名念一遍，因为日本人姓名中的汉字有多个读音，读错人名将会被认为是非常无礼的。

在社交性的拜访中，客人常常会收到一个小礼物。不过下次回访时客人也应该回送一个小礼物给对方。赠送礼物也要根据职务高低将礼品分成不同的等级，以避免尴尬。

日本的企业采用终身雇用制，一旦进入一个组织，就会一直工作到退休，因此要尊重资历深的人和老年人。

日本人注重“面子”，这一点与中国人颇为相似，所以当对方处于一个非常难堪的境地时，一定要给他一个合适的台阶下。

小案例

暧昧的日本语

谈到说话的婉转，日本人可能比中国人有过之而无不及。大家都知道日本人从不愿直接说“不”字，所以要表达“不”的意思就要借助各种有创意的手法。美国的幽默作家大卫·贝雷（Barry，1993）曾经在日本遇到过这样一件事：他要乘飞机从东京去大阪，临时去飞机场买票。

大卫：请给我一张从东京去大阪的机票。

满脸笑容的服务员：嗯，去大阪的飞机票，请稍等。

大卫：多少钱？

服务员：从东京坐火车去大阪挺不错的，沿途可以看风景，您看您是不是要买一张火车票？

大卫：不要，请给我一张飞机票。

服务员：那……其实，坐长途巴士也很好，上面设备齐全，豪华舒适。要不要来一张巴士票？

大卫：不要，请给我一张飞机票。

……

这样来来去去了好几个回合，大卫才搞清楚原来机票早已售罄，而服务员又不好意思直接告诉他，才拐弯抹角地试图用其他手段来帮助他到达目的地，这真算是到了婉转的极致境界。

四、以韩国文化为背景的沟通

（一）韩国文化的特征

1. 传统文化的核心是儒家文化

韩国传统文化的核心是儒家文化，当然，韩国也有自己国家的传统文化思想，就是韩国文化学家所说的天、地、人“三才”思想。“三才”实际上最重要的是人，所以韩国在历史上才有“人乃天”的思想，即人就是天的思想潮流。

2. 重视“孝”

儒家文化的核心“忠”和“孝”传到韩国以后被韩国人广为奉行，但他们主要重视的是“孝”，因为他们认为在家里能够孝敬父母，对上就能忠于国王，到社会上去就会尊重别人。

3. 具有强烈的家族意识和集团主义意识

韩国每一个家族都有自己的家族会。到社会上之后，韩国人很重视学缘和地缘的关系，这就是一种集团主义的意识。这种集团主义精神，也就是平常有人说的“爱抱团”

精神，使韩国人对国家的大事非常关心，对政治也非常敏感。

4. 序列意识强烈

受儒家文化的影响，韩国人表现出了一种强烈的序列意识，也就是儒家所说的“君臣”“父子”的上下级关系意识。在公司里，普通职员对公司的领导会表现得毕恭毕敬。除此之外，女性在社会上的地位不高。

（二）如何与韩国人沟通

韩国人崇尚儒教，尊重长辈，长者进屋时他们会起立。人们见面时的传统礼节是鞠躬，男人之间见面互相鞠躬并握手，握手时或用双手，或用左手，并同时点头致意，女人一般不与人握手；与年长者同坐时，坐姿要端正，若是在长辈面前应跪坐在自己的脚底板上，不能把双腿伸直或叉开，否则会被认为是不懂礼貌或侮辱人。

如果有人邀请你到家吃饭或赴宴，你应准备小礼品；吃饭时应先为老人或长辈盛饭上菜，待老人动筷后，你才能动筷；席间敬酒时，要用右手拿酒瓶，左手托瓶底，先鞠躬致祝词，然后再倒酒。

五、以新加坡文化为背景的沟通

（一）新加坡文化的特征

1. 多元化文化特色

早期离乡背井到新加坡再创家园的移民者将各自的传统文化带入了新加坡，使其具有多元化文化特色。

2. 儒家伦理

新加坡的儒家思想是由早期移民带入的，以民俗文化为主，长期以来形成了一种“远儒”的特征。新加坡人重视孝道和手足之情，寻根意识是新加坡华人一种根深蒂固的观念。儒家文化在新加坡的传播发展过程中，一方面坚持了自身的基本价值观，另一方面为适应这个海岛国家的政治、经济发展特点，不断地重塑自己。

3. 宗教信仰

新加坡有十多个民族，人数最多的是华人，占总人口的75%；其次为马来人，占总人口的15%；再次是印度人，占总人口的6.4%，此外还有欧洲人、日本人、阿拉伯人、菲律宾人、泰国人和缅甸人等。华人一般信仰佛教，马来人信仰伊斯兰教，印度人信仰印度教。他们在信奉自己的神灵的同时，也尊重他人的信仰，因此各族人民能融洽和平地相处，举国上下一派祥和。

（二）如何与新加坡人沟通

新加坡人在社交场所与客人相见时，一般都惯行握手礼。在与东方人相见时，也有施鞠躬礼的习惯（即轻轻鞠一躬）。新加坡人希望客人遵守时刻，事先约会是明智可取的。

如果应邀去新加坡人家里赴宴，送一盒巧克力或一束鲜花将是受欢迎的。新加坡人对男子留长发极为反感，认为这是一种可耻的行为；他们不喜欢“7”，认为“7”是个消极的数字；他们对“恭喜发财”之类的话反感，认为这有教唆他人发不义之财的意思；他们忌讳乌龟，认为这是种不祥的动物，给人以色情和污辱的印象。

新加坡的印度人、马来人忌讳用左手传递东西或食物，认为使用左手是一种不礼貌的举止；新加坡的伊斯兰教信徒禁食猪肉，忌讳使用猪制品，也忌讳谈论有关猪的话题。

六、以阿拉伯文化为背景的沟通

（一）阿拉伯国家的文化特征

1. 宗教特色

宗教在阿拉伯国家占据重要的地位，宗教对他们的思想和行为产生着重要的影响。伊斯兰教在阿拉伯国家起着主导作用，但在这些国家中也有着信仰基督教、印度教、佛教和伊斯兰教的外国人，并且在阿拉伯地区内，伊斯兰教也是存在差异的。

2. 风俗习惯

阿拉伯地区有着很独特的风俗习惯。

（1）个人空间意识。阿拉伯人说话时会站得很近，如果站得太远会被认为不喜欢对方；陌生人之间只限于握手，熟识之后就喜欢频繁的身体接触。

（2）时间观念。阿拉伯人时间观念不强，所以他们经常让别人等待，开会时也经常会迟到。

（3）风俗。穆斯林文化认为左手是不洁的，因此吃饭时或者给阿拉伯人递东西时，通常只使用右手；商务活动要尽量避开斋月，因为他们通常在此期间只进行宗教活动。

（二）如何与阿拉伯人沟通

阿拉伯语是一个高语境的语言，阿拉伯人说话声音高，有形体语言，但他和陌生人第一次见面时不会这样。人们通过夸张、修辞格和重复的手法来达到灵活自如地运用语言的目的；自我贬低和自我赞扬也是阿拉伯人常用的一种夸张手法；阿拉伯人在书写商务文书时常常堆砌华丽的辞藻。

阿拉伯人喜欢结成紧密稳定的群体，他们性格豪爽粗犷，待人热情。他们的时间观念不强，做事情通常由性情决定。在他们眼里最为重要的是名誉和忠诚，因此与阿拉伯人沟通首先要赢得他们的信任。与阿拉伯人交谈时，谈话随时可能被他们打断，不必为此感到沮丧。

阿拉伯人信奉伊斯兰教，不吃猪肉，也禁止养猪。要尊重他们的信仰。阿拉伯有很多禁忌，所以到了一个不熟悉的环境时一定要时刻谨慎。应注意以下几点。

（1）握手的时候，不要太用力，也不要使劲晃，最好要温和一些。

（2）在沙特阿拉伯等国家是禁止饮酒的，所以不要送酒，也不要喝酒。

（3）不要使用污蔑、诅咒的词语，也不要恶作剧或做低级趣味的事。

（4）不要用手指去指别人。坐着的时候，不要把鞋底冲着别人。

（5）在和阿拉伯人还没有熟识起来之前，不要提出生意上的问题，否则会被认为很粗鲁。

（6）不要对主人的任何东西表现出羡慕。

（7）吃饭时一定要多吃，并表现出你的感激之情。

（8）用右手呈上你的名片或礼物；在手势上避免竖起大拇指，因为在阿拉伯国家这是个淫秽的手势。

技能训练

一、文化习俗小测验

下面这个小测验中的题目都与表层文化有关。你可以试一试，看自己对外国表层文化的了解程度以及自己的反应。

1. 在日本，喝汤时发出很大吮吸的声音会被认为是（　　）。

a. 粗鲁而讨厌的

b. 你喜欢这种汤的表现

c. 在家里不要紧，在公共场合则不妥

d. 只有外国人才这么做

2. 在日本，自动售货机里出售除下列哪一种饮料以外的所有其他饮料？（　　）

a. 啤酒

b. 加糖精的保健饮料

c. 加糖的咖啡

d. 美国公司生产的软饮料

3. 在拉丁美洲，管理者（　　）。

a. 一般会雇用自己家族的成员

b. 认为雇用自己家族成员是不合适的

c. 强调雇用少数特殊群体员工的重要性

d. 通常雇用比实际工作所需更多的员工

4. 在拉丁美洲，人们（　　）。

a. 认为交谈时和对方进行眼神交流是不礼貌的

b. 总是等到对方把话说完才开始说话

c. 身体接触次数比相似情况下北美商人多

d. 避免身体接触，因为这被认为是对个人隐私的侵犯

5. 马来西亚的主要宗教是（　　）。

a. 佛教

b. 犹太教

c. 基督教

d. 伊斯兰教

6. 在泰国（　　）。

a. 男性之间挽手同行很常见

b. 男女之间在公共场合挽手很常见

c. 男女同行是很粗鲁的举止

d. 传统上男性和女性在街上遇见会互相亲吻

7. 在印度，进食时恰当的举止是（　　）。

a. 用右手取食物，用左手吃

b. 用左手取食物，用右手吃

c. 取食物和吃都只用左手

d. 取食物和吃都只用右手

8. 在泰国，脚趾指向别人是（　　）。

a. 表示尊敬，像日本人鞠躬一样

b. 无礼的，即便是无意中所为

c. 邀请对方跳舞

d. 公共场合标准的问候方式

9. 在一些南美国家，出席社交约会怎样才算是正常、可接受的？（　　）

a. 提前 10~15 分钟

b. 迟到 10~15 分钟

c. 迟到 15 分钟到 1 个小时

d. 迟到 1~2 个小时

10. 在沙特阿拉伯，一个从事商业工作的男性行政官恰当的送礼方式是（　　）。

a. 托一个男人把礼物送给妻子

b. 当面把礼物送给妻子中最宠爱的一个

c. 只送礼物给排行最长的妻子

d. 根本不送礼物给妻子

11. 如果你想送领带或围巾给一个拉丁美洲人，最好不要送（　　）。

a. 红色的

b. 紫色的

c. 绿色的

d. 黑色的

12. 在委内瑞拉，新年的前一夜人们（　　）。

a. 一起度过安静的家庭聚会

b. 在附近街道的晚会狂欢

c. 戴着尖角帽子在餐馆的音乐和舞蹈中度过

d. 在海滩吃烧烤猪肉

13. 在印度，如果一个陌生人想要了解你是做什么工作的，挣多少钱，他会（　　）。

a. 问你的向导

b. 邀请你去他家，认识你之后再问你

c. 过来直接问你，不用介绍

d. 不管怎么样都尊重你的隐私

14. 在越南，当你觉得自己在生意往来中被利用了，重要的是要（　　）。

a. 在表情而不是言语中表现出自己的愤怒

b. 说自己很生气，但是面部表情保持镇定

c. 不以任何方式表现出自己的愤怒

d. 立即结束这次交易，转身离开

15. 在印度，当一个出租车司机左右摇头时，他的意思可能是（　　）。

a. 他觉得你出的价钱太高了

b. 他不想去你要去的地点

c. 他会带你去你要去的地方

d. 他不懂你在问什么

二、案例分析

合同风波

小王受雇于一家美国公司，最近在为公司与一家日本公司谈一桩举足轻重的生意，几个回合下来，几近大功告成，就差签合同最后一道程序了。签合同的当天，小王从老板那儿拿到了正式合同，小王一看合同上下足足有几百页，厚厚一大摞，就意识到大事不好，因为日本公司的合同通常要薄很多，只包括最主要的内容，不像美国公司的合同，事无巨细、条条罗列、仔仔细细。所以明天日方要是看到这份合同，肯定会很生气。

无奈之下，小王只得先去询问自己的老板能否缩减合同，老板给出的答复是不行，因为这是公司的规定，对全世界的公司都一视同仁，不能因国而异。无奈之下，小王只好去向日方解释，说合同厚并不是对他们不信任的表现，而是为了满足美国国家法律上的要求……

案例提示

老板是美国人，自然是他说了算，必须要按照他的习惯来操作公司事务。但是日本客户也不能得罪，万一因为合同条文太多，使得日本人产生厌烦心理，甚至导致此前的谈判成果都化为虚有——小王陷入了因美国公司与日本公司不同合同习惯而导致的困境。

讨论题目：

1. 在上级不同意缩减合同文本的前提下，请帮助小王设计一个与日本公司有效沟通的方案。

2. 以上案例对你以后的跨文化合作有什么启示？

技能点四　掌握跨文化沟通的技巧

一、跨文化沟通的原则

沟通具有社会性，因此与其他社会活动一样，有着必须依据的规则（见图 6-9），只有当沟通双方都承认并尊重这些规则时，沟通才有可能协调和顺利地进行。

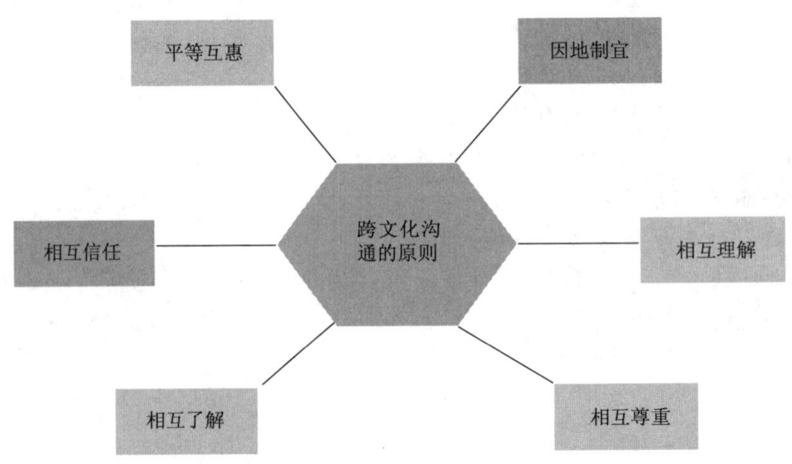

图 6-9　跨文化沟通的原则

（一）因地制宜原则

来自不同文化背景的沟通者要根据当地的实际情况来制定沟通策略。因地制宜地确立适合本企业的跨文化沟通模式。

（二）平等互惠原则

平等互惠有利于保护各自利益，有利于沟通双方建立长期的合作关系。“损人利己”或“损己利人”都不符合现代社会的游戏规则。

（三）相互尊重原则

受尊重是人的高层次的需要。心理学研究表明，除病态人格者外，所有的人都有自尊心，都有受尊重的需要。因此，在进行跨文化沟通过程中要遵循相互尊重的原则，其中包括尊重对方的民族、文化、人格和自尊心，也包括尊重对方的思想感情和言行方式。

（四）相互信任原则

相互信任能促进相互学习、共同发展。对于跨国企业来讲，相互信任是管理不同文化背景员工的重要原则。

（五）相互了解原则

所谓“知己知彼，百战百胜。”跨文化沟通过程中的障碍很多都源于相互不了解。只有相互了解才可能因地制宜、相互信任。相互了解原则要求沟通双方敞开心扉、采取积极姿态来促进对方了解自己。

（六）相互理解原则

由于组织中员工的文化背景存在着差异，其思想观念、性格爱好、心理需要、行为方式、利益关系等也有所差异。如果双方缺乏必要的相互理解，各执一端、互不相让，就会导致跨文化沟通的失败。

二、跨文化沟通的模型

萨姆瓦等人提出了跨文化沟通的模型，如图 6-10 所示。在这个模型中，Ⅰ、Ⅱ、Ⅲ表示三种不同的文化。文化Ⅰ和文化Ⅱ是比较相近的文化，而文化Ⅲ与文化Ⅰ和Ⅱ有较大的差异。在每一种文化图形的内部，各有一个与文化图形相类似的另一个图形，它表示受到该文化影响的个人。图形的变异说明文化只是影响个人成长的一部分因素，还有其他因素在起作用。尽管文化对每个人都具有主导性影响的力量，但对不同个体的影响有差异性。跨文化的编码和译码由连接几个图形的箭头来说明，箭头表示文化之间的信息传递。

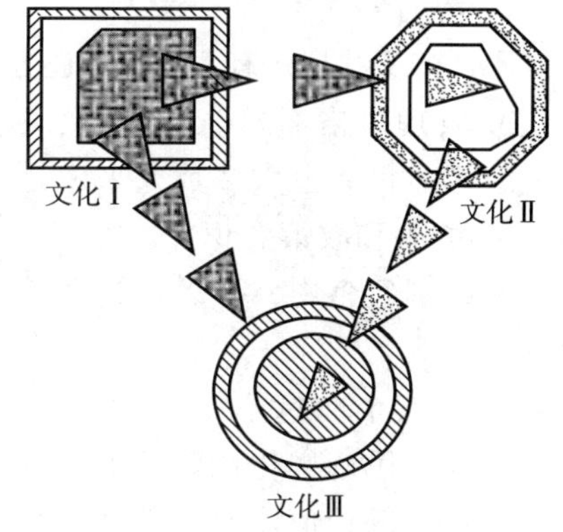

图 6-10　跨文化沟通模型

三、跨文化冲突

1980 年以来，全球经济有了长足的发展。在全球经济下，产品、服务、人员、技术和金融资本在国界之间的流动相对较自由，全球化已经成为世界各国企业关注和竞争的焦点。

（一）跨文化冲突的定义

两种异质文化相遇，必然会产生文化上的冲突。文化的差异性最终导致来自不同文化背景的人与人之间的文化冲突。跨文化冲突是指不同形态的文化或者文化要素之间相互对立、相互排斥的过程，它即包含跨国企业在他国经营时因与东道国的文化观念不同而产生的冲突，又包含了在一个企业内部因员工分属不同文化背景的国家而产生的冲突。

小案例

保守的交流

一个美国商人想把一个新产品卖给一个日本商人，双方同意见面详谈。他们一见面，这个美国商人立即抓紧时间谈他的产品，当他结束了对新产品的介绍后，他等着那位日本商人对他刚才所谈的内容提出问题。

但使他吃惊的是：日本商人对他的介绍并没有表现出兴趣，他所谈的是两个国家的天气和假期。美国商人对此感到沮丧，甚至还有几分恼火。这位美国人对那位日本商人的评价是：“无礼”——日本人不懂得怎样做生意。除此之外，他还认为那个日本人根本不喜欢他，他的做法说明了一切。

（二）跨文化冲突的根源

文化冲突产生的原因有以下几个方面。

1. 信息理解的差异

不同国家语言不同、文化背景不同对同一信息的翻译理解会产生差异，甚至会得出截然不同的结论。

2. 沟通形式不同

不同的文化模式有不同的沟通方式，如果沟通双方来自不同的文化便会存在沟通障碍。

3. 管理风格不同

管理对世界上大多数人来说是一种艺术，而并非教条。

4. 法律和政策意识

在跨国经营中，许多发达国家法律政策比较完善，如合资企业的经理享有较多的权利。

5. 民族个性差异

不同的民族文化抚育了不同的民族心理和精神气质，处于不同民族之中的群体及成员有着特定的价值取向，遵循着特定的风俗习惯和文化规范。

6. 思维方式上的差异

比如，在思维方式上中国人则是顾虑全局的围棋逻辑，西方侧重事或物的方面，注重个人；中国人则注重等级，侧重人的方面，因时因地制宜和注重整体。

资料卡

表 6-5　　东西方沟通方式的差异

清晰明白的西方沟通方式	含蓄温和的东方沟通方式
尽可能给予丰富、真实的讯息，并提出确切的数据与来源	若有不同意见，会克制不当众反对，以免对方失面子，下不了台
以简明扼要的语言陈述重点、表达意见	不会对主管提出困难的问题，以免主管难堪，或自己可能会遭记恨
以简洁、有规律、合逻辑的方式，达到诉求重点	不会公开询问自己的不解之处，以免被耻笑
避免语焉不详，以免使他人误解或猜测自己的意思、意图	以间接、温和的方式表达负面的意见，使会议或交谈顺畅
即使不同意，仍旧陈述不同意的意见，并为自己极力辩护	不使用强烈的话或态度，也不使别人当众难堪
如果遇到不明白的事会立即发问，绝不等待或保留	当所提出的事、说出的话会造成“问题”时，常常会想“算了，不说也罢，多一事不如少一事”
确保沟通言辞或书面资料清晰明了，此点列为最重要的沟通方式	“有礼貌”最为重要，不要影响到和谐气氛

（三）跨文化冲突的解决方案

加拿大跨文化组织管理学者南希·爱德勒提出了解决跨文化企业中文化冲突的三个方案。

1. 凌越

凌越是指组织内一种文化凌驾于其他文化之上，而扮演着统治者的角色。组织内的决策及行为均受这种文化支配。这种方式的优点是能够在短期内形成一种统一的组织文化，其缺点是不利于博采众长。

2. 妥协

妥协是指两种文化的折中与妥协。这种情况多发生在相似的文化间，指不同文化间采取妥协与退让的方式，有意忽略、回避文化差异，从而做到求同存异，以实现企业组织内部和谐和稳定，但这种和谐与稳定的背后往往潜伏着危机。

3. 协同

协同是指不同文化间在承认、重视彼此间差异的基础上，相互尊重、相互补充、相互协调，从而形成一种你中有我、我中有你的合二为一的全新组织文化。

四、影响跨文化沟通的主要因素

东西方文化的差异和思维方式的不同是造成东西方跨文化交际障碍的两个重要原因。东方文化与西方文化由于受各自不同的历史、文化背景的影响，在生活方式、活动方式、思维方式等方面截然不同，正是这些差异造成了跨文化沟通的障碍。

（一）语言层面

语言是传承一个国家文化的关键因素，是文化的载体。不同的语言源于不同的文化，每种语言都有其独特的文化内涵。在跨文化沟通中，对语言的错误理解是极其有害的。沟通中语言的障碍常常表现在语义和语用两个方面。

1. 语义方面

例如，两种语言的对译错误。美国宝洁公司在向法国推销“Gue”牌产品时，招致审批官的白眼，因为“Gue”在法语里含有“色情”的意思。

2. 用语方面

用语方面指交际双方在话语中因说话不合时宜、说话方式不妥或表达不合习惯等，违背了目的语特有的文化价值观念，从而使交际行为中断或失败，使语言交际遇到障碍，导致交际发生不能达到完满交际效果的差错。

小看板

常见的社交语言失误

案例 1

(Smith 教授刚做了一次讲座)

学生：Dr Smith，you have made a wonderful lecture.

这句恭维话有点过火，在西方人眼里，学术报告是求实的，不会是 wonderful。因此，这里有违反质量准则之嫌，使人认为说话人是在吹捧，显得虚伪。正确的说法是：I really appreciate your lecture，Dr. Smith。

案例 2

学生：Please sit down，Mrs Green. You are old，Don't get tired.

在中国人看来，这样的表达充分体现了中国尊老爱幼的传统美德，但对英美人而言却是一种侮辱和冒犯。在跨文化交际中，外国人可能并不认为你文明有礼貌，而对你的诚实可信度造成负面影响。

（二）礼节与传统习俗

美国前总统尼克松访问日本时，在日本的早稻田大学发表过演讲。在演讲的开始，尼克松说："如果台下的全是日本的学生，我会用道歉作为开场；如果场下全部是美国的学生，也许我该讲一个笑话来开头效果会更好一些。困难的是我们是一个混合的群体，既然如此，就让我为没有开玩笑而致歉吧。" 由此可见，不同的文化拥有不同的风俗习惯。

（三）沟通风格的差异

所谓沟通风格，就是人们在沟通过程中将自己展现给对方的方式，包括自己喜欢谈论的话题，喜欢的交往方式，如礼仪、应答方式、自我表白等；它还包括双方对同一沟通渠道的依赖程度——表达信息主要是靠声音、词汇，还是身体语言因素；对相同意思的理解主要是靠信息的实际内容还是靠情感的内容等。

（四）价值观层面

不同文化背景的人具有不同的价值观，即使在同一文化内，人们的价值观也不尽相同。不了解对方的价值观会造成跨文化沟通障碍。

（五）文化成见

文化成见是指不考虑个体成员特征，根据对某一个群体先前已有的观念、态度和看法，形成对这个群体中某一个成员的看法。文化成见之所以会阻碍跨文化沟通是因为：

(1) 它假设一个群体中的所有成员都具有相同的特征，忽视了个体的特点和差异性。

(2) 由于过度地简化、类化和人为地夸大或缩小，使沟通者之间不能进行成功的交流。

(3) 由于不断地重复和强调，会使某种定型观念变为"真理"，从而阻碍跨文化沟通。比如，我们经常听到类似这样的话"他是某国人，他必定……"，这样的结论大大简化了信息的处理过程。成见作为我们头脑中的图像常常是僵化的、难以改变的，它往往容易造成沟通失误和对别人传达信息的误解。

资料卡

种族中心主义

所谓种族中心主义，是一种以自身的文化价值和标准去解释和判断其他文化环境中的群体的环境和沟通的一种趋向。当人们相信本国的各项条件最优时，就会产生民族优越感的倾向。在每一种文化中的大多数人都会无意识地形成自己的民族优越感。民族优越感之所以对跨文化人际沟通造成障碍，主要是因为：

- 对自己文化的民族优越感信念会形成一种狭隘和防御性的社会认同感。
- 民族优越感会以一种定型观念来感知其他文化。
- 民族优越感会使沟通者将自己的文化与别的文化对比时，总认为自己的文化是正常的、自然的，而别的文化是不正常的，其结果总是吹捧自己的文化而贬低别的文化。

五、不同文化背景下的沟通理念在跨文化商务沟通中的运用

（一）求同存异

各方在长期不同的文化背景下工作和生活，不同文化对每个人都有着深刻的影响，不能期望在短时间内就能彼此相互了解、相互适应、达成共识，因此各方的沟通应该是一个长期的过程。急于求成、强求一致往往会激化双方的矛盾，应该给双方一个了解、适应和磨合的过程。

（二）尊重对方

大多数的文化中，年轻人为年长的人开门，下属为上司开门，男士为女士开门，这些做法都表示尊重。日本人鞠躬的角度越大，就表示对方的级别越高。在所有的文化中，客人都备受尊重。在日本，贵宾是家里第一个可以冲澡的人；在欧洲和南美洲，贵宾被安排坐在主人右手边的位置。

表示尊重的方式随着文化价值观的不同而变化，因此必须花费一定的时间才能了解什么是人们期待的行为方式。

（三）发展移情，善于换位思考和体验

在不同的文化背景下、不同的工作环境和生活环境中，人们会产生特定的思想、感受和行为，而这些外人则很难体验。如果我们能换位思考，设身处地地体会别人的境遇，进而能够准确地理解对方的思想和感情，并及时做出反应，那么双方的沟通就会变得十分顺畅。

（四）克服文化优越感，避免种族歧视

在跨文化交际中，文化没有优劣之分。种族歧视可能是有意识的或无意识的，应力求避免。

（五）克服成见思维定势

成见思维定势描述了对其他民族的群体成员所形成的某些看法，这种看法往往是过于一般化、简单化，甚至夸大化、极端化的主观印象和固执的看法。成见思维定势对跨文化交际有极大的害处，不加以克服便不能顺利达到交流的目的。

六、言语与非言语沟通在跨文化商务沟通中的运用

当信息发出者来自一个文化背景而信息接收者来自另一个文化背景时，他们之间的交流互动就是跨文化交流。无论是来自一个文化群体的人还是一个组织的成员，首先要

表达的信息必须通过语言和非语言方式进行沟通。

（一）非言语行为习惯

当我们听别人说话的时候，我们判断的依据是基于我们对语气、声调、面部表情、体势、手臂动作以及眼神接触的领悟。另外，理解说话者的真实意思有赖于对各种不同因素的把握，因为来自不同文化背景的人对同一个非言语信号的解释是不同的。

1. 善于倾听

所谓“听”，不只是指“听”的动作本身，更重要的是指“听”的效果。听到、听清楚、听明白这三者的含义是不同的。善于倾听不仅要能够完整地、准确地理解对方讲话的内容和含义，而且还要通过对听这一过程中的姿态、表情、目光以及谈话现场环境的巧妙利用，对谈话者的心理起到安抚、放松、鼓励和说服的作用，使双方在潜移默化、不知不觉中不断缩小进而消除双方在认识上的差异，达成理解与共识。

莱曼·施泰尔开创了对听的科学研究，他对他的研究进行了总结（见表 6-6）。

表 6-6　交流技巧

	听	讲	读	写
学得的	第一	第二	第三	第四
使用的多少	最多	第二多	较少	最少
占比	45%	30%	16%	9%
被教授的	最少	较少	第二多	最多

2. 面部表情

一般来说，当人们感到惊讶时，会睁大眼睛；生气时，会眉头紧锁。但是在不同的文化中，这些面部表情使用的频率和强度会不同。在美国，人们为了表示友好而经常微笑，但对其他文化的人来说，美国式的微笑显得不够真诚；日本人不像美国人那样微笑，他们不会轻易地流露出个人情感并把这种情感强加于人，妇女在微笑时则会用一只手捂住嘴巴；德国人微笑的频率比较低，他们认为生活是严肃的，没有什么值得好笑的。

皱眉是西方文化中表达愤怒的一种温和方式。日本人用凝视来表达愤怒。德国人、加拿大人和阿拉伯人通常通过提高嗓门来表示愤怒。

3. 眼神接触

目光交流是交际过程中不可忽视的一种非言语交际方式，因为“眼睛是心灵的窗户”，通过目光交流，交际双方可以获得对方最真实的感受。

在北美和西欧文化里，眼神接触表示坦诚、正直、值得依赖。在美国，用挑逗性的眼光注视异性可以理解为性骚扰；但是在中国，说话者要一直不间断地和听者保持眼神接触，而听者却不必和说话者保持眼神接触，也不必一直注视着说话者的面部；日本人会对热烈的眼神接触和过近的身体距离产生反感，因为这样会令他们感到局促不安。

4. 称呼

进行跨文化沟通时，称呼的正式程度传递了重要的信息，其可以表示尊敬、友好和轻视。美国人在办公室里一般用名字来称呼彼此；在德国，当同事在会议室外或者在工作场所之外不期而遇时，通常用姓称呼对方；但是欧洲人可能会对表现出来的过于亲密或者有意的谦卑感到厌恶。

5. 仪表

我们的着装也能起到沟通的作用。虽然西服、衬衣和领带被普遍接受，但是它们在不同的文化中，穿着方式也大不一样。欧洲人的西服比美国人的西服做工更加精细，更有朝气；日本人仍然比较保守，他们倾向于穿灰色或黑色的西服，并搭配白衬衣；阿拉伯人可能穿西服，但是在阿拉伯国家之间进行商务活动时，他们通常会穿传统服饰——漂亮的长袍、戴头巾。妇女的穿着更加复杂，美国的职业女性倾向于穿套装，并且越来越多的人接受套裙。日常仪表自检可参见图 6-11。

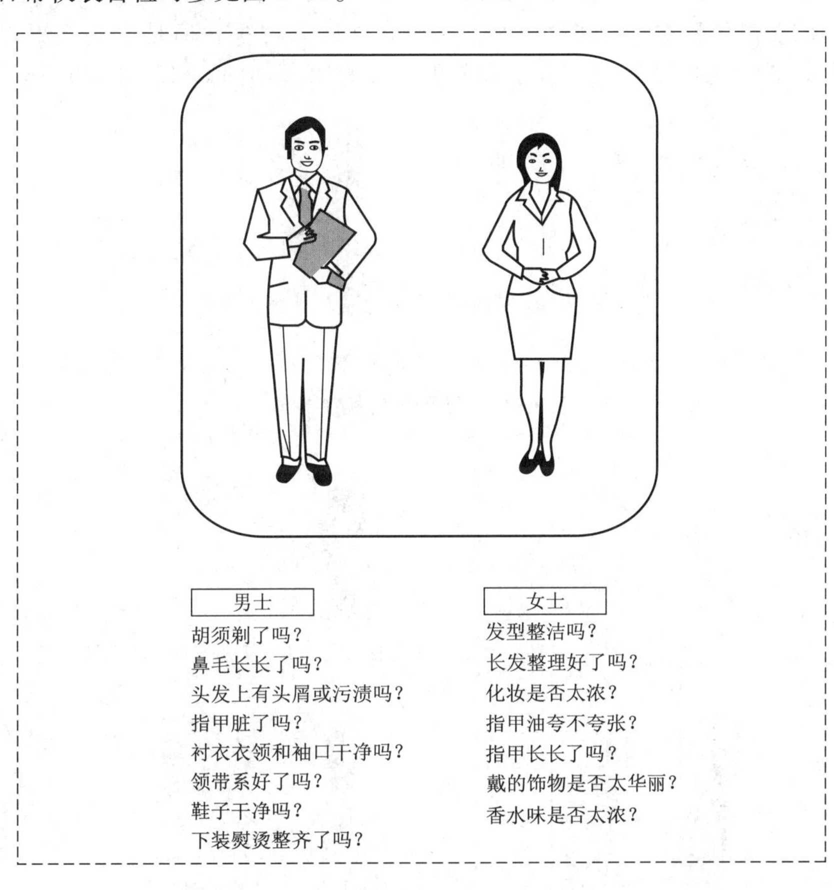

图 6-11　日常仪表自检

6. 体势

在大多数文化里，点头表示同意，摇头表示反对。一般来说，说话者可以用点头来肯定他的意思或强调他的言语信息；听者可以通过点头来表示理解和赞成，及请说话者继续讲下去。谈判过程中日方人员常常埋头闭目，对于日本人来说这是很自然的倾听方式，但是在美国人来看，这是缺乏兴趣和不尊重别人的表现。

手臂的动作需要有空间才能施展。日本男性的手臂动作远远少于美国男性，因为日本人的私人空间有限，明显的手臂动作会侵犯别人的隐私空间，并且会引起他人注意，从而使他从群体中脱离出来，进而破坏群体的和谐与融洽。

7. 体触

体触是借身体间的接触来传达信息的交际行为。中国传统文化认为“男女授受不亲”，异性间的体触行为在公共场合是为传统礼俗和伦理所禁止的；在西方国家如德国，异性间的体触行为被视为很正常，而同性间如果有体触行为则容易被视为同性恋。

在国际商务环境中，握手已经成为一种可以被接受的身体接触方式。美国人和德国人喜欢紧紧地握手，认为这样的握手是力量与个性的象征；法国人则轻轻地握手；中东人或来自拉丁文化的人在和对方握手时，会把空着的一只手放在对方的前臂上，这样可以缩短两个人之间的距离；日本人习惯于鞠躬，也会和外国人握手，但是他们会用力将手臂伸出去，以保持彼此之间的距离。握手和鞠躬的注意事项如图 6-12 和图 6-13 所示。

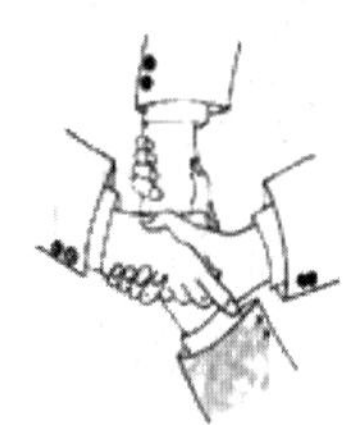
交叉握手

与第三者说话（目视他人）

摆动幅度过大

戴手套或手不清洁

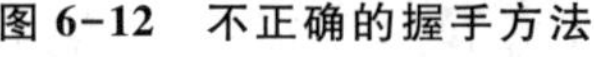
图 6-12　不正确的握手方法

1. 只弯头的鞠躬

2. 不看对方的鞠躬

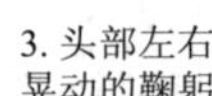
3. 头部左右晃动的鞠躬

4. 双腿没有并齐的鞠躬

5. 驼背式的鞠躬

6. 可以看到后背的鞠躬

图 6-13　正确与错误的鞠躬方式

小案例

外在表现与内在表现同样重要

文学家但丁有一回受邀参加国宴，故意穿得破旧邋遢，丝毫不起眼。他一进宫门，就立刻被安排在宴会厅的偏僻角落，没有被盛情款待。过后等他再次接受国王邀请时，改以华服美饰装扮出现，结果立刻被邀请到国王身旁的贵宾席位。

宴会进行中，但丁把美酒倒在衣服上，把美食往身上涂。国王以及宾客们都看得傻了眼。这时但丁说，这次之所以被礼遇是因为这套衣服，可见被邀请的是衣服而不是他本人。

8. 沉默

沉默给人的印象是它不属于沟通。其实通过沉默来沟通在所有文化里都起着重要的作用。在低语境文化中，沉默通常被理解为缺少沟通，意味着积极的言语沟通已经停止；在高语境文化中，通过沉默一个人可以发现自己真实的一面。西方人通常认为，沉默是对话中的裂痕；而日本人认为，沉默是对话的一部分。

（二）言语行为习惯

语言是文化的积淀与折射，是社会生活的镜子。通过观察对说话人在语言使用过程中所表现出来的各种社会心理，我们可以总结并验证社会语言学语用原则的具体使用情况。

1. 称呼语

称呼语是言语交际中不可缺少的部分，是日常交往中最经常使用的言语交际单位。称呼语对人际关系有着敏锐的反应，它不仅有提醒对方开始交际的作用，而且能够清楚地反映出交际双方的社会关系和社会地位。

比如在中国北方，即便晚辈在心理上对长辈（如祖父母）的感觉很亲近，也可能对其使用尊称“您”，在这样的语境中，“您”的亲近度较高，“您”主要是从尊敬对方的角度表示亲近度的。

2. 打招呼与告别语

“招呼”能够揭示会晤双方的关系，“道别”对会面双方起着重要作用或产生某些影响，并表示下一次见面彼此可期望的情况。会晤双方在通过“招呼”确定关系后才能进入“生意经”。通过“招呼”，双方还可以互相评估，找到共同兴趣和共同语言，并建立“平等”或“共同”的关系。招呼语与道别语很多，但在交际时选用什么样的招呼语和道别语并不是完全无意识的。

七、社交方式在跨文化商务沟通中的运用

大部分跨文化沟通都是通过社交性聚会和礼物馈赠等方式发生的，在一定的社会背景下，得体的行为对沟通的成功起着决定性的作用。

（一）发出邀请的方法

在跨文化商务沟通中，邀请什么样的人，什么时候邀请，如何通过邀请而增进相互之间的认识，这些问题都很复杂。美国人很开放，很轻易地就邀请别人到自己家里做客；但是在日本，社交活动都是在公众场合或在工作场合，要想收到一份到对方家里做客的请柬是非常困难的；阿拉伯人邀请客人到家里做客时，客人只能待在家里的客厅或公共的地方。

（二）主人与客人的得体行为

文化没有对与错之分，文化只是彼此不同而已。身处不同文化背景的人们处理商务活动的方式也不尽相同。在美国，款待客人最典型的方式就是举办鸡尾酒会，以此让尽可能多的人互相认识。独占一个人的时间是非常不礼貌的，人们之间只是进行简短的交谈。另外在鸡尾酒会上，美国人表示友善的某一个动作或手势都有可能令日本客人感到不舒服或尴尬。参加这种酒会，客人没必要准时到达，也可以随时离开。但是参加晚宴必须要准时，而且必须等到晚宴结束才能离开。加拿大和美国的客人通常都会在餐后再逗留一段时间，而日本和中国的习俗则是，客人在用餐之后很快就会起身向主人致谢并告辞离去。

（三）礼物馈赠

在很多文化中，当被邀请参加聚会的时候，可以向主人赠送小礼物。在北欧，一般送鲜花或巧克力；在法国，以酒作为礼物是非常愚蠢的，因为这是对主人莫大的侮辱，这表示主人提供的酒不够好；在德国，以玫瑰和菊花作为礼物是不适宜的：玫瑰应该送给爱人，菊花则是为葬礼准备的；在日本，一年之中给自己的同事、朋友及家人送两次礼物的时间：新年和 7 月。

美国人收到礼物后，通常立即打开包装，否则会被认为不喜欢客人送的礼物，同时，要对礼物大加赞赏；日本人与中国人就不一样了，客人在场的时候不会拆开礼物，认为这样做的话对双方都没有礼貌。

（四）节日的问候

在很多文化中，新年到来之际对他人送上简单的问候和美好的祝愿是对传统和文化的尊重。在西方国家，很多公司都会向供应商、客户、商业伙伴寄送圣诞卡致以节日的问候。但是在问候和祝愿之前，应该先弄清楚哪些行为才是人们可以接受的。例如，沙特阿拉伯不允许基督教的任何象征符号（如十字架）进入境内，圣诞节使用的非宗教象征的圣诞树、圣诞卡和圣诞老人也被禁止入境。另外问候的时机也很重要，节日的问候应该要准时到达才好。

八、语言在跨文化商务沟通中的运用

（一）语言与文化的关系

语言与文化是相互作用、相互制约、不可分割的。了解文化对于准确理解所运用语言的含义是十分必要的。如果在使用一种语言时却不了解它的文化蕴涵，就可能会造成沟通障碍。比如，当一位墨西哥商人和一位美国商人沟通时，墨西哥商人可能用到“明天”这个词，他们使用的“明天（mañana）”是指将来、不久以后，而美国人则认为,“明天”是指从当日午夜12点到次日午夜12点的这段时间。因此，这种模糊的词汇对注重功效的美国人来说是不够精确的。由此可见，要进行有效沟通文化知识与语言学知识都是同等重要的。

（二）外语能力在跨文化沟通中的重要作用

语言被认为是在一个特定文化中进行交流的工具。世界上有3000多种不同的语言，每一种语言都代表了一个不同的感知世界。虽然英语正在成为一种全球性的语言，但实际上，许多人的英语只是第二语言。为了减少国际商业活动中的误解，人们会使用译员，因为糟糕的外语水平会给跨文化沟通带来许多麻烦。比如，百事可乐进入泰国时，使用了它在美国的广告词:“Come alive，you are in the Pepsi generation”。后来百事可乐公司发现该广告词翻译成泰文的真正含义却是:“百事可乐把你的祖先从死亡中带回人世间”。

（三）在国际商务活动中如何正确地使用英语

在国际商务活动中，当各方的母语不同时，通常大家能共同听懂的语言是英语。下面是使用英语的几项建议。

（1）信守基本的语法规则。要比讲本国语言的人更遵守这些规则。

（2）多使用标点符号。

（3）使用英语词汇时，要选用其最常用的释义。例如，使用“force”以表示“power”或“impetus”的意思，而不要用其来表示“basic point”的意思。

（4）给不熟悉的人写信时，要用姓来称呼对方。通常在文章的结尾表达个人的良好祝愿。例如“With warmest regards”“I remain sincerely yours...”。

（5）不要选用具有过多释义的词汇，例如“right”。

（6）在选用有多种释义的词汇时，要选择那些多种释义彼此相近的词汇，不要选用那些多种释义彼此不太相似的词汇，例如“correct”有更正、训斥和医治等不同释义。

（7）要知道有些常用词汇有多种拼写方法，例如“colour”和“color”。

（8）使用最常用的词汇，要特别注意避免使用不常用和偏僻难理解的词汇，例如要使用“effective”，不要使用“efficacious”。

（9）避免使用俚语，因为英国俚语和美国俚语的意思差别很大。

（10）当对方不理解你的话语时，要用不同的词语重复你的基本思想。

（四）通过译员进行国际商务沟通时应注意的问题

在国际商务沟通中，为了克服由于语言的多样性而导致的沟通问题，企业往往需要雇用译员。使用译员时，应注意以下几点。

（1）事先向译员介绍谈判的主题，并就谈判的产品或专业知识向译员作简要说明。

（2）语速要缓慢，声音清晰，以给译员留出做笔记的时间。

（3）避免使用生僻词汇。

（4）当译员的翻译可能引起误解时，应及时打断译员的翻译。

（5）会谈结束后，用文字的形式确认一下已经达成的共识，并检验彼此的理解是否正确。

技能训练

一、倾听技能评价（见表6-7）

表6-7 倾听技能评价表

序号	倾听表现	你的表现
1	在倾听他人谈话时，我很难区分清楚重要和次要的观点	
2	在倾听时，注意检查那些与自己了解到的不一样的信息	
3	在倾听时，我知道别人在讲什么	
4	在倾听时，我敏于体察他人的情感	
5	在倾听时，我在考虑下一步要讲什么	
6	在倾听时，我关注自己与他人之间的沟通过程	
7	我不能等待他人讲完话就表明自己的观点	
8	当我与他人沟通时，尽力地去理解那些被创造出来的含义	
9	我注意洞察别人是否理解我的话	
10	当我不确定别人的意思时，我请他详述	

评分方法：

按照下面的标准，给每个句子打分。

1分：总体符合。

2分：一般不符。

3分：偶尔不符。

4分：一般符合。

5分：总是符合。

记分情况如下：

1、3、5、7、9项采取反向计分，即1=5分，2=4分，3=3分，4=2分，5=1分。

2、4、6、8、10项采取正向计分，即1=1分，2=2分，3=3分，4=4分，5=5分。

测试结果：

分数值在10到50分之间，分数越高，表示倾听水平越好。

二、沟通游戏

游戏名称：跨文化沟通中的礼仪规范与语言表达。

游戏目的：跨文化沟通中，关于时间文化、空间文化、语言文化以及体势等知识和技能的把握和运用。

游戏简介：将学生每3人为一组，分别代表贸易代表团的总经理A、业务员B和秘书C。每组学生分别代表中国人、日本人、韩国人、美国人、阿拉伯人、法国人、英国人和新加坡人。每两组学生任意组合，分别扮演两国代表团的总经理、业务员和秘书。当两个贸易代表团进行初次跨文化沟通时，彼此递交名片、互相介绍、赠送礼物、握手、赠送礼物、进行商务谈判活动、告别等情节进行表演。

游戏时间：15~20分钟。

需要准备的东西：名片、笔、礼物、笔记本和谈判桌椅。

如何进行：在进行游戏之前，每个小组发一张纸，上面记录以下内容。

1. 本小组代表哪国贸易代表团。

2. 思考本国的文化特点是什么。

3. 社交场合，本国在握手、眼神、手臂动作、空间距离、赠送礼物等各个环节有什么样的要求，应该如何加以表现。

4. 在表现本国传统文化特色的同时，还要表现出对对方文化的理解和尊重，使跨文化沟通有效进行。

游戏总结：

跨国商务活动的开展必须依靠跨文化沟通来实现。跨文化沟通往往会受到不同的文化差异因素的阻碍，这些文化差异因素包括语言、思维方式、价值观念、法律规范、风俗习惯等。要进行有效的跨文化的沟通，首先要了解自己的文化，然后再去了解他国文化，同时提高文化修养能力，并学习他国社交与礼仪知识，以克服文化差异带来的沟通障碍，这样能够加强理解和融合，努力实现跨文化沟通的目的。

参考文献

1. 朱玉华．客户服务与客户投诉，抱怨处理技巧．北京：民主与建设出版社，2013.

2.（美）史蒂夫．科廷．卓越服务：使客户服务从平庸到卓越的七个简单方法．王玉婷，译．北京：企业管理出版社，2014.

3. 孙科炎．客户服务技能案例训练手册．北京：机械工业出版社，2013.

4. 赵溪．客户服务导论与呼叫中心实务．北京：清华大学出版社，2013.

5. 李艳婷，王瑞玲．现代职业秘书写作．北京：北京大学出版社，2012.

6. 钱焱，张卓．商务沟通．北京：立信会计出版社，2006.

7. 张晓彤．高效会议管理技巧．北京：北京大学出版社，2004.

8.（美）马尔科姆·库什纳．公众演讲．廉莉莉，唐晓红，唐晓燕，译．北京：机械工业出版社，2014.

9. 葛红明．跟演讲大师学口才．北京：中国盲文出版社，2004.

10.（美）彼得·迈尔斯．高效演讲．马林梅，译．长春：吉林出版集团有限公司，2013.

11. 李真顺．脱稿演讲与即兴发言．北京：北京大学出版社，2013.

12.（日）三木雄信．演讲改变世界．北京：当代中国出版社，2013.

13.（美）卢卡斯．演讲的艺术．顾秋蓓，译．北京：外语教学与研究出版社，2014.

14.（美）玛丽·艾伦·古费．商务沟通精要．8 版. 王红，宁九云，译．北京：中信出版社，2012.

15. 黄漫宇．商务沟通．北京：机械工业出版社，2013.

16. 廖金泽．秘书写作指南．北京：首都经济贸易大学出版社，2010.

17. 宋思根．市场调研．北京：电子工业出版社，2011.

18. 孙平．当代商务电函．武汉：武汉大学出版社，2012.

19. 梁莉芬．商务沟通．北京：中国建材工业出版社，2009.

20. 吕志敏．新职场应用文．北京：外语教学与研究出版社，2012.

21. 马东方．提高会议效率的六顶思考帽．AMT 前沿论丛，2006（9）.

22. 应届生求职招聘论坛，http：//bbs. yingjiesheng. com.

23. 智通人才网，www. job5156. com.

24. 过来人求职网，www. guolairen. com.

25. 应届毕业生求职网，http：//www. yjbys. com.

26. 1+1 人才网，http：//debitnm. cn. b2b/68. com.

工学结合新思维高职高专财经类“十三五”规划教材

（一）基础课程

1. 经济应用数学
2. 大学语文
3. 应用统计基础
4. 经济学基础——宏微观经济的理性选择（第二版）
5. 大学生职业生涯设计与就业指导
6. 大学生创业实战指导
7. 实用英语应用文写作
8. 高等教学基础
9. 经济法实务（第二版）

（二）国际经贸

1. 国际贸易环境分析
2. 进出口单证实务
3. 进出口贸易操作实务
4. 进出口业务流程综合实训
5. 国际贸易理论与实务
6. 保险实务
7. 国际结算实务
8. 国际金融实务（第二版）
9. 报关实务
10. 新编商务英语函电
11. 商务英语写作
12. 商务英语谈判
13. 外贸英语函电（第二版）
14. 服务外包实用英语入门
15. 报关业务操作
16. 国际商务单证
17. 国际商法

（三）财会金融

1. 会计学原理
2. 会计报表分析
3. 会计信息化教程（第三版）
4. 外贸会计实务
5. 经济法实务
6. 商业银行综合柜台业务

（四）工商管理

1. 管理咨询实务
2. 人际沟通与礼仪（第二版）
3. 市场营销实务
4. 商务信息检索
5. 国际市场开发
6. 商务沟通技巧（第三版）
7. 房地产销售实务（第二版）
8. 房地产税收实务
9. 现代商务管理实操
10. 国际市场营销（第二版）

（五）物流管理

1. 企业物流管理
2. 物流市场调研与开发
3. 物流服务营销（第二版）
4. 物流英语

（六）电子商务

1. 电子商务（第二版）
2. 网络营销

（七）旅游与酒店管理

1. 旅行社经营与管理（第二版）
2. 酒店经营与管理
3. 饭店前厅与客房管理实务（第二版）
4. 酒店实用英语
5. 旅游英语
6. 公共交通实用英语